유재천저작집 2

한국 언론의 현실과 과제

유 재 천

지식산업사

유 재 천

서울대학교 문리과대학 사회학과 졸업, 미국 미네소타 대학교 대학원 졸업.
서강대 사회과학대학장, 한림대 한림과학원장, 한림대 부총장, 방송위원회 부위원장,
KBS이사장, 한국언론학회 회장, 한국방송학회 회장 등 역임.
현 상지대학교 총장.

유재천저작집 2 **한국 언론의 현실과 과제**

초판 1쇄 인쇄　2011. 11. 11.
초판 1쇄 발행　2011. 11. 15.

지은이　유 재 천
펴낸이　김 경 희

경　영　강 숙 자
편　집　신 유 진 · 최 윤 정
영　업　문 영 준
관　리　문 암 식
경　리　김 양 헌
펴낸곳　㈜지식산업사
　　　　본사 · 경기도 파주시 교하읍 문발리 520-12
　　　　　전화 (031)955-4226~7 팩스 (031)955-4228
　　　　서울사무소 · 서울시 종로구 통의동 35-18
　　　　　전화 (02)734-1978　　팩스 (02)720-7900
　　　　한글문패　　　지식산업사
　　　　영문문패　　　www.jisik.co.kr
　　　　전자우편　　　jsp@jisik.co.kr
　　　　등록번호　　　1-363
　　　　등록날짜　　　1969. 5. 8.

책값은 뒤표지에 있습니다.

ⓒ 유재천, 2011
ISBN　978-89-423-3088-1　(94070)
　　　　978-89-423-0065-5　(세트)

이 책을 읽고 지은이에게 문의하고자 하는 이는
지식산업사 전자우편으로 연락 바랍니다.

책을 펴내면서

　　이 책은 그 동안 언론을 공부하면서 이런저런 학술지에 발표했던 논문들 가운데서 한국 언론의 주요 현안들을 다룬 글들을 모아 엮은 것이다. 언론학이 정책과학인 탓에 논문들은 자연히 언론의 현실 문제를 다루게 되기 때문에 글의 주제나 내용이 시의성을 지니지 않을 수 없다는 점을 감안하여 되도록 보편적인 성격의 주제들을 골라 보려고 노력했으나 오늘의 언론 현실에 견주어 볼 때 적합하지 못한 내용도 있을 것이다.

　　또한 대체로 이러한 종류의 책들이 그러하듯이 이 책 역시 어느 하나의 주제에 체계적으로 천착한 것이 아니라 개별 주제들을 다룬 글들을 모아 놓은 것이어서 산만하며 내용의 중복도 눈에 띈다. 그럼에도 이 책에 실린 글들이 한국 언론을 다시 한 번 생각해 보게 만들고, 보다 좋은 언론을 만들기 위해 조금이라도 도움이 될 수 있게 된다면 큰 보람이 아닐 수 없겠다. 예컨대 〈언론노조와 편집권〉, 〈북한 언론의 성격과 기능〉, 〈방송의 '수용자 복지의 개념 정립을 위한 연구〉 등은 여전히 유효한 내용이 될 수 있을 것이다. 더욱이 〈출판의 정신사적 변혁운동〉은 신문이나 방송이 제 구실을 못하는 영역에서 어떻게 출판이 언론의 기능을 대행할 수 있는지를 보여 준다.

끝으로 이 책이 나오기까지 도와주신 여러분들께 감사의 말씀을 드린다. 먼저 한림대학교 언론정보학부 박승현 교수께 갚을 수 없는 빚을 졌다는 말씀을 드린다. 박 교수는 이 책의 기획부터 편집은 물론 원고작성을 위한 컴퓨터 작업에 이르기까지 모든 과정을 도맡아 처리해 주었다. 부친의 병환이라는 집안의 우환에도 책을 내는 일에 헌신해 준 박승현 교수께 무어라 감사의 말씀을 드려야 할지 모르 겠다. 또한 수익성이 전혀 없을 이 책의 출판을 기꺼이 맡아준 친구 지식산업사 김경희 사장께 깊이 감사드린다. 그리고 이 책이 나올 때까지 꼼꼼하게 교정도 보고 미진한 부분을 보완할 수 있게 충언 을 아끼지 않은 신유진, 최윤정 두 분께 고마운 마음을 전한다. 책 의 출판을 도와주신 지식산업사 편집부 여러분께도 감사드린다.

2011년 8월

유 재 천

차 례

제1장 한국 언론의 몇 가지 현안

제2장 남북한 언론의 구조적 특성

제3장 방송환경의 변화와 방송정책

제1장

한국 언론의 몇 가지 현안

언론의 책임과 그 현실

1. 서 론

우리나라 언론은 6·29선언이 있었던 1987년 11월 28일에 '언론기본법 폐지법', '정기간행물의 등록 등에 관한 법률'과 '방송법'이 공포됨으로써 새로운 전기를 맞이하게 되었다. 그 이후 한국 언론에 일어난 변화는 크게 두 가지로 요약할 수 있다. 그 하나는 언론자유의 폭이 크게 확대되었다는 점이며, 나머지 하나는 언론매체의 양적 팽창이다.

언론자유의 확대는 그동안 권위주의적 언론질서를 옹호하고 유지해 왔던 '언론기본법'과 언론을 감독하고 규제해 왔던 문화공보부의 홍보조정실이 폐지되고, 각급 정보사찰기관의 위협과 간섭이 없어짐으로써 이루어졌다. 언론이 일단 언론통제의 제도적 장치에서 해방된 결과 우리의 언론자유가 크게 신장된 것이다.

이러한 평가에 대해서는 일반 국민이나 언론인 자신들도 동의하고 있다. 한국언론연구원이 연세대학교 사회과학연구소와 공동으로 1990년 6월에 실시한 신문 독자 대상 조사결과를 보면, 독자들은 우

리 언론이 "대체로 자유롭다"고 평가하고 있으며,[1] 또한 한국기자
협회가 1990년 가을에 전국의 기자를 대상으로 실시했던 여론 및
의식 조사에서 약 73퍼센트의 응답자들이 제5공화국 때보다 언론자
유가 더 확대됐다고 응답한 결과로 미루어 볼 때 그러하다.[2]

한편 지난 3년 동안 우리의 언론매체는 양적으로 크게 팽창했다.
예컨대 신문의 경우, 1987년 12월 31일 현재 30개지이던 일간신문
이 1990년 12월 31일 현재 85개지로 늘어났다. 이것은 지난 3년 사
이 일간신문의 수가 183퍼센트나 증가되었다는 것을 뜻하며, 해마
다 61퍼센트씩 늘어난 셈이 된다. 그뿐만 아니라, 같은 기간 동안
주간지는 226개지에서 1,028개지로 355퍼센트, 월간지는 1,298개지
에서 2,460개지로 90퍼센트가 늘어났다.[3] 이러한 매체수의 증가와
함께 신문의 지면수도 크게 늘어나, 지난 3년 동안 일간신문의 발행
면수는 이전의 2배가 되었다.

방송매체의 경우도 예외는 아니다. 1990년 9월 1일에 공포된 방송
법 개정으로 상업방송의 도입이 허용됨에 따라 지역 중심의 상업방
송국이 많이 늘어날 전망이며, 1996년부터는 케이블(CATV)방송을
실시할 계획이어서 방송매체의 수도 크게 증가할 것으로 예상된다.

그러나 위와 같은 언론자유의 확대와 양적 팽창에 견주어 과연
우리 언론이 얼마나 공적 과업을 성실하게 수행하고 있는지는 의문
이다. 다시 말해 언론이 정치권력의 통제로부터 자유로워진 만큼 사
회적 공기(公器)로서의 구실을 다하고 있는지, 언론매체의 양적 팽창
에 걸맞게 사회 각계각층의 다양한 의견을 반영하고 있는지 의심스
럽다는 뜻이다. 이 같은 의문은 오늘의 우리 언론이 얼마나 직업윤
리에 충실한가를 묻는 질문이기도 하다. 1990년도 신문주간의 표어
로 우수작에 '자정으로 신뢰회복, 자율로 책임완수'가, 그리고 가작

으로 '신문의 자정, 사회의 청정', '언론은 윤리를, 사회는 도덕을'이
선정되었다. 이와 같은 표어의 선정에서도 윤리와 책임의식을 강조
하는 것들이 선정되었다는 사실은 바로 그러한 문제의 제기가 타당
하다는 것을 반증해 주는 것이라 할 수 있다.

이 글에선 위와 같은 관점을 가지고 신문을 중심으로 하여 자유
롭고 책임 있는 언론이란 무엇인지, 그리고 오늘의 우리 언론은 얼
마나 책임 있게 자기 구실을 다하고 있는지 진단해 보려 한다.

2. 언론의 자유와 책임

1) 언론자유의 성격

언론의 자유는 자유권적 기본권의 하나로서 모든 정신적 활동에
관한 시원적(始原的) 기본권이다. 이와 같은 언론의 자유는 다음과
같은 세 가지 법적 권리의 성격을 지닌다.

첫째, 사상 또는 의견을 자유로이 발표함으로써 개개인이 인간으
로서의 존엄과 가치를 유지하고, 자유로운 인격의 발전을 이룩함과
동시에 민주주의의 원리를 유지하고 발전시킬 수 있다. 그러므로 언
론의 자유는 국가권력의 방해를 받지 아니하고 사상과 의견을 발표
할 수 있는 대국가적(對國家的) 방어권, 곧 자유권의 성격을 가진다.

둘째, 민주 시민으로서 국정에 참여하고, 개인으로서 인격을 계발
하며, 인간다운 생활을 영위하려면 합리적이고 건설적인 사상 또는
의견의 형성이 필요할 뿐만 아니라, 환경 변화에 대한 정확한 정보
를 알 수 있어야만 한다. 이러한 필요를 충족시키려면 국가나 사회

로부터 필요한 정보를 광범위하게 수집할 수 있어야 하고, 그러기 위해서는 누구나 일반적 정보원에 접근할 수 있는 기회를 가질 수 있어야 한다. 이런 점에서 정보를 청구할 수 있는 청구권의 성격을 지니게 된다.

셋째, 특히 민주주의 정치제도는 여론에 바탕하는 것이므로 여론 형성에 필수적인 정보의 전달과 사상 및 의견의 표현이 자유롭게 이루어질 수단과 기회가 보장되어야 한다. 현대사회에서 그러한 구실을 담당하는 것이 언론제도이므로, 이것의 본질을 침해해서는 안 된다는 제도적 보장의 성격을 갖는다.

위와 같은 법적 성격을 가지고 있는 언론자유의 내용은 현대적 의미에서 볼 때 대단히 포괄적이다. 곧 현대적 의미의 언론자유는 사상 또는 의견을 표현하고 전달할 자유라는 고전적 언론자유의 내용뿐만 아니라, 모든 정보원으로부터 일반적 정보를 수집할 수 있는 권리인 알 권리, 자신의 사상이나 의견을 발표하기 위하여 언론매체에 접근하고 이용할 수 있는 액세스(access)권, 신문이나 방송, 잡지 등 언론기관의 보도로 명예훼손 등의 피해를 입은 사람이 이에 대한 반론의 게재나 방송을 할 수 있도록 당해 언론기관에 요구할 수 있는 반론권 등을 포함한다. 이와 함께 언론기관 설립권(고전적 의미의 발행의 권리), 언론기관의 자유와 관련된 보도와 논평의 자유, 취재의 자유, 보급의 자유 등은 물론, 편집 또는 편성의 자유와 같은 언론기관의 내적 자유 등이 모두 언론자유의 내용을 이룬다.

그러나 언론의 자유가 자유권이나 청구권의 성격을 지니고 있다고 할지라도 다른 기본권이나 사회적 공익을 침해할 자유까지 누릴 수 있는 것은 아니다. 곧 언론은 인간의 존엄과 가치 및 민주적 기본질서를 존중하여야 하며, 타인의 명예나 권리 또는 공중도덕이나 사회윤리를 침해해서는 안 된다는 공공적 책임과 윤리가 강조되는 것이다. 이와 관련하여 우리 헌법은 국가안전보장, 질서유지 또는 공공복리를 위하여 필요한 경우에는 법률로써 언론의 자유를 제한할 수 있게 규정하고 있다. 그렇다 할지라도 국가비상사태가 아닌 한 허가제와 사전검열은 인정되지 않으며, 국가비상사태일 경우에도 언론자유에 대한 제한은 자유의 본질적 내용을 침해하지 않는 정도의 것이어야 함은 물론이다.[4]

2) 언론자유에 대한 고전적 관점의 철학적 토대

고전적 의미의 언론자유에 대한 개념은 영미의 자유주의 철학에 뿌리를 두고 형성된 것이다. 그리고 영미의 전통적인 자유주의 철학은 과학의 발달, 특히 뉴턴 물리학이 우주와 세계관에 미친 영향, 지리상의 발견, 상인계급의 발흥, 계몽주의 철학 등의 영향을 받아 이루어졌다. 따라서 언론자유의 개념을 정확하게 이해하기 위해 그것의 토대가 되는 고전적 자유주의 철학에 입각한 여러 관점들을 살펴볼 필요가 있다. 언론자유의 개념과 밀접한 관련을 지닌 몇 가지 관점들을 간략하게 정리해 보면 다음과 같다.

고전적 자유주의 철학은 이 세계(우주)를 자연의 법칙에 따라 영구히 움직이는 거대한 기계와 같은 것으로 인식했다. 이 같은 세계관은 뉴턴 물리학의 영향을 받은 것으로, 이 세계가 자연법칙이라는 질서에 따라 일사불란하게 움직인다는 결정론적인 관점으로 본 것이다. 따라서 진리란 절대적인 것으로 파악했고, 그것이 곧 자연법칙이었다.

한편 자유주의 철학은 인간을 이성적인 존재로 보았다. 곧 인간은 이성에 따라 창조된 창조물이지, 감성에 따라 만들어진 것이 아니라는 관점이다. 그러므로 인간은 이성을 활용하여 우주를 지배하는 자연의 법칙을 발견할 수 있고, 그것과 조화를 이루는 제도를 만듦으로써 선하고 정의로운 사회를 이룰 수 있다고 확신했다. 나아가 인간은 자연권을 가지고 태어났으며, 날 때부터 도덕적인 존재로 인식했다. 여기서 자연권이나 도덕은 절대적인 것으로 파악된다.

이러한 세계관과 인간관을 토대로 자유주의의 여러 제도에 대한 관점이 형성되었다. 우선 사회를 기본적으로 개인의 발전을 위해 존재하는 것이라는 개인주의적 시각에서 인식한다. 또 정부란 인간이 본래 가지고 태어난 자연권을 보호하고, 개인들이 자신들의 목적을 추구할 수 있는 환경을 만들어 주도록 개인들의 합의에 따라 형성된 것으로 보았다. 따라서 정부는 개인에 대한 간섭을 최소한으로 줄여야 하며, 정부가 개인들의 권리를 제대로 보호하지 못할 경우 개인들은 언제든 정부를 바꿀 수 있다고 전제한다.

경제제도에 대한 관점 또한 마찬가지다. 이성적이며 도덕적이고 진리를 추구하는 존재가 인간이므로, 각 개인들이 자신의 이익을 추구함으로써 사회 전체의 이익도 도모될 것이라 생각했다. 때문에 자유방임 형태의 자유시장경제를 최선의 제도로 보았던 것이다.

언론에 대한 개념 또한 이러한 일련의 세계관과 인간관 및 지적 전통에서 형성되었다. 인간은 이성적인 존재이며, 진리를 추구하고, 그것을 발견할 수 있는 능력을 본질적으로 지녔으므로, 사람이라면 누구나 자신이 진리라고 생각하는 바를 말할 수 있는, 이른바 사상의 자유시장이 이루어져야 한다고 보았다. 그리고 시장의 자율 조정 작용을 거쳐 거짓은 도태되고 진리가 떠오를 수 있다는 것이 언론 자유에 대한 고전적 관점의 핵심인 것이다. 따라서 이와 같은 고전적 의미의 언론자유에 대한 개념에 입각하여 볼 때 언론의 자유는 절대적인 것이며, 어떤 간섭이나 규제를 받지 않을 '~으로부터의 자유'가 된다. 사상의 자유시장과 자율 조정 작용의 원리에 따라 '말하는 사람의 자유'가 강조되고, 사상 또는 의견의 만남과 토론을 통해 진리가 발견되는 것이므로, 많이 말할수록 좋다는 생각이 지배적이었다.

이 같은 표현의 자유에 대한 철학적 관점은 신문이나 여타의 출판에 대해서도 그대로 적용되었다. 곧 발행인의 자유, 인쇄할 자유, 누구나 원하는 것을 인쇄할 권리 등이 고전적 언론자유 개념의 일차적 내용인 것이다. 요약하면 고전적 언론자유의 개념은 천부인권설에 바탕을 둔 것이라 할 수 있다.

3) 고전적 언론자유관의 변화

앞에서 간략하게 살펴본 고전적 자유주의 철학은 19세기 말과 20세기에 들어와 수정된다. 그에 따라 고전적 언론자유의 개념에도 변화가 생긴다. 고전적 자유주의 철학에 수정이 가해지게 된 데는 다음과 같은 몇 가지 요인들이 작용했다. 우선 찰스 다윈(Charles Darwin)의 진화론과 아인슈타인(A. Einstein)의 상대성 원리의 발견으로 우주와 세계에 대한 관점의 변화가 초래되었고, 프로이트(S. Freud)의 정신분석학은 인간관에 대한 수정을 가져왔다. 그뿐만 아니라 19세기 말에 이르러 토머스 힐 그린(Thomas Hill Green)을 중심으로 한 옥스퍼드 이상주의 학파에 의해 신자유주의 철학이 대두되었다.

경제사상도 20세기에 들어와 자유방임주의에 입각한 자본주의와 고전파 경제사상의 모순이 드러났다. 이에 시장경제에서 후생을 강조하는 피구(A. C. Pigou)와 동태적 경제에서 기업가가 수행하는 역할을 중요하게 생각하는 슘페터(J. A. Schumpeter) 등이 등장, 경제의 고전적 자유주의 사상에 수정이 가해지게 되었던 것이다.

더욱이 경제사상의 변화에 결정적인 구실을 한 것은 사적 소유와 제한된 일반 계획이 결합된 혼합경제를 제창한 케인즈(J. M. Keynes)의 신경제학이다. 나아가 제2차 세계대전 이후 기업의 사회적 책임이 크게 강조되기 시작했다는 점도 고전적 자유주의 경제사상에 많은 변화를 가져오는 계기가 되었다.

토머스 힐 그린은 자유에 대해 수행할 가치가 있는 바를 수행하거나 향유하는 적극적인 힘 또는 능력으로 파악했다. 그는 자유주의 철학의 중심에는 모든 사람이 향유할 수 있는 공통된 인간적 복지의 관념이 존재한다고 보았다. 곧 자유란 개인적 개념인 동시에 사회적 개념이기도 하다는 관점이다. 따라서 자유주의 정책은 본질적으로 많은 사람들에게 인간답게 생활하는 길을 열어주기 위한 노력일 것이므로, 정부가 입법을 하지 않거나 회피하는 것만으로 자유주의적이라고 할 수 없다는 것이다. 요약하면 인간의 공통된 복지를 위해 정부의 적극적 역할이 필요하다는 관점이다. 그러한 힐 그린의 철학은 고전적 자유주의에 대한 수정일 뿐, 그것의 부정이 아니다. 그의 철학을 신자유주의라 부르는 까닭이 거기에 있는 것이다.

한편 케인즈는 각 개인이 독자적으로 자신들의 이익을 위해 일한다면 결국 모든 사회 구성원들의 이익을 극대화하게 될 것이라는 자유방임주의의 철학은 옳지 않다고 보았다. 곧 개인과 공공의 이익은 반드시 일치하는 것이 아니라는 생각이었다. 그는 격심한 경기변동과 만성적인 높은 실업률이 이미 고전적 자본주의가 경제문제를 해결할 능력이 없음을 나타내는 증거라 보고 제한된 일반 계획의 필요성을 주장했다. 그러나 한편으로 그는 개인의 자유가 압도적으로 필요하다고 보았으며, 자유가 궁극적인 목표이고, 자신이 제안한 계획의 도입이 자유를 침해하는 것이 아니라는 입장을 취했다. 말하자면 그의 신경제학은 자본주의를 구출하려는 것이었지, 그것을 파괴하려는 주장이 아니었다.

위와 같은 생물학과 물리학, 심리학, 정치사상, 경제학에서 나타난 새로운 사조들은 고전적 자유주의 철학이 토대로 삼았던 여러 관점에 다음과 같은 변화를 불러왔다.

먼저 이 세계를 결정론적으로 보지 않고 비결정론적으로 파악하게 되었으며, 사회과학적 관점이 강조되고, 행동주의적 시각에서 접근하게 되었다. 곧 뉴턴 물리학적 세계관에 수정이 가해진 것이다. 한편 인간관도 크게 달라졌다. 인간의 비이성적 측면이 강조되기 시작했으며, 인간이란 진리보다 안락함을 추구하는 성격이 강한 존재라는 것, 그리고 개인은 사회의 한 부분에 지나지 않는다는 관점으로 보게 된 것이다. 따라서 진리나 도덕은 상대적인 것이며 비결정론적인 것이고, 도덕을 저 높은 곳의 것이 아닌 사회의 산물로 보았으며, 인간은 도덕적이라기보다 쉽게 흔들리는 존재로 파악하게 되었다.

이러한 세계관과 인간관에 입각하여 사회의 여러 제도에 대한 관점에도 큰 변화가 생겼다. 사회는 개인의 발전을 위해 존재한다기보다 사회 그 자체의 발전을 위해 존재한다는 점을 강조하게 되었다. 곧 개인보다 집단을 중요하게 여기게 된 것이다. 이에 따라 공공의 복지를 위해 사회통제도 필요하다는 입장을 취한다. 정부에 대한 관점도 마찬가지다. 정부란 개인들이 전체 속에서 자신의 몫을 취할 수 있는 환경을 만들어 주는 구실을 해야 하며, 사회를 존속시키고 사회적 복지를 실현하기 위해 능동적으로 역할을 수행해야 한다는 것이다. 경제제도에서도 전체의 이익을 위해 개인은 규제될 수 있으며, 시장의 통제 필요성도 주장하게 되었다. 이러한 일련의 관점에 입각하여 언론에 대한 개념도 다음과 같이 변했다.

곧 권리란 자연권이라기보다 사회적인 것이며, 절대적이 아니라 상대적인 개념이고, 인간의 본성에서 나오는 것이 아니라 사회적 의무로부터 파생되는 것이라는 관점, 그리고 자유란 절대적인 것이 아니라 상대적이라는 개념 등이 공공의 복지 우선과 인간의 비이성적 측면을 강조하는 세계관·인간관·사회관과 결합되어 언론과 그 자유에 대한 새로운 관점을 형성한 것이다. 이를 고전적 자유주의 철학의 관점과 대비해 보면 다음과 같다.

우선 말하는 사람의 자유보다 수용자의 자유를 더 강조하게 되었으며, 모든 사람이 진리를 말할 것이라고 믿지 않고 인간이 자신들의 목적을 위해 진리를 왜곡시키거나 거짓을 말할 가능성이 있다는 점에 주목하게 되었다. 나아가 사상의 자유시장에서 자율 조정 작용을 거쳐 진리가 떠오를 것으로 확신하기보다, 어쩌면 진리가 거짓과의 싸움에서 패배하거나 발견되지 못할지도 모른다고 생각하게 되었다. 그리하여 언론의 자유에 대해서도 '~으로부터의 자유'보다 '~을 위한 자유'에 중점을 두게 되었다. 또한 발행인보다 수용자의 자유를, 인쇄할 자유보다 정보의 자유를, 누구나 원하는 것을 인쇄할 권리보다 사회가 필요로 하는 것을 인쇄할 의무를 강조하게 된 것이다.

물론 이러한 언론자유의 개념에 나타난 관점의 변화는 언론의 공적 과업과 관련된 언론의 책임을 더 강조하는 것이기는 하나, 언론의 자유를 부정하는 것이 결코 아니라는 점에 유의하지 않으면 안 된다. 언론자유에 대한 새로운 관점은 어디까지나 고전적 언론자유의 개념을 전제로 한 것으로, 다만 책임을 강조하기 시작했다는 것을 뜻한다. 곧 '~을 위한 자유'는 먼저 '~으로부터의 자유'가 보장된 다음의 사회적 요청인 것이다. 이 같은 언론의 자유에 대한 개념 변화를 두고 신언론자유이론이라고 부르는 까닭도 거기에 있다. 요약하면, 자유만이 주로 강조되었던 언론자유의 개념에 책임이 요청되기 시작했다는 것을 뜻하며, 그것은 곧 자유롭고도 책임 있는 언론을 말하는 것이다.[5]

4) 언론의 자유와 책임에 대한 새로운 관점의 대두

앞에서 언급한 바와 같은 고전적 언론자유의 개념에 대한 관점의 변화와 함께, 20세기 초반부터 언론의 실제와 매스미디어의 관행에 대한 비판과 반성이 고조되기 시작했다. 그러한 비판들을 소개하면 다음과 같다.

첫째, 언론자유위원회는 1947년에 펴낸 보고서에서 현대의 언론 자유가 위기에 처한 원인을 세 가지로 요약하고 있다.[6]

① 언론기관(신문)이 매스커뮤니케이션의 수단으로 발달함에 따라 국민에게 언론의 중요성이 더욱 커지게 되었으나, 언론으로 자기의 의견이나 사상을 표현할 수 있는 사람들의 수는 크게 줄어들고 있다.

② 소수의 사람들이 언론기관을 지배하고 있으며, 그들은 사회가 필요로 하는 것에 부응하는 적절한 봉사를 하지 않고 있다.

③ 언론기관을 지배하는 사람들은 흔히 사회의 비난을 받을 일을

저질러 왔다. 만약 그들이 계속해서 같은 행동을 반복한다면, 사회는 당연히 그 같은 행위를 규제하거나 통제하게 될 것이다.

둘째, 피터슨(Theodore Peterson)은 언론의 사회적 책임이론을 논의하면서, 언론에 대한 비판을 일곱 가지로 요약, 정리하고 있다.[7]

① 언론은 그 막강한 위력을 경영주의 이익을 증진시키는 데 사용해 왔다. 경영주들은 자신들의 견해, 특히 정치·경제문제들에 대한 그들 자신의 의견을 널리 알리는 데 언론매체를 이용해 왔으며, 반대되는 관점들을 묵살해 왔다.

② 언론은 대기업의 도구 구실을 해왔으며, 광고주들이 언론의 편집 방침이나 기사의 내용을 통제해 왔다.

③ 언론은 사회변동에 저항해 왔다.

④ 언론은 일반적으로 시사문제를 보도할 때 진실을 밝히기보다는 피상적이고도 선정적으로 문제를 다루어 왔다. 그뿐만 아니라, 오락물을 제공할 때도 실질이 결여된 표피적인 흥미에 영합해 왔다.

⑤ 언론은 공중도덕을 저해해 왔다.

⑥ 언론은 정당한 이유 없이 개인의 사생활을 침해해 왔다.

⑦ 언론은 포괄적인 의미에서 '기업가계급'이라고 부를 수 있는 사회경제적 계급에게 지배되고 있으며, 따라서 신진(新進)들이 언론산업에 진출하기 어렵다. 이러한 결과 사상의 자유시장이 위기에 처하게 되었다.

위와 같은 견해들은 20세기에 들어와 언론에 가해진 비판들을 종합한 것이라 할 수 있다. 그리고 이러한 비판들이 고조됨에 따라 언론의 사회적 책임이 강조되기 시작했다. 이 같은 일련의 여론을 배경으로 미국의 매스미디어 산업 전반의 실태와 문제를 파헤치고 개선책을 연구하기 위한 위원회가 1946년에 구성되었다. 이 위원회의 명칭은 위원장의 이름을 따서 허친스위원회라 명명하였으며, 통상 '언론자유위원회'라 부르기도 한다. 허친스위원회는 연구활동을 시작한지 1년 만에 〈자유롭고 책임 있는 언론〉이라는 제목으로 연구 내용을 요약한 보고서를 내놓았다. 이로부터 언론의 사회적 책임이론이 공식적으로 논의되고, 개념이 형성된 것이다.

허친스위원회는 이 보고서에서 현대사회의 언론이 수행할 바를 다음과 같이 다섯 항목으로 정리해 제시했다.[8]

① 언론은 먼저 그날 발생한 일들에 대해 그 일이 지니고 있는 의미를 독자들이 이해할 수 있는 문맥에서 진실하게, 종합적으로, 그리고 이지적으로 보도할 의무가 있다. 이러한 요청은 언론이 정확해야 한다는 것, 거짓말을 해서는 안 된다는 것을 뜻할 뿐만 아니라, 사실은 사실로, 의견은 의견으로 분명히 구별해 독자들에게 제공해야 한다는 것을 뜻한다.

② 언론은 '의견과 비판을 교환하는 마당'으로서 봉사해야 한다. 이 같은 요청은 언론이 공공토론의 장으로서 지니는 책임을 뜻하는 것이다. 곧 언론은 그 자신의 의견을 말할 권리를 지니고 있지만, 자신의 의견과 다른 견해도 중요한 것이면 보도해야 한다는 뜻이다.

③ 언론은 그 사회를 구성하고 있는 각 집단의 의견을 반영해야 한다.

④ 언론은 그 사회의 목표나 추구하는 가치들을 제시하며 또 그것을 밝힐 책임을 가지고 있다.

⑤ 언론은 국민이 매일매일 발생하는 각종 정보를 충분히 접할 수 있도록 만들어 주어야 한다.

말하자면 이러한 다섯 가지 요청은 언론이 사회적 공기로서 수행해야 할 의무인 동시에, 언론의 자유에 부과된 사회적 책임인 것이다.

3. 언론의 책임과 그 현실

1) 책임 있는 언론의 조건과 언론인의 직업윤리

언론이 앞에서 논의한 바와 같은 사회적 책임을 다하기 위해서는 적어도 다음과 같은 다섯 가지 조건을 갖추어야만 한다.

첫째, 언론은 독립성을 유지하여야만 한다. 여기서 말하는 독립성은 두 가지이다. 하나는 정부나 정당과 같은 정치적 세력으로부터의 독립이며, 나머지 하나는 자본의 독립이다. 만약 언론이 정치권력이나 정치집단으로부터 독립을 유지하지 못한다면, 그 언론은 정치권력의 시녀가 되거나 특정 정당의 기관지로 전락하게 된다. 마찬가지로 언론 기업의 자본이 독립적이지 못하고 정부나 특정 정당으로부터 재정적인 보조를 받아 운영되거나 또는 대기업의 자본에 예속되어 있는 경우, 그 언론은 정치권력이나 특정 당파 혹은 대기업을 위해 봉사하게 되어 사회적 공기로서의 책임을 다할 수 없게 된다.

둘째, 언론은 공정해야만 한다. 이것 또한 두 가지 요청으로 나누어 볼 수 있다. 하나는 언론이 어떤 편견이나 선입관 또는 잘못된 관점을 지녀서는 안 된다는 것을 뜻하며, 나머지 하나는 언론이 그 사회의 소수자 ― 가난하고 힘없는 사람들 ― 의 의견을 대변하고, 그들의 이익을 옹호해 주어야 한다는 것을 뜻한다. 곧 언론이 편견으로부터 자유로워야 한다는 것은 어떤 입장이나 의견에 대한 반대 입장이나 의견도 허용해야 한다는 요청이며, 소수자의 의견이나 이익을 대변하고 옹호해야 된다는 것은 진정한 민주주의의 미덕이 권력을 잡지 못한 사람들의 권리를 지속적으로 보장해 주는 데 있다는 뜻이다.

셋째, 언론은 정확해야 한다. 이는 언론의 기본 의무이다. 누구나 다 아는 바와 같이 언론은 있는 현실, 일어난 사건을 그대로 우리들에게 전달해 주는 것이 아니라, 그것을 재구성해 알려 준다. 때문에 만약 언론이 정확하지 못하면, 우리는 현실을 그릇되게 알 수밖에 없다. 그 결과 우리는 언론에 오도되어 환경의 변화에 적절하게 대처할 수 없게 되고 만다.

넷째, 언론은 인권을 존중하여야만 한다. 여기서 말하는 인권의 개념은 두 가지로 나누어 볼 수 있다. 하나는 인권을 인간의 존엄과 행복추구권에 관련지어 언론이 타인의 명예나 사생활을 훼손하거나 침해해서는 안 된다는 좁은 의미이고, 나머지 하나는 인격권뿐 아니라 다른 모든 기본권까지 포괄하는 개념이다.

이 가운데서 통상 언론과 인권의 관계는 좁은 의미, 곧 타인의 명예나 사생활 보장과 그 권리로 국한시켜 보고 있다. 그러나 '세계인권선언'뿐 아니라 현대 국가의 헌법에서 보장하고 있는 인권은 모두 기본권 전반을 뜻한다는 점에서 둘의 관계를 좀 더 넓은 뜻으로 받아들일 수도 있을 것이다. 예컨대 현행 방송법 제4조 제1항에서 "방송은 인간의 존엄과 가치 및 민주적 기본질서를 존중하여야 한다"는 선언적 규정이 그러한 관점을 반영한 것이다.

다섯째, 언론은 품위가 있어야만 한다. 이를 둘로 나누어 보면 하나는 언론이 품위 있는 언어와 사진 등을 사용해야 한다는 뜻이고, 나머지 하나는 언론인의 행동과 관련된 부분이다. 더욱이 행동과 관련하여 언론인은 취재를 할 때 신사적이어야 할 것은 물론, 금품이나 향응을 받아서는 안 된다는 것이 강조되고 있다.

위와 같은 다섯 가지 조건은 책임 있는 언론이 지켜야 할 직업윤리이기도 하다. 언론이 이에 충실할 때 비로소 사회적 책임을·다할 수 있는 바탕을 갖추게 되는 것이다. 그렇기 때문에 20세기에 들어와 언론의 사회적 책임에 대한 요청이 강조되자 언론계와 사회에서 언론의 직업윤리를 고양하고 그에 충실하도록 만들기 위한 여러 제도적 장치를 마련했던 것이다.

예컨대 스웨덴에서는 1916년에 신문발행인들과 기자들이 명예법정이라 할 신문공정실천위원회를 만들었다. 또 이 같은 기구를 발전시켜 언론인과 사회의 공공대표들로 구성되는 신문평의회가 1928년 노르웨이에서 설립되었고, 그 뒤 1953년 영국에 신문평의회가 창립되는 등, 현재 전 세계 20여 개 국가에 이러한 기구가 성립되어 있는 것을 볼 수 있다. 미국의 경우에는 1923년에 미국신문편집인협회가 신문윤리강령을 제정하여 자율규제제도를 정립했다.9)

한편, 우리나라의 경우에도 1957년에 한국신문편집인협회가 '신문윤리강령'을 제정하고, 1961년에는 한국신문윤리위원회를 창립하는 동시에 '신문윤리실천요강'을 마련하였다.

이로써 우리나라에 언론의 직업윤리기준이 정립되었으며, 자율적 규제가 제도화되었다고 할 수 있다. 이러한 제도적 장치와 함께 언론으로 입은 피해를 구제하기 위한 제도로 1981년에 언론중재위원회가 법정 기관으로 설립되었다. 그뿐만 아니라 날이 갈수록 언론의 사회적 책임과 관련하여 직업윤리가 강조되자 개별 언론사들도 윤리강령을 제정하기 시작했다. 1988년 5월 《한겨레신문》이 창간과 더불어 윤리강령을 제정하였으며, 그 뒤를 이어 1990년 1월에 KBS가, 1990년 6월에 MBC, 그리고 1991년 3월에 《동아일보》가 각각 윤리강령을 제정했다. 위의 4개 언론사 외의 다른 곳들도 자체의 윤리강령을 제정하는 작업을 진행하고 있어서, 우리나라 언론사들의 직업윤리 제고를 위한 노력이 활발하게 벌어지고 있는 것을 알 수 있다.

이러한 윤리강령 가운데 대표적인 것으로 '신문윤리강령'을 들 수 있을 것이다. 그 내용을 소개하면 다음과 같다.

제1조 언론의 자유

우리 언론인은 언론의 자유가 국민의 알 권리를 실현하기 위해 언론인에게 주어진 으뜸가는 권리라는 신념에서 대내외적인 모든 침해, 압력, 제한으로부터 이 자유를 지킬 것을 다짐한다.

제2조 언론의 책임

우리 언론인은 언론이 사회의 공기로서 막중한 책임을 지고 있다고 믿는다. 이 책임을 다하기 위해 우리는 무엇보다도 사회의 건전한 여론형성, 공공복지의 증진, 문화의 창달을 위해 전력을 다할 것이며, 국민의 기본적 권리를 적극적으로 수호할 것을 다짐한다.

제3조 언론의 독립

우리 언론인은 언론이 정치, 경제, 사회, 종교 등 외부세력으로부터 독립된 자주성을 갖고 있음을 천명한다. 우리는 어떠한 세력이든 언론에 간섭하거나 부당하게 이용하려 할 때 이를 단호히 거부할 것을 다짐한다.

제4조 보도와 평론

우리 언론인은 사실의 전모를 정확하게, 객관적으로, 공정하게 보도할 것을 다짐한다. 우리는 또한 진실을 바탕으로 공정하고 바르게 평론할 것을 다짐하며, 사회의 다양한 의견을 폭넓게 수용함으로써 건전한 여론형성에 기여할 것을 결의한다.

제5조 개인의 명예 존중과 사생활 보호

우리 언론인은 개인의 명예를 훼손하지 않고 개인의 사생활을 침해하지 않을 것을 다짐한다.

제6조 반론권 존중과 매체 접근의 기회 제공

우리 언론인은 언론이 사회의 공기라는 점을 인식하여 개인의 권리를 존중하고 특히 독자에게 답변, 반론 및 의견 개진의 기회를 주도록 노력한다.

제7조 언론인의 품위

우리 언론인은 높은 긍지와 품위를 갖추어야 한다. 우리는 저속한 언행을 하지 않으며 바르고 고운 언어생활을 이끄는 데 앞장설 것을 다짐한다.

위와 같은 〈신문윤리강령〉의 여러 기준은 모두 앞에서 언급한 다섯 가지 조건, 곧 책임 있는 언론이 지켜야 할 바와 그 내용이 일치하는 것이다. 말하자면 언론의 윤리란 바로 언론의 사회적 책임을 다하기 위한 바탕이라 하겠다.

그렇다면 현재 우리나라 언론인들의 직업윤리 의식은 어떠하며, 이에 대해 독자들은 어떠한 평가를 하고 있을까? 우선 신문기자들은 언론에 종사하는 자에게 남다른 윤리의식이 요구된다는 데 거의 대부분 동의하고 있다(적극 동의한다 약 74%, 동의하는 편이다 23%).[10] 더욱이 언론인들은 언론이 국가의 발전과 민주적 사회의 번영에 기여하려면 정부로부터 독립되고 자유로워야 한다는 것과 개인의 인권을 보호할 의무가 있다는 데 일치된 의견을 보이고 있다. 또한 자신을 포함한 동료 기자들이 현재 윤리적·도덕적 의무와 책임을 제대로 수행하지 못하고 있다는 것을 인정하면서도, 강제적인 규제나 조항의 명문화에는 반대하는 태도를 보인다.[11]

한편 독자들은 신문기자가 다른 사람의 인격과 언론인으로서의 책임을 존중하느냐는 질문에 "별로 그렇지 않다"고 보았으나 책임감은 강하다고 평가하고 있다. 그리고 보도가 잘못된 경우 정정 기사를 제대로 내느냐는 질문에 대해서는 "보통이다"라는 반응을 보였다.12) 이러한 조사결과로 미루어 볼 때 우리 언론의 직업윤리 수준은 아직 만족할 만한 단계에 이르지 못하고 있다는 것을 알 수 있다.

2) 한국 언론의 독립성 문제

언론의 독립성은 앞에서 말한 바와 같이 정치권력으로부터의 독립과 자본의 독립으로 요약된다. 그러나 우리나라의 경우는 여기에 한 가지 더 첨가해야 할 요소가 있다. 그것은 우리 언론의 독특한 상황인 언론인 회유와 관련된 것이다. 곧 정부나 정당, 기업, 또는 개인들이 언론인을 회유하기 위하여 금품이나 향응을 제공하는 풍토를 말한다. 만약 언론인이 금품이나 향응을 받는 경우, 어떤 방식으로든 그 활동에 영향을 받게 된다는 점에서 언론의 독립성 문제가 제기되는 것이다. 이런 관점에서 우리 언론의 독립성과 관련된 현실 진단은 세 가지 측면에서 검토되는 것이 타당하다고 생각된다.

첫째, 정치권력으로부터 독립은 1987년 6·29선언 이전까지는 보장되지 못했다. 다시 말해 6·29선언 전의 우리 언론은 정치권력에 예속된 상태였다. 유신체제와 제5공화국 당시 더욱 그러했다. 정치권력, 구체적으로 정부가 언론을 통제하는 방식은 대체로 법적 통제, 정치적 통제 그리고 경제적 통제 등 세 가지로 나누어 볼 수 있다.

먼저 언론에 대한 법적 통제방식은 유신체제와 제5공화국에서 그 대표적인 사례를 찾을 수 있을 것이다. 유신헌법 제18조는 "모든 국민은 법률에 의하지 아니하고는 언론·출판·집회·결사의 자유를 제한받지 아니한다"고 규정함으로써 언론규제의 길을 헌법에서부터 열어 놓았으며, 긴급조치로써 강력하게 언론을 장악해 왔다는 것은 우리 모두가 체험한 바이다. 또한 제5공화국은 '언론기본법'을 제정하여 언론을 규제해 왔다.

이보다 구체적이고 관행적인 언론통제방식은 정치적 통제이다. 정치적 통제는 그 방법이 매우 다양하다는 점에서 법적 통제방식보다 더 현실성을 지닌다. 몇 가지 정치적 방식을 예시해 보면 언론인의 자격을 정부가 인정하는 프레스카드제의 실시, 정부 각 기관의 출입제한 조치, 기관원의 언론기관 상주 내지 출입, 국가기밀을 명분으로 한 보도관제의 실시, 임의동행 형식의 언론인 연행조사, 기자에 대한 폭행과 폭언 등이 있다.

한편 정부에 의한 경제적 통제 또한 여러 가지 방법으로 이루어진다. 몇 가지 예를 들면, 언론 기업에 대한 금융 지원, 차등 과세, 신문용지 수입의 특혜 등과 같은 언론 기업 조장정책, 언론 기업이 속한 기업 그룹이나 동일 자본으로 운영되는 기업체에 대한 세무조사, 차관공여 등에 대한 정부의 영향력 행사, 정부기관 및 국영 기업체 등에서의 특정 신문 구독 중지, 은행 대부금의 환수 압력, 광고원의 폐쇄, 외환 사용의 제한 조치와 같은 경제적 구속들이 그러한 방식들이라 할 수 있다.

위와 같은 다양한 언론통제방식은 비단 우리나라의 경우에만 한정되어 이루어지는 것이 아니라, 여러 나라들에서 행해지고 있기도 하다. 이 밖에 우리의 경우 정부와 관련하여 더욱 주목할 점은 언론인을 정부기관에 고용하여 그들로 하여금 언론통제의 기능을 담당케 하는 것이다. 이 같은 방식은 유신체제에서 본격적으로 채택되기 시작하여 제5공화국에서도 마찬가지로 활용되어 왔으며, 제6공화국에 들어와서도 부분적으로 원용되고 있다. 정부는 언론인들을 정부

기관 및 지위 연도	청와대비서직	청와대공보부석	청와대공보관	문공부장관	문공부차관	문공부공보관	부처대변인	일반부처장·차관	여당국회의원	여당당직자	행정부산하기관	언론사 사장	언론사 중역	언론유관(지원단체)	계
1961							1	1			6				8
1962							2	1			6				9
1963							4	2	3	3	9	1			22
1964							4	2	3	4	12	2			27
1965							3	1	3	4	14	2	1		28
1966			1				3	2	3	3	16	1	2	1	32
1967		1	1				2	2	3	2	16	1	1	1	30
1968	1	1	1				2		3	3	16	2	1	1	31
1969	2	1	1	1			2		3	3	17	2	1	1	34
1970	3	1	1	1		3			3	3	20	2	1	1	39
1971	3	1	2	1		4	2	2	3	3	22	2	1	1	47
1972	4	1	4	1		12	4	1	3	4	22	4	2	1	63
1973	5	1	5	1	1	16	11	1	10	4	23	4	2	1	85
1974	6	1	5	1	1	17	11	2	10	4	23	6	3	1	91
1975	3	1	4	1	1	16	11	1	10	4	23	6	4	1	86
1976	2	1	4	1	1	17	10	2	13	2	25	5	6	2	91
1977	2	1	3	1		20	11	1	13	2	28	4	7	2	95
1978	1	1	3	1	1	20	11	1	13	1	28	4	9	2	96
1979	2	1	2	1	1	22	6	2	15	2	26	7	9	2	98
1980	2	1	2	1		20	10	1	14	1	27	7	10	4	100
1981	3	1	1	1		18	17	2	28	1	37	6	12	11	138
1982	3	1	1	1	1	14	17	3	24		39	7	15	12	138
1983	4	1	1	1	1	11	17	3	24	1	42	8	15	12	141
1984	4	1	1	1	1	12	16	3	24	1	40	10	21	13	148
1985	3	1	1	1	1	10	15	4	23	1	46	11	22	13	152
1986	3		1	1	1	9	10	5	23	1	44	11	23	14	146
1987	3	1		1		8	12	7	23	2	43	9	22	13	144

* 여기서 '계'는 해당란에 새로 정·관계로 진출한 수와 전년도에 이미 진출해 있던 수, 그리고 이미 진출해 있다가 동일 부서가 아닌 다른 기관·부서로 이동한 수의 합이다.

〈표-1〉 정·관계 기관에 진출한 언론인들의 지위 및 직책(연도별 누계)

기관＼연도	청와대	문공부 및 부처 대변인	행정부 및 정부기관	국회의원 (여당간부)	언론유관 지원기관	계	비언론통제 권력기관
1961		1	6	1		8	
1962		1	4			5	1
1963		1	3	6		10	2
1964			3	1		4	2
1965							
1966	1		1	2		4	4
1967	1					1	1
1968	1		2	1		4	2
1969	1		2			3	4
1970	4	1	1	2		8	3
1971	3	4	1	3		11	6
1972	2	9	1	1	1	14	6
1973	2	12	2	7	1	24	2
1974	1	4	4			9	6
1975		1	1			2	8
1976		3	1	1		5	6
1977		6	1			7	7
1978		2	1			3	4
1979		1	2	7		10	7
1980	1	1	1	4		7	11
1981	1	8	7	10	3	29	6
1982	1	2			1	4	2
1983		1	3			4	3
1984			1			1	3
1985		1	2	3		6	
1986					2	2	
1987		2				2	
기관별 계	18	61	51	49	8	187	98

〈표-2〉 각 분야별 언론인 진출 상황

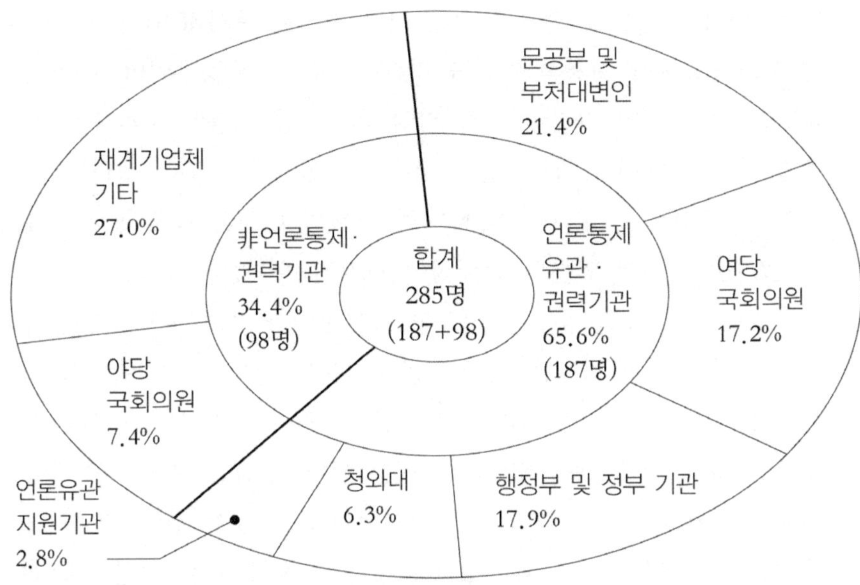

〈표-3〉 1961~87년 사이 언론인들의 진출분야별 비율

각 부서의 장·차관 청와대 공보비서실, 각 부처의 대변인, 문공부의 공보관 등으로 채용하여 언론을 통제하는 임무를 맡도록 해왔다.

〈표-1〉, 〈표-2〉 및 〈표-3〉은 1961년부터 1987년에 이르기까지 정계와 관계 등에 진출한 언론인의 상황을 밝히고 있다. 이 통계에 따르면, 언론통제 권력기관이나 유관기관에 진출한 언론인은 이 기간 동안 모두 187명에 이른다. 이러한 숫자는 같은 기간 동안 정계, 정부기관, 언론유관기관, 기업 등에 진출한 총 285명 가운데 약 66퍼센트에 해당하는 것이다.[13] 그리고 〈표-2〉를 보면 언론인의 정부기관 진출은 유신체제에서 가장 빈번하게 일어났다는 것을 알 수 있다.

둘째, 언론 기관 자본의 독립성은 두 가지 측면으로 나누어 볼 수 있다. 하나는 정부나 정당이 언론 기업 자본에 출자하거나 언론 기업이 그들로부터 재정적 지원을 지속적으로 받는 경우이며, 나머지 하나는 언론 기업 자본이 특정 기업이나 기업 그룹의 자본에게 지배를 받는 형태이다. 위와 같은 경우, 그 언론은 정부나 정파의 기관지가 되거나, 특정 기업이나 기업 그룹의 이익을 옹호하지 않을 수 없다는 점에서 언론의 독립성이 보장될 수 없다.

우리나라의 경우 정부나 정당이 출자하거나 지속적으로 재정적 후원을 하는 언론 기업은 없다고 볼 수 있다. 다만 공영방송인 KBS는 정부 출자 기관이며, KBS가 서울신문사의 대주주라는 점에서 정부가 간접 출자한 신문사가 하나 있는 셈이다. 한편 특정 기업이나 기업 그룹이 언론 기업의 독점적 자본주가 되는 것은 우리나라의 경우 법률상 불가능하다. '정기간행물의 등록 등에 관한 법률' 제3조(경영금지 등) 제3항은 "대통령령이 정하는 대기업 또는 그 계열 기업은 민간 신문이나 통신을 경영하는 법인이 발행한 주식 또는 지분의 2분의 1 이상을 취득할 수 없다"고 규정하고 있다.

그러나 법률이 금지하고 있음에도 사실상 대기업이나 그 계열이 언론을 실질적으로 소유하고 있다는 것 또한 부인할 수 없다. 예컨대 주식의 지분을 개인에게 분산시켜 소유케 하거나, 기업이 출자하여 설립한 문화재단이 주식을 보유시키거나, 주식의 49퍼센트 정도만 대기업의 명의로 소유하고 나머지 주식은 분산시켜 실제로 언론 기업을 지배하는 방식 등으로 기업이 언론사를 실질적으로 소유하고 있는 것이다. 예컨대 삼성의 《중앙일보》, 한화의 《경향신문》, 대농의 《내외경제》, 롯데의 《국제신문》(부산), 대우의 《항도일보》와 《부산매일경제신문》(부산), 고려시멘트 계열의 《무등일보》(광주),

조선내화의 《전남일보》(광주), 일신의 《충청일보》(청주), 갑을의 《영남일보》(대구) 등이 그러한 예라고 할 수 있다.[14] 이 밖에 특정 지역에 기업들이 공동출자하여 설립한 지역 언론 기업의 경우, 비록 주식의 지분 소유로 볼 때 특정 기업의 지배를 받지 않는다 할지라도, 출자한 기업들의 이익을 위해 봉사하게 된다는 점에서는 독립성이 유지된다고 보기 어렵다.

셋째, 개별 언론인들이 정부기관, 기업, 특정 집단 또는 개인들로부터 금품이나 향응을 받음으로써 언론의 독립성을 저해하는 결과를 불러오는 현상은 우리나라만의 독특한 풍토라 해도 지나친 말이 아니다. 이제 관행이 되다시피 한 이른바 '촌지'라 불리는 금품 수수는 한국 언론의 치부(恥部)로 등장했다. 그 실상을 몇 가지 자료를 통해 알아보면 다음과 같다.

언론인들을 대상으로 한 기자협회의 조사결과를 보면 약 75퍼센트가 '촌지'를 받은 적이 있다고 대답했다.[15] 또 언론연구원의 조사에 따르면 언론인들 스스로 동료 등이 '촌지'를 받고 있으리라 생각한다고 응답한 비율이 약 93퍼센트에 이르고 있다.[16] 이와 같은 조사결과를 보면 우리 언론계에 '촌지'가 거의 보편화되어 있다는 것을 알 수 있으며, 그만큼 이 문제가 심각한 상황에 이르렀다는 것을 반증한다.

한편 대부분의 언론인들은 '촌지'를 받는 것에 대해 때에 따라서는 받아도 무방하다거나, 또는 기사 작성이나 편집 등에 영향을 받지 않는 경우라면 받아도 괜찮다는 태도를 보이고 있다. 기자협회의 조사에 따르면 '촌지'를 "어떤 경우에도 받아서는 안 된다"는 의견이 약 20퍼센트, "부득이한 경우가 아니라면 받아서는 안 된다"가 49퍼센트, "기사 작성 편집 등에 영향을 받지 않는 경우라면 무방하

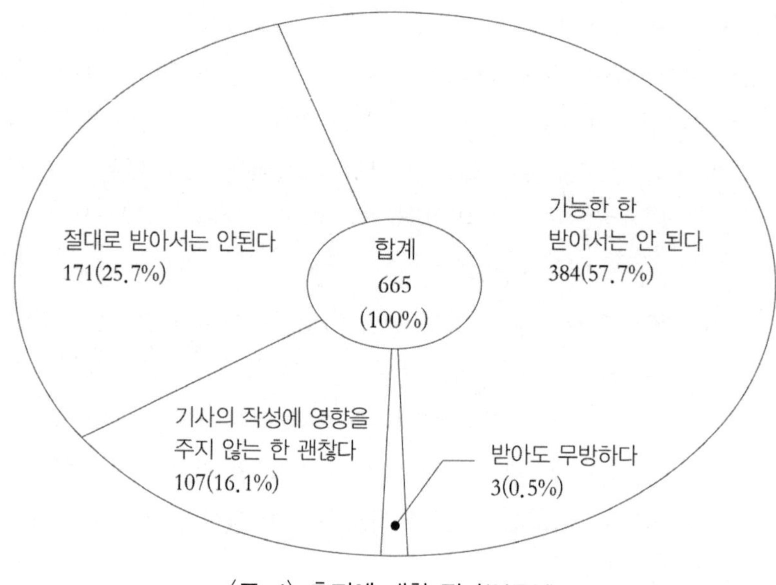

〈표-4〉 촌지에 대한 평가(언론인)

다"가 약 29퍼센트로 나타났다.[17] 언론연구원의 조사결과는 "절대로 받아서는 안 된다"가 약 26퍼센트, "가능한 한 받아서는 안 된다" 약 58퍼센트, "기사의 작성에 영향을 주지 않는 한 괜찮다" 약 16퍼센트, "받아도 무방하다" 약 1퍼센트였다(〈표-4〉).[18] 이 같은 응답 결과는 우리 언론인들이 '촌지'를 거의 관행으로 여기고 있다는 것을 드러내 보이는 것이라 할 수 있다.

이에 견주어 독자들은 기자들이 '촌지'를 받는 것에 대해 약 53퍼센트가 "절대로 받아서는 안 된다"는 의견을 나타냈으며, 약 32퍼센트는 "가능한 한 받아서는 안 된다"라고 응답했고, "기사 작성에 영향을 주지 않는다면 받아도 괜찮다"가 약 14퍼센트, "받아도 무방하다"고 대답한 사람이 약 2퍼센트였다(〈표-5〉).[19] 따라서 언론인들보다 독자들이 더 '촌지'에 대해 부정적임을 알 수 있다.

응답 유형	응답자수	비율(%)
절대로 받아서는 안 된다	605	52.6
가능한 한 받아서는 안 된다	362	31.5
기사 작성에 영향을 주지 않는 한 받아도 괜찮다	161	14.0
받아도 무방하다	22	1.9
계	1,150	100.0

〈표-5〉 촌지에 대한 평가(독자)

약 61퍼센트의 언론인들은 "별다른 이유 없이 관행"으로 '촌지'를 받는다고 했으나, 약 28퍼센트는 "긍정적인 내용을 보도해 달라"는 부탁과 함께, 또 약 11퍼센트는 "부정적인 내용을 생략하거나 축소해 달라"는 청탁과 함께 '촌지'를 받았다고 답했다. 이러한 응답결과를 볼 때 '촌지'의 수수는 언론활동에 직간접적으로 영향을 미칠 것이라는 점을 부인할 수 없다.[20]

위와 같이 우리 언론계에서 '촌지'는 거의 관행이 되었으며, 그 영향이 심각한 상황임을 인식하여 '신문윤리실천요강'에서는 신문인이 "······ 물질적 정신적임을 막론하고 뇌물을 요구하거나 받아서는 안 된다"고 명백히 규정해 놓고 있다. 또한 윤리강령을 제정한 각 언론사마다 강령과 그 실천요강 속에 '촌지'는 물론, 국가원수의 해외 방문 취재를 비롯한 수행 취재 때 여비의 보조를 받아서는 안 된다는 엄격한 품위 유지 조항을 두고 있는 것이다.

언론인들은 '촌지'를 없애기 위한 조건과 방법에 대해 약 37퍼센트가 "취재비 인상 등 소속사별 재정 지원 확대"를, 약 36퍼센트가 "개인적 결단"을 꼽았다. 뒤를 이어 약 20퍼센트가 "거부운동 등 기자 사회의 집단적 행동"을, 약 3퍼센트가 "윤리위원회 등 소속사별 통제기구 설치"를 들었다.[21] 이를 요약하면 '촌지'의 추방을 위해 언론인 스스로의 자정운동과 취재비 인상 등의 대책이 필요하다는 데 의견이 일치되고 있는 것을 볼 수 있다.

지금까지 살펴본 바, 현재 언론의 독립성에 대해 다음과 같이 평가할 수 있을 것으로 생각된다. 첫째, 정치권력으로부터의 독립성은 부분적으로 정치적 통제가 상존하고 있으나, 과거에 견주어 크게 확보되었다. 둘째, 언론 기업 자본의 독립성 문제는 상존하고 있을 뿐만 아니라, 앞으로 더 심각해질 경향을 보이고 있다. 셋째, '촌지' 문제는 언론인들 스스로의 자정운동으로 점차 해결될 것이다.

3) 한국 언론의 공정성 문제

'현재의 한국 언론이 얼마나 공정하다고 생각하는가'에 대해 일반 독자들은 "대체로 공정하다"고 평가하고 있다.[22] 그러나 언론이 어떤 사건이나 현상을 편파적으로 보도하지 않는지, 소수자의 이익을 대변하고 옹호하는지, 또는 논쟁적인 공공의 관심사에 대해 상반되는 의견을 균형 있게 제시해 주고 있는지에 대해서는 여전히 많은 문제를 가지고 있다는 비판을 받는다. 그러한 비판을 요약해 보면 다음과 같다.

첫째, 우리 언론은 논쟁적인 공공의 관심사를 다룰 때 서로 입장을 달리하는 쌍방의 의견을 공정하게 보도하지 않는 경우가 많다고 지적받는다. 예컨대 노사분규의 경우, 근로자의 입장보다는 정부나 사용자의 시각에서 사건을 다루고 있다는 비판이 그러하다.[23]

둘째, 우리 언론은 계층의 이익을 고루 옹호하거나 균형 있게 그들의 의견을 반영하지 못하고 있다는 비판을 받는다. 이러한 지적은 우리 신문이 기본적으로 중산층을 주된 독자층으로 삼고 있어, 주로 그들의 의견을 반영하고 이익을 대변하고 있다는 것을 말해 준다. 또한 언론인들 자신이 중산층에 편입되었기 때문이라고 파악하는 견해도 있다. 최근 몇 년 사이에 언론인들의 봉급 수준이 크게 향상되어, 언론인이 사회경제적으로 계층상 중·상층에 속하게 되었고, 따라서 자신들이 속한 계층의 이익을 옹호하게 되었다는 것이다.

알려진 바에 따르면 서울의 몇몇 유수한 신문사의 경우, 몇몇 대형 신문사의 경우에 한정된 것이기는 하지만, 6개월 수습 뒤 초봉은 대기업의 신입사원에 견주어서도 대등하거나 더 많은 고액 봉급에 속한다. 그 결과 우리나라에서 영향력 있는 신문이나 방송에 종사하는 언론인들이 자신이 속한 계층의 이익이라는 관점에서 현실을 파악하고 문제를 진단함으로써, 중·상층의 의견을 대변하고 그들의 이익을 옹호하게 되었다는 것이다. 그러한 예로 교통문제를 다룬 기사의 경우, 대중교통수단의 문제점보다 자가용 소유자가 당면하는 문제 위주로 보도하는 경향을 나타내고 있다는 것을 들 수 있을 것이다.

셋째, 우리 언론은 사회의 목표와 가치를 제시하거나, 사건이나 문제의 진상과 의미를 포괄적으로 보도하는 데 미흡하다는 지적을 받고 있다. 더욱이 언론이 우리 사회의 다양한 의견을 반영하지 못하고 있다는 비판이 제기된 지 오래되었다는 점에 주목할 필요가 있다.

이러한 지적이나 비판에 대해 언론인 자신들도 동의하고 있는 것으로 밝혀졌다. 기자협회가 언론인들을 대상으로 실시한 조사결과를 보면, "우리 언론이 사회의 목표와 가치를 제시하고 있다"는 데 대해 약 36퍼센트가 동의하고 있을 뿐이며, "사건이나 문제의 진상

의 견	적극 동의	동의 하는편	그저 그렇다	반대 하는편	적극 반대	무응답	계
우리나라 언론이 우리 사회의 목표와 가치를 제시하고 있다	5.7	30.7	48.7	12.0	2.3	0.6	100.0
우리나라 언론이 사건이나 문제의 진상과 의미를 포괄적으로 보도하고 있다	4.0	21.9	52.0	18.9	2.7	0.6	100.0
우리나라 언론이 우리 사회의 다양한 의견을 반영하고 있다	3.6	14.7	55.1	22.9	2.9	0.9	100.0

〈표-6〉 언론의 사회목표, 가치, 집단 의견 반영 정도(단위 : %)

과 의미를 포괄적으로 보도하고 있다"는 데는 약 26퍼센트만이 긍정하고 있는 것으로 나타났다. 특히 "언론이 우리 사회의 다양한 의견을 반영하고 있다"는 문항에는 약 18퍼센트만이 그렇다고 대답했다(〈표-6〉).[24]

위와 같은 비판과 관련하여, 공정성을 저해하는 요인이 무엇인가에 대한 언론인과 독자들의 견해를 알아보면 다음과 같다.

한국언론연구원이 언론인을 대상으로 1989년에 조사한 결과에 따르면 언론인들은 공정성의 저해 요인을 언론사의 노력 부족(약 30%), 정부의 간섭과 통제(약 25%), 언론인의 자질 부족(약 23%), 간부들의 간섭과 통제(약 13%)의 순으로 응답했다.[25] 이러한 응답 결과를 종합해 보면 공정성의 저해가 정부의 간섭이나 통제와 같은 외부 요인 때문이라기보다 언론 내부의 요인에 의해 주로 일어나고 있다는 것을 알 수 있다. 언론 내부의 요인이라고 응답한 비율이 약 63퍼센트에 이르고 있는 것으로 보아 그러하다.

한편 독자들은 공정성 저해 요인으로 정부의 간섭과 통제(약

66%), 신문사의 노력 부족(약 11%), 사회단체의 압력(약 9%), 신문사 간부들의 간섭과 통제(약 7%), 기자의 자질 부족(약 4%) 등을 들었다.[26] 이 같은 독자들의 응답결과는 같은 질문에 대한 언론인들의 자체 진단 결과와는 달리, 정부의 간섭과 통제, 또는 사회단체의 압력과 같은 언론 외부의 요인이 주로 공정성을 저해한다고 판단하고 있다는 것을 보여 준다.

언론인과 독자 사이의 이러한 견해 차이는 당사자의 체험과 제3자의 관찰이란 간극에서 비롯된 것이지만, 공정성 침해가 독자들이 흔히 생각하는 외부의 압력보다 언론 내부의 요인이 더 크다고 지적한 언론인들의 자기 반성적 진단이 내포된 것이라 생각된다.

4) 한국 언론의 정확성 문제

언론이 정확한 정보를 제공해야 한다는 것은 언론의 첫 번째 원칙이자 책임이다. 만약 언론이 부정확한 정보를 제공한다면 두 가지 문제가 야기된다. 하나는 사회구성원들이 이 세계에 대한 그릇된 인상을 지니게 될 뿐만 아니라, 잘못된 지식에 근거하여 환경을 인식하게 됨으로써 환경 변화에 적절하게 대응할 수 없어 생존 자체의 위협을 불러오게 된다. 다른 하나는 부정확한 보도로 개인이나 집단의 명예와 신용을 훼손하거나 사생활을 침해하게 되어, 피해 당사자에게 회복하기 어려운 치명적인 타격을 입힌다는 것이다. 언론의 정확성을 요청하는 까닭이 바로 그러한 점에 있다.

그러나 정도의 차이는 있을지 모르나, 언론이 부정확한 정보를 제공하고 있는 것이 현실이다. 대체로 언론의 부정확성은 두 가지로 나누어 볼 수 있다.

첫째는 비의도적인 부정확성이다. 이는 시간에 쫓기는 제작과정
과 언론사간의 치열한 경쟁으로 말미암아 발생하는 의도하지 않은
실수로 발생한다. 활자의 오식(誤植), 편집의 잘못, 미확인에 따른
오류 등이 이에 속한다. 둘째는 의도적인 부정확성이다. 이것은 선
정적인 보도를 위해 허위를 조작하는 행위, 의도적으로 사실을 축소
하거나 과장하는 행위, 편견이나 특정한 이해관계에 따라 편파적으
로 기사를 작성하거나 편집하는 행위 등에서 발생한다. 그러면 우리
언론의 현실은 어떠한지 몇 가지 연구결과를 토대로 살펴보자.

종 류		건 수	백분율(%)
객관적 오류	이 름	17	8.9
	연 령	1	0.5
	지 위	5	2.6
	주 소	2	1.0
	장 소	5	2.6
	시 간	12	6.3
	인물묘사	–	–
	인 용	21	10.9
	통계숫자	19	9.9
	오자·오식·문법적 오류	21	10.9
	기 타	7	3.6
	소 계	110	57.2
주관적 오류	부정확한 제목	22	11.5
	과대표현	18	9.4
	과소표현	3	1.6
	생 략	20	10.4
	기 타	19	9.9
	소 계	82	42.8
합 계		192	100.0

〈표-7〉 부정확 기사의 유형별 오류

우리 신문의 보도기사 가운데 부정확한 것은 얼마나 되며, 내용은 어떤 것들이고, 어디에서 부정확성이 나타나고 있는지에 대해 한국언론연구원이 조사한 결과를 보면 다음과 같다.[27]

이 조사에 따르면 분석 대상으로 뽑은 284건의 기사 가운데 오류가 없는 정확한 기사는 172건으로 약 61퍼센트였으며, 나머지 112건(약 39%)의 기사가 한 건당 평균 1.73개의 오류를 범한 것으로 분석되었다. 이 분석에서 지적된 오류를 보면 객관적 오류(비의도적 오류)가 약 57퍼센트, 주관적 오류(의도적 오류)가 약 43퍼센트였다. 객관적 오류로서 빈도수가 높은 것은 잘못된 인용(약 11%), 오자·오식·문법적 오류(약 11%), 통계 숫자(약 10%), 이름(약 9%)의 순이었다(〈표-7〉). 오류가 많은 유형을 보면 사회면 기사(약 48%), 경제면 기사(약 22%), 문화면 기사(약 19%)의 순으로 나타났다.

이러한 조사결과를 미국 신문의 오보율 조사결과와 비교해 보면 오보기사의 비율이나 또는 오보 내용에서 비슷하다. 말하자면 우리나라 신문의 오보율이나 오보 내용이 각별히 높거나 많지 않고, 다른 나라의 경우와 크게 차이가 나는 것은 아니라고 할 수 있다.

한편 오보가 발생하는 원인이 무엇인지에 대해 언론인들 자신이 지적한 사항을 보면 다음과 같다. 먼저 "기자의 취재원에 대한 불충분한 접촉"을 가장 많이 지적했으며, 그 다음으로 "취재 기자나 데스크(부장 등)의 부주의", "마감 시간의 압박", "기자의 능력 부족", 그리고 "언론사간의 지나친 경쟁"의 순으로 그 원인을 꼽았다.[28] 그러나 언론의 책임과 관련해 볼 때, 부정확성의 문제는 정정기사의 게재 여부에 달려 있다고 하겠다.

다시 말하면 정확성의 문제는 가능한 한 오보율을 최소화하려는 언론의 노력에 달린 것이긴 하다. 그러나 일상적인 언론의 활동과정을 볼 때 오보를 완벽하게 없앤다는 것은 현실적으로 거의 불가능한 일이다. 그러므로 언론은 오보가 발생한 즉시 정정기사를 내주어야만 책임을 다하게 된다는 뜻이다. 언론의 정확성과 관련된 우리 언론의 책임 문제는 바로 이 같은 요청과 관련되어 있는 것이다.

앞에서 말한 바와 같이 한국 신문의 오보율은 미국의 경우와 비슷하다. 그러나 미국을 비롯한 서구와 일본의 신문들은 오보가 확인되는 즉시 정정기사를 보도해 주는 것과 달리, 우리 신문은 그렇게 하지 않는다는 데 문제가 있다. 이런 뜻에서 우리 신문의 정정보도의 실태를 살펴보면 다음과 같다.

독자들은 신문이 오보를 냈을 경우 제대로 정정보도를 하고 있는지에 대해 '보통'이라고 평가하고 있다.[29] 한편 언론인들은 오보로 말미암은 피해가 심각하다는 데 동의하고 있으나, 오보가 발생했을 때 신속하게 정정보도를 못하고 있다고 스스로 평가하고 있다. 또한 오보에 대한 독자들의 반론권이 제대로 보장되어 있지 않다는 의견을 가지고 있는 것으로 조사되었다.[30]

그뿐만 아니라 정정보도하는 경우에도 여러 가지 문제점이 드러나고 있다. 한 연구결과에 따르면, 분석 대상 기사 가운데 오보를 낸 기사의 크기는 3단 기사 이상인 사례가 약 56퍼센트였던 데 견주어, 정정 기사의 경우는 전체의 약 99퍼센트가 1단 크기의 기사였다. 또 오보가 나간 뒤 정정기사가 게재되기까지의 기간이 신문 스스로 고치는 경우에는 약 94퍼센트가 일주일 이내이지만, 언론중재위원회에 정정보도를 청구한 경우에는 약 54퍼센트가 30일 뒤에야 정정된다는 점이 그러하다. 여기서 언론중재위원회에 정정보도를 청구했다는 것은 신문이 스스로 오보를 정정해 주지 않기 때문에 피해 당사자가 중재를 신청하게 된 경우를 말한다. 요약하면 정정하는 경우에도 지면의 크기나 신속성의 면에서 최선을 다하지 않음으로써 피해의 구제가 만족스럽게 이루어지지 못하는 결과를 낳고 있는 것이다.

5) 한국 언론과 인권 문제

언론과 인권의 문제는 언론이 타인의 명예나 권리를 침해하는 경우와 관련된 언론의 책임 문제이다. 말할 것도 없이 언론은 타인의 명예나 권리를 침해해서는 안 된다. 아무리 언론자유를 최대한으로 보장하는 국가라도 언론이 그 자유의 한계를 넘어 타인의 명예나 권리를 침해하는 경우에는 민법상의 불법 행위를 구성하게 된다. 피해자는 그로 말미암은 손해배상을 청구할 수 있으며,[31] 타인의 명예에 대한 침해는 때로는 형사책임까지 지도록 법률적으로 규제되고 있다.[32] 여기서 말하는 타인의 권리란 사생활의 자유와 비밀, 일반적 인격권, 행복 추구권, 형사피고인의 무죄추정권을 포괄하나, 언론에 의한 침해와 관련하여 주로 문제가 되는 것은 명예훼손과 사생활의 침해라 할 수 있다. 이 두 경우를 더 자세히 알아보면 다음과 같다.

첫째, 명예훼손이란 개인의 명성이나 신앙에 대한 침해를 말한다. 이는 개인에 대한 존엄·경의·신용 등을 떨어뜨리거나 개인에게 불이익을 야기하는 것, 또는 개인에 대해 불쾌한 감정을 불러일으키게 하는 것 등을 뜻한다. 이를 좀 더 구체적으로 본다면 명예훼손이란 ① 개인을 공공연한 증오·비방·혐오·모욕적 언동·악평·경멸·조롱·배척·강등·창피 등에 노출시키는 행위, ② 올바르게 생각하고 있는 다른 사람이 타인에 대한 좋지 않은 의견을 갖도록 만드는 행위, ③ 사회에서의 우호적인 상호작용과 신용을 박탈하는 행위라고 말할 수 있다. 여기서 말하는 '행위'란 말이나 문서, 각종 매스미디어로 공표하는 것을 뜻한다. 그러나 그것이 진실로서 오로지 공공의 이익에 관한 내용인 경우에는 명예훼손으로 처벌되지 않는다.33)

둘째, 사생활의 자유와 권리란 사적인 사항이 개인의 허락 없이 공표되는 것으로부터 보호받는, 개인의 홀로 있을 수 있는 권리라 할 수 있다. 이 권리는 ① 비밀 영역에 대한 권리, ② 사적 영역의 존중에 대한 권리, ③ 인격적인 감정 세계가 존중될 권리와 내면생활을 침해당하지 않을 권리라 할 수 있다. 구체적으로는 사생활의 자유와 권리란 ① 개인으로서의 정신적·심리적 본질, 또는 성명·조상·혈통 등 개인과 동일선상의 표상에 대한 타인의 침입과 공개에 저항하고, 그 공개와 폭로의 범위를 스스로 결정할 수 있는 자유와 권리, ② 개인의 사적인 생활공간·재산·문서·장서 등에 대한 물리적 및 기타 침입에 대한 자유와 권리다.

이와 같이 볼 때, 타인의 명예나 권리를 언론이 침해하는 것은 기본권에 대한 중대한 도전임과 더불어, 침해를 받는 당사자에게는 치명적인 피해를 주게 된다는 것을 알 수 있다. 그렇기 때문에 '신문윤리강령'에서 '타인의 명예와 자유의 장(章)'을 두고 언론의 책임을 강조하고 있으며, 같은 실천요강에서 구체적인 보도기준을 설정하고 있는 것이다. 나아가 법적기관인 언론중재위원회를 설치하여, 언론에게 명예나 사생활의 침해를 받은 피해자에 대한 구제를 제도화하고 있는 것이다.

마찬가지로 언론 또한 타인의 명예나 사생활이 존중되어야 한다는 사명감을 지니고 있다. 기자협회가 전국 기자들을 대상으로 조사한 바에 따르면, 언론이 중요하게 취급해야 할 문제나 분야가 무엇인가에 대해 "경제정의" 다음으로 "인권"을 들고 있으며, 어떤 때 보도를 자제하는 것이 바람직한가에 대해 "보도가 특정인의 인권을 침해"하는 경우라는 응답률이 가장 높았다는 점에서 그러하다. 또한 언론인의 직업윤리에 관한 조사연구에서도 언론인들이 "개인의 인권을 보호할 의무가 있다"는 데 의견의 일치를 보이고 있는 것으로 밝혀졌다.[34]

그러나 위와 같은 제도적 장치와 인권 옹호에 대한 언론인들의 높은 직업윤리 의식에도 불구하고, 현실에서는 언론이 타인의 명예나 권리를 자주 침해하고 있다. 예컨대 독자들이 언론 평가에서 언론은 타인의 명예와 권리를 존중하지 않는다는 의견을 나타내고 있다는 데서도 그 같은 문제점이 제기되고 있음을 알 수 있다. 이 문제는 다음과 같은 자료에서 더욱 명백히 드러난다.

1981년에 언론중재위원회가 창립된 뒤 지난 10년 동안 피해 구제를 요청하는 중재 신청을 받은 결과를 분석해 보면, 전체 신청 건수의 약 75퍼센트가 "명예 및 사생활 침해"이고, 약 24퍼센트가 "신용권 침해"로 나타났다. 이러한 결과와 더불어 그 같은 유형의 침해가 10년 동안 줄어들지 않고 해마다 비슷한 건수를 보이고 있다는 점에서, 우리 언론이 높은 윤리의식과는 상관없이 실제로는 타인의 명예나 권리의 침해에 대한 시정 노력을 제대로 하지 않고 있다는 것을 알 수 있다. 더욱이 신문의 수가 크게 증가한 1989년 이후 침해 사례가 급격히 늘었다는 점은 우리 언론의 직업윤리 수준이 실천면에서 아직은 매우 낮다는 사실을 드러내는 것이라 할 수 있다(〈표-8〉).[35] 또한 동 위원회가 자체 심의하여 시정 권고한 사례들을 보아도 같은 경향을 나타내고 있다(〈표-9〉).[36]

유형 연도	명예 및 사생활	신용권(재산)	저작권	계
1981	23	15	6	44
1982	41	9		50
1983	58	13		71
1984	39	12	3	54
1985	44	15		59
1986	25	24		49
1987	39	8		47
1988	36	19		55
1989	87	34		121
1990	136	23		159
계(%)	528(74.5)	172(24.2)	9(1.3)	709(100)

〈표-8〉 연도별 침해 유형

구분 연도	침해유형별				간 별				권고 건수
	명예훼손 · 사생활 침해	인간존엄 · 가치경시	공중도덕 · 사회윤리 저해	미성년 피의자 신원공표	일간	주간	월간	통신	
1981									
1982									
1983			3		1	2			3
1984									
1985									
1986	3						3		3
1987	6				3	2	1		6
1988	25	8	1	3	29	2	2	4	37
1989	88			92	173	1		6	180
1990	142			169	301	1		9	311
계(%)	264 (48.9)	11 (2.0)	1 (0.2)	264 (48.9)	507 (93.9)	8 (1.5)	6 (1.1)	19 (3.5)	540 (100)

〈표-9〉 시정 권고 현황

한편 한국신문윤리위원회 또한 자체심의를 통해 '신문윤리강령'과 그 실천요강을 위반한 기사를 가려내 주의·비공개·경고·공개경고·정정·취소·사과·관련사에 대한 위원회가 정한 징계의 요구, 해당 신문사나 통신사가 소속된 기간단체의 회원자격 정지 또는 제명의 결정을 내리고 있는데, 지난 10여 년 동안의 결정 이유별 통계 가운데 "타인의 명예와 자유" 항목 위반이 약 49퍼센트나 차지하고 있는 것으로 나타났다(〈표-10〉).[37]

이와 같은 경향으로 미루어 볼 때, 우리 언론의 현실은 타인의 명예나 권리를 존중해야만 한다는 책임을 다하지 못하고 있다고 할 수 있다. 그러나 문제는 타인의 명예나 권리를 침해하는 언론보도에만 잘못이 있는 것이 아니라는 데 있다. 곧 언론이 타인의 명예나 사생활을 침해한 경우, 그 피해를 최대한으로 줄이려는 노력을 회피하거나 또는 스스로 합의한 윤리 규정에 따른 결정을 받아들이지 않는 자세에 더 큰 잘못이 있다고 생각된다. 몇 가지 그러한 증거를 제시해 보면 다음과 같다.

첫째, 모든 신문은 제호(題號) 밑에 "본지는 신문윤리강령 및 그 실천요강을 준수한다"고 밝히고 있으면서도, 실제로는 신문윤리위원회가 자기 신문의 위반 사항에 대한 결정을 내린 경우, 이를 자기 신문지면에 기사화해야 함에도 불구하고 그렇게 하지 않고 있다.

둘째, 중재 신청의 경우 합의를 위한 중재 날짜에 피신청인인 해당 언론사 대표가 출석해야 하지만, 언론사의 중재일 출석률은 지난 10년 동안 평균 약 77퍼센트에 지나지 않는다. 이것은 언론사의 피해 구제에 대한 책임의식이 아직 부족하다는 것을 나타내는 것이다.[38]

셋째, 지난 10년 동안 중재위원회가 피해 구제를 신청 받아 중재

이유별	연도별	'77	'78	'79	'80	'81	'82	'83	'84	'85	'86	'87	'88	'89 4월말	계
'보도와 평론의 태도 장' 위반(99)	오 보	12	23	14	10	10			4						90
	과장보도		3											1	4
	왜 곡	6													6
'타인의 명예와 자유 장' 위반(644)	피해자 신원공개	17	16	19	5	5	18	5	7	3	8	1	1	2	107
	미성년 신원공개	10	5	1		41	97	60	71	25	24	8	21	3	366
	프라이버시 침해	4	4	34	10	39	34	15	19	14	30	8	24	2	237
	편파보도						2		1						3
	명예훼손								1				4		5
'품격 장' 위반(325)	소 설	46	37	44	17	14	30	18	12	5	2	7	3	4	239
	통신전재						35	5	5	18	3				66
	만 화	1	1			4		2	2			1			13
	사 진	9	1				1	1							12
	기 타	3	2	3	3			1				2			15
'보도기준 장' 위반(123)	약명공개	3	5		1	5		1	1			37	12	1	66
	집단자살용어		3	4	8	5	2	2			1			3	28
	용의자 신원공개		1	1	1	10									13
	유괴자 신원공개	1	4	2	3				1						11
	간첩신고자 공개				3										3
	독립성·미풍양속 저해											2			2
'책임 장' 위반(22)															22
계		112	106	141	63	133	225	121	124	65	68	66	68	16	1308

〈표-10〉 연도별 결정 이유 내역

한 결과를 보면, 실제 정정보도율은 연평균 약 49퍼센트에 지나지 않는다.[39] 말하자면 피해구제를 위한 정정보도의 요청이 쌍방의 합의에 따라 실행된 비율은 절반 정도에 불과하다는 것이다. 나머지 절반은 합의가 불성립되거나 신청을 취소한 것이다.

넷째, 또한 피해를 구제받고자 중재를 신청한 중재신청인이 언론사의 압력이나 회유로 신청을 취하한 경우가 전체 중재신청 취하 건수의 약 60퍼센트에 이르고 있다(〈표-11〉).[40] 이것은 권리 침해의 구제에 대한 언론사 측의 불성실하며 반윤리적인 태도의 반영이라고 아니 할 수 없다. 압력 취하의 경우는 말할 필요도 없거니와, 피신청인 측인 언론사가 피해 당사자가 요구하는 정정보도를 하는 대신 호의 표시나 사과, 또는 홍보기사의 게재 등으로 회유함으로써 정정보도 신청을 취하시키는 행위는 모두 언론보도로 입은 피해를

이유 연도	자진취하		압력취하	회유취하		계
	취하 전 정정보도	신청인 개인의 이유	유관기관 또는 사직당국 동원	호의표시 또는 사과	정정보도나 기사게재를 약속	
1981	1	3	15		1	20
1982		1			9	10
1983	2	1	6	6	11	26
1984	2	1		3	4	10
1985	5	1	3	4	2	15
1986	9	8	1	4	2	24
1987	1	4	4	15	3	27
1988	7	4		11	4	26
1989	14	5	1	14	17	51
1990	29	15		11	16	71
계(%)	70(25)	43(15.4)	30(10.7)	68(24.3)	69(24.6)	280(100)

〈표-11〉 취하이유

구제하는 제도의 정신에 위배되는 것이다.

위와 같은 언론사들의 관행은 언론인들이 지닌 피해 구제의 필요성에 대한 인식이나 또는 타인의 명예나 권리를 침해해서는 안 된다는 높은 직업윤리의식에 정면으로 배치되는 것이다. 곧 우리 언론의 현실은 직업윤리의식과 그 실천 사이에 큰 괴리를 드러내고 있는 상태라 할 수 있다.

언론인 자신들은 언론보도에 따른 인권 침해가 일어나는 주된 원인으로 ① 언론사의 상업주의 성향(약 35%), ② 기자의 윤리의식 부족(약 32%), ③ 제작과정상의 문제(약 20%), ④ 기자의 자질 부족(약 10%) 등을 지적하고 있다.[41] 이런 이유로 말미암아 인권이 침해된다는 점을 인정한다면, 언론은 피해의 구제를 위해 신속하고도 충분한 정정보도를 해야 할 의무가 있는 것이다. 또 그렇게 함으로써 언론은 스스로 책임을 다하는 것이라는 점을 명심해야 한다.

6) 사이비 언론의 문제

서론에서 지적한 바와 같이, 1987년 11월 28일에 '언론기본법'이 폐지되고 '정기간행물의 등록 등에 관한 법률'이 제정 공포된 뒤, 일간신문을 비롯한 정기간행물의 총수는 폭발적으로 늘었다. 이러한 현상은 4·19혁명 뒤의 민주당 집권 당시와 유사한 것으로 볼 수 있다. 그 시기에 가장 문제가 되었던 것은 사이비 언론, 사이비 기자의 발호(跋扈)였다. 그때와 마찬가지로 현재에 이르러 신문 발행의 자유가 크게 확대되자 같은 문제에 다시 마주하게 된 것이다. 더욱이 지방에서 발행되는 신문들에서 그 같은 문제가 발생하고 있다. 현재까지 나타난 사이비 언론의 대표적 유형은 여섯 가지로 나누어

볼 수 있다.[42]

첫째, 광고강요이다. 행정기관이나 기업체 등을 대상으로 광고 게재를 강요하거나, 또는 임의로 광고를 게재한 뒤 광고료 지불을 요구하는 행위를 말한다. 광고를 강요할 때는 상대방의 약점을 미리 알아내어 이를 보도하지 않겠다는 조건을 걸기도 하고, 만약 거절할 경우 보복기사를 게재하는 등의 압력을 행사하기도 한다.

둘째, 약점을 미끼로 금품을 강요하는 경우를 들 수 있다. 예컨대 불법 건축물 또는 공해 배출 현장 등 법을 어긴 사항을 집중 취재한 뒤, 이를 보도하지 않는 조건으로 금품을 요구하거나, 반대로 업체에 유리한 보도를 해준다는 조건으로 금품을 받는 사례가 이 유형에 속한다.

셋째, 폭언과 불법 행위를 지적할 수 있다. 언론인이라는 지위를 이용하여 상대방에게 폭언 등을 행하거나, 가짜 기자증 등으로 기자를 사칭하면서 공갈·협박 등의 방법으로 금품수수와 같은 불법 행위를 저지르기도 한다.

넷째, 신문이나 책자 등 간행물을 강매하는 행위가 있다. 언론사가 발행한 간행물을 판매할 목적으로 외판원을 고용하여 해당 언론사나 언론단체의 간부 명함 등을 만들어 주고, 이를 지니고 다니면서 책자 등을 판매하게끔 한다. 때로는 기존 언론 단체의 이름과 혼동하기 쉬운 명의를 사용하며 전화 등을 이용해 고압적 자세로 책자 등의 구입을 강요하는 경우도 있다. 때로는 각 관공서나 지방공업단지 입주업체 등에 일방적으로 신문이나 책자를 보내거나, 낙도(落島)·군부대 신문 보내기 운동 등의 명목으로 신문을 구좌단위로 판매하기도 한다. 신문이 아닌 각종 연감이나 비망록 등을 기관·업체·단체 등에 임의로 할당 또는 배분해 구입을 강요하기도 하는 데, 이 같은 행위는 기존의 대형 신문사들도 하고 있다.

다섯째, 부당 이권에 개입하는 경우이다. 예를 들어 건축물 허가와 같은 행정관청이 주로 행하는 인허가 업무에 개입하여 그 업무를 대신하는 사례가 있다. 또는 무허가 건축 고발 사건과 같이 법규 위반 사항에 대하여 이를 무마하여 준다는 명목으로 금품 등을 받거나, 기자라는 지위를 이용하여 이권에 관계되는 사업을 운영하기도 한다.

여섯째, 가짜 기자증을 판매하는 사례가 있다. 엉터리 기자증을 만들어 판매하고, 이를 구입한 자는 기자 행세를 한다. 또한 지사나 지국을 설치해 준다는 명목으로 보증금을 받고는 설치하여 주지 않는 경우가 있으며, 필요 이상으로 많은 지사나 지국을 설치하거나 기자증을 많이 만들어 판매하기도 한다.

이러한 사이비 언론이 횡행하고 그 피해가 늘어나면서, 정부는 전국 검찰의 민생침해사범 합동수사본부와 각 지청, 각 지역 경찰서, 문화공보부(공보처) 등의 정부기관, 한국신문협회, 한국주간신문협회, 한국잡지협회, 한국기자협회, 언론중재위원회와 같은 언론단체 등의 협조를 얻어 사이비 기자로부터 강압을 받거나 피해를 입은 경우, 이를 신고하여 도움을 받도록 하고 있다. 그 결과 90년도 한 해 동안 공보처에 47건이 신고된 것을 비롯해, 전국에 걸쳐 59건의 사이비 기자가 신고 접수되었다. 공보처에 신고 접수된 47건을 유형별로 보면 금품 갈취 8건, 광고 강요 4건, 간행물 강매 6건, 기자증 판매 3건, 기자 사칭 3건, 지사 설치 보증금 갈취 5건, 이권 개입 등 기타 18건 등이었다. 또한 전국적으로 신고 접수된 59건 가운데 38건이 검찰에 이첩되었다.[43] 한편 사이비 언론에 대한 검찰의 인지수사(認知搜査)로 사이비 언론인 120명이 적발되었으며, 그 가운

데서 98명이 구속된 것으로 알려졌다.[44]

4. 결 론

지금까지 우리는 현재의 한국 언론이 얼마나 사회적 책임을 다하고 있으며, 책임을 소홀히 하고 있는 점들은 무엇인지, 그리고 그렇게 되고 있는 까닭에 대해서 살펴보았다. 그 결과 우리 언론의 현실은 언론 스스로 사회적 책임을 다하고 있다고 보기 어렵다는 결론을 내리게 되었다. 따라서 이러한 현실을 개선하여 언론이 그 책임을 다하도록 하고자 어떤 조치를 취해야 할지 생각하지 않을 수 없다. 이런 뜻에서 다음과 같이 개선책 몇 가지를 제시함으로써 결론을 대신하고자 한다.

첫째, 언론인의 자질을 향상시키기 위한 노력이 필요하다. 언론의 사회적 책임은 결국 언론인 개개인의 직업적 자질에 일차적으로 달려 있기 때문이다. 이를 위해 언론계 또는 개별 언론사는 기자들을 재교육하는 프로그램을 만들고 실행할 필요가 있다.

현재 우리 언론계에선 기자가 채용된 뒤 재교육을 받을 기회를 제도화하지 않고 있다. 물론 기자에게는 해외연수나 국내 특수대학원에서 공부할 기회가 주어지기도 하지만, 그러한 혜택을 받는 언론인은 소수에 지나지 않으며, 거의 개인의 선택에 맡겨져 있는 실정이다. 그러므로 언론계는 기자들의 재교육을 위한 제도, 예컨대 안식년 제도, 국내 대학원에 진학할 경우 장학금을 지급하는 제도, 한국언론연수원이나 국내 대학의 대학원에 언론인 연수과정을 설치하는 등의 제도적 장치를 마련하기 위한 적극적 노력을 해야만 할 것이다.

　실제로 언론인 대부분이 재교육의 필요성을 절감하고 있다는 점
에서 더욱 그러하다. 기자협회가 조사한 바에 따르면 응답자(기자)
의 약 97퍼센트가 기자의 자질 향상과 전문성 제고를 위한 재교육
제도의 필요성을 인정하고 있는 것으로 나타났다.[45] 또한 기자들이
재교육으로 분야별 전문교육(약 27%)과 언론윤리 교육(약 10%), 외
국어 교육(약 8%) 등을 받기를 원하고 있다고 답한 점에서, 기자 재
교육제도의 수립와 실행이 시급하다고 하겠다.[46]

　둘째, 언론인의 직업윤리 제고를 위한 노력이 요청된다. 앞에서
본 바와 같이, 우리 언론의 직업윤리는 많은 문제점을 노출하고 있
다. 언론의 직업윤리란 자율적 규범체계로서 언론이 추구할 가치와
규범을 동시에 포괄하는 개념이다. 가치의 측면에서 그것은 언론의
공적과업이라는 목표와 연관되며, 규범은 그 같은 공적 가치를 구현
해 나가는 언론활동에 대한 엄정한 행위의 기준이 된다.

　의사는 인간의 생명을 다루며, 법조인은 사회정의를 옹호한다는
면에서 엄격한 자기관리의 직업윤리를 스스로 채택하고, 그것에 충
실하도록 노력한다. 언론인 또한 사회 현실을 재구성하는 중요한 구
실을 담당할 뿐만 아니라, 우리가 누려야 할 언론의 자유를 지켜야
할 의무가 있다는 점에서도 직업윤리에 투철하지 않으면 안 될 것
이다.

　그러나 우리 언론의 현실은 그렇지 못하다. 자율적 통제의 원리
를 스스로 존중하는 데 소홀하며, 윤리의식에 대해 거의 무관심하
다. 그 증거로 우리는 한국신문윤리위원회의 자율적 통제에 대한 언
론사의 태만한 대응을 들 수 있으며, 명예훼손이나 사생활 침해 또
는 신용권 훼손 등에 대한 독자들이나 시청자들의 불만처리에 소극

적인 태도를 보이고 있다는 것을 지적할 수 있다. 나아가 자체 윤리 강령을 마련하고 그에 준하여 자율적 통제를 행하는 심의제도의 도입을 불과 몇 개 언론사를 제외하고는 거의 대부분이 하지 않고 있다는 점에서, 우리 언론이 직업윤리를 등한시하고 있는 현실을 다시 확인하게 된다.

이와 달리, 서구나 미국, 일본의 언론사들, 특히 유수한 언론사의 경우 자체심의에 대단히 충실하다는 것을 알아야 한다. 예컨대 일본 《아사히신문》(朝日新聞)은 독자홍보실을 두고 일상적인 기사의 심의는 물론, 독자들의 불만 처리에 성실하게 응하며, 독자들의 의견을 듣고 이를 신문 제작에 반영시키는 업무를 담당케 하고 있다. 이 신문은 독자홍보실을 부장급의 기자들로 구성하여 사장 직속으로 운영하고 있으며, 독자들이 쉽게 접근할 수 있도록 사무실을 신문사 건물 1층에 배치해 두는 등 세심한 배려를 하고 있다. 또한 자체 심의에 따라 오보가 발견되면 지체 없이 즉각 정정보도를 해주고 있으며, 독자들의 불만 처리 또한 다루고 있다. 방법의 차이는 있으나 구미의 신문들도 이 같은 제도를 두고 노력을 기울이고 있다는 점을 배워야만 한다.

이제는 독자나 시청자들이 언론의 인권 침해를 용납하거나 묵인하는 일은 더 이상 있을 수 없는 상황이 되었다. 날이 갈수록 언론에 대한 수용자의 감시가 더 예리해져 가고 있는 현실을 언론사들은 직시하고, 직업윤리의 제고를 위한 구체적인 실천방안을 강구해야 할 것이다. 그러한 방안의 하나로 몇 개 신문사와 방송사들이 제정한 것처럼 언론사마다 자체윤리강령을 제정하고 심의기구를 두는 제도의 도입이 필요하다고 본다.

셋째, 언론인의 직업윤리와 관련되는 과제이기는 하지만, 우리 언

론의 큰 병폐 가운데 하나인 '촌지'는 하루빨리 사라져야만 한다. 기
자들 스스로 "기자 사회의 자정운동이 제대로 추진되지 않고 있는
가장 큰 이유"로 "기자들의 자각·실천 의지의 부족"(약 60%)을 들
고 있듯이, 결국 이 문제는 기자들 개인의 양심에 달린 문제인 것이
다.[47] 기자들이 '촌지'를 받는 한, 우리 언론의 사회적 책임을 기대
할 수 없다. 기자 자신이 부패하면 사회의 부조리나 부정부패를 제
대로 고발할 수 없기 때문이다.

넷째, 언론인들 스스로 평가하고 있듯이, 우리 언론은 오보가 발
생한 뒤에도 곧바로 정정보도를 하지 않고 있다. 지금까지의 관행을
바로잡기 위해 언론인 자신들이 제기하듯, 신문에 정정보도란을 설
치하는 등의 노력이 요청된다. 또한 독자들의 불만 처리를 제대로
신속하게 할 수 있도록 윤리강령의 강화가 필요하며, 서구 각국처럼
옴부즈맨 제도의 도입과 신문평의회와 같은 언론 감시 장치를 설치
하는 것도 좋으리라 생각된다.

다섯째, 언론의 일차적 책임은 환경에서 일어나는 변화를 신속하
고 정확하게 보도하는 것이다. 따라서 언론이 그 같은 책임을 다할
수 있도록 도와야 한다. 이런 뜻에서 '정보공개법' 또는 '정보자유
법'의 제정을 제안하는 바이다.

《인촌 김성수 선생 탄신 백주년기념 논문집》, 동아일보사, 1991

주(註)

1) 한국언론연구원, 〈조사보고서 : 90년대 언론과 독자〉, 《신문과 방송》 통권 237호, 1990년 9월, 12쪽.
2) 한국기자협회, 《저널리즘》, 1990년 가을·겨울호, 193쪽.
3) 공보처, 〈정기간행물 일람표〉, 1990, 160쪽.
4) 권영성, 《헌법학원론》, 서울 : 법문사, 1988, 403~427쪽; 김철수, 《헌법학신론》, 서울 : 박영사, 1988, 318~326쪽.
5) 고전적 언론자유주의 개념의 자유주의 철학적 토대와 그것의 변화에 대한 지금까지의 서술은 아래 책들을 참고하여 이루어진 것이다.
　① Hocking, Willam E., *Freedom of the Press : A Framework of Principle*, Chicago : Univ. of Chicago Press, 1947.
　② Siebert, Fred S., Theodore Peterson, Wilbur Schramm, *Four Theories of the Press*, Urbana : Univ. of Illinois press, 1963.
　③ Laski, Harold J., *The Rise of European Liberalism*, London : G. Allen and Unwin Ltd., 1936.
　④ Sabine, G. H., *A History of Political Theory*, N. Y. : Henry Holt & Co., 1959(민병태 역, 《정치사상사》, 서울 : 을유문화사).
　⑤ Girvetz, Harry K., *From Wealth to Welfare : The Evolution of Liberalism*, Stanford, Calif. : Stanford Univ. Press, 1947.
6) The Commission on Freedom of the Press, *A Free and Responsible Press, A General Report on Mass Communication : Newspapers, Radio, Motion Pictures, Magazines, and Books*, Chicago : Univ. of Chicago Press, 1947, p.8
7) Theodore Peterson, The Social Responsibility Theory of the Press, in Siebert, Fred S., et al, *Four Theories of the Press*, pp.78~79
8) The Commission on Freedom of the Press, op. cit., pp.20~29

9) 유재천, 〈언론의 사회적 책임과 언론중재제도〉, 《언론문화연구》 제7집, 서강대 언론문화연구소, 1989, 107쪽.

10) 《저널리즘》, 같은 호, 195쪽.

11) 이광재·한균태, 〈한국 언론인의 직업윤리의식에 관한 연구〉, 《커뮤니케이션연구》 제7집, 경희대 커뮤니케이션조사연구소, 1990, 35~39쪽.

12) 《신문과 방송》, 1990년 9월호, 8쪽.

13) 김지운, 〈언론인의 권력지향 사례에 대한 고찰〉, 《사상과 정책》, 1989년 봄호, 경향신문사, 16~35쪽.

14) 1997년부터 대기업과 재벌 소유의 언론사들이 각각 분리·독립을 선언했다. 1997년 대농이 지배주주였던 《내외경제》·《코리아헤럴드》가 (주)신동방에 인수된 것을 비롯해 《문화일보》(1998), 《경향신문》(1998), 《중앙일보》 등이 각각 현대, 한화, 삼성으로부터 독립하였다.

15) 《저널리즘》, 1990년 가을·겨울호, 196쪽.

16) 한국언론연구원, 《신문과 방송》, 1989년 11월호, 10쪽.

17) 《저널리즘》, 1990년, 가을·겨울호, 196쪽.

18) 《신문과 방송》, 1989년 11월호, 11쪽.

19) 《신문과 방송》, 1990년 9월호, 12쪽.

20) 《신문과 방송》, 1989년 11월호, 10쪽.

21) 《저널리즘》, 1990년 가을·겨울호, 196쪽.

22) 《신문과 방송》, 1989년 11월호, 7쪽.

23) 《저널리즘》, 1990년 가을·겨울호, 196쪽.

24) 《신문과 방송》, 1989년 11월호, 7쪽.

25) 《신문과 방송》, 1990년 9월호, 10쪽.

26) 한국언론연구원, 〈신문보도의 정확성〉, 《신문과 방송》, 1985년 2월호, 51~61쪽.

27) 김민환·이의정·황치성, 〈기사보도와 정정〉, 《오보와 정정》, 한국언론연구원 연구서 제7집, 1990, 84쪽.

28) 《신문과 방송》, 1990년 9월호, 8쪽.

29) 김민환 외, 같은 책, 93~109쪽.

30) 민법 제750조와 제751조 참조.

31) 형법 제33장 참조.

32) 형법 제310조 참조.

33) 《저널리즘》, 1990년 가을·겨울호, 196~197쪽.

34) 이광재·한균태, 같은 글, 39쪽.

35) 언론중재위원회, 《언론중재》, 1991년 봄호(통권 38호), 46쪽.

36) 앞의 책, 52쪽.

37) 유재천, 같은 글, 101쪽.
38) 언론중재위원회 91년도 총회자료, 9쪽.
39) 위의 자료, 6쪽.
40) 《언론중재》, 같은 호, 47쪽.
41) 《저널리즘》, 1990년 가을·겨울호, 197쪽.
42) 문화공보부, 《사례로 본 사이비 기자》 제1집, 1989, 8~10쪽.
43) 공보처 자료.
44) 검찰 자료.
45) 《저널리즘》, 1990년 가을·겨울호, 194쪽.
46) 《신문과 방송》, 1989년 11월호, 13쪽.
47) 《저널리즘》, 1990년, 가을·겨울호, 196~197쪽.

언론노조와 편집권

1. 머리말

1987년 10월 한국일보사 노동조합이 결성된 이래로 언론노동조합운동이 활기차게 진전되고 있다. 1988년 7월 말 현재 전국적으로 27개의 신문사와 방송사의 단위노동조합이 조직되었으며, 이 해 4월에는 이들 단위조합의 협의체인 전국언론사노동조합협의회(이하 '전국언론노협')가 결성되었다. 앞으로 이 협의체는 전국언론노동조합연맹(이하 '전국언론노련')으로 재결성될 계획인 것으로 알려졌다. 이런 가운데 각 언론사 노동조합은 회사 측과의 단체협약을 체결하는 과정에서 큰 진통을 겪었거나 겪고 있다. 더욱이 《부산일보》와 《경남신문》은 이 과정에서 신문 발행이 중단되는 사태까지 벌어졌다. 이에 따라 언론노조운동은 정치권을 비롯한 전 국민의 관심사가 되었다.

한편 단체협약을 체결하려는 노사가 교섭과정에서 당면했던 가장 어려웠던 과제는 편집권의 독립 또는 보장과 관련된 사항이었다고 할 수 있다. 그리고 이 문제의 핵심은 편집권의 귀속에 있었다. 그러나 우리나라에서 편집권에 대한 논의가 시작된 지 20여 년이 넘었지만, 지금까지 과연 편집권이란 권리가 인정될 수 있는 것인지, 또 인정된다면 그 개념은 무엇인지, 그리고 편집권은 누구에게 귀속되는 것인지에 대한 언론계나 학계의 일반화된 합의가 이루어지지 못한 상태에 있다. 언론사 노사 사이의 단체협약 체결과정에서 이 문제로 말미암아 쌍방이 신고(辛苦)를 겪었던 까닭도 거기에 있었다고 하겠다.

위와 같은 언론계의 현황과 현안은 우리 언론이 발전하여 새로운 언론질서의 제도화를 이룩하는 데 핵심적인 과제라 할 수 있다. 이런 시각에서 이 글은 언론사 노동조합의 성격과 언론노조운동의 방향 등을 검토하고, 편집권과 관련된 여러 관점을 정리하여 문제점들을 논의, 새로운 언론질서 형성에 작은 단서를 마련하고자 쓴 것이다.

2. 언론노조의 성격과 구실

1) 우리나라 언론노조운동의 역사와 성격

(1) 우리나라 언론노조운동의 역사

1945년 8월 15일 이후 전개된 언론노조운동의 시초는 같은 해 10월 12일에 조선출판노동조합이 결성되고, 이 노조 산하에 여러 신문사의 노조분회가 조직되면서부터라 할 수 있다. 이 때 얼마나 많은 신문사들에 출판노조분회가 결성되어 있었는지 확실치 않다. 하지만 1946년의 출판노조파업으로 신문을 발행하지 못했던 신문사 가운데 사고(社告)로써 신문을 휴간하여야만 했던 경위를 밝힌 곳은 《대동신문》, 《독립신보》, 《동아일보》, 《서울신문》, 《수산경제신문》, 《중외신문》, 《한성일보》 등 7개사였다.[1] 또한 경성지방 출판노조파업으로 서울 시내 모든 신문이 발행되지 못했고, 전(全)조선 출판노조의 파업 지시로 남한의 각 신문은 물론, 각 출판물의 간행이 중지되었다는 기록으로 미루어 볼 때, 전국 대다수 신문사에 출판노조분회가 조직되어 있었다고 생각해도 좋을 것이다.[2] 1946년 9월 24일부터 산발적으로 벌어졌던 출판노조의 파업은 26일부터 전국 규모로 번져 약 일주일 동안 계속되었다. 이는 철도파업에 동조하는 동정파업으로, 해방 후 최초의 신문파업이었다.

그 뒤 4 · 19 혁명 직후인 1960년 5월에 부산 지역의 모든 신문사에 노조가 결성되고, 뒤이어 대구 지역의 《대구일보》, 《영남일보》, 《대구매일신문》 등에, 서울에서는 《연합신문》, 《자유신문》, 《평화신문》 등에서 노조가 결성되었다.[3] 그러나 그 구체적 운동 내용은 잘 알려져 있지 않다. 1961년의 5 · 16 군사정변으로 말미암아 노조 활동이 금지되었으므로 존속 기간이 짧았던 탓에 활발한 노조운동이 전개될 여지가 없었기 때문이다.

그러나 1960년대의 언론노조운동에서 경남매일신문사와 충청일보사의 노조운동은 기억할 만하다. 1963년 8월 4일에 결성되어 1974년에 해체된 경남매일신문사 노조와 1967년 6월 25일에 결정되어 1971년경에 해체된 충청일보사의 노조는 꾸준한 임금 인상 투쟁을 전개했다. 《충청일보》의 경우 청주 시내 11개 출판사와 함께 전국 출판노조 충북지부를 결성하는 등의 출판노조 연대투쟁을 주도하였다.[4]

1970년대에 와서 관료적 권위주의 체제가 일체의 자유로운 노동운동을 금지함에 따라 언론노조운동 또한 명맥을 유지할 수 없었다. 1974년 3월에는 동아일보사 노조, 같은 해 12월의 한국일보사 노조가 결성되었으나, 신문사 경영 측과 정치권력의 탄압으로 그 활동이 좌절된 사실이 당시의 사정을 잘 대변하고 있다. 이 같은 상황은 제5공화국에서도 변함이 없었다.

그런 가운데 1987년 6월 민주화운동 이후, 7월과 9월 사이에 치열하게 전개되었던 노동운동을 계기로 언론노조운동도 새로운 전기를 맞이하게 된다. 곧 1987년 10월 19일 한국일보사 노동조합이 창립되고, 11월 19일에는 동아일보사 노조가, 12월 1일에는 중앙일보사 노조, 12월 14일에 코리아헤럴드사 노조가 속속 결성되어 오늘에 이르고 있다.

(2) 우리나라 언론노조운동의 성격

8·15 해방 이후 국내에서 이와 같이 벌어져 온 언론노조운동의 성격은 노조의 조직과 활동목표라는 두 가지 측면으로 나누어 분석해 볼 수 있다. 그리고 언론노조운동의 성격은 또한 시대의 정치·경제·사회 등 사회 주요 제도들의 성격에 따라 차이를 드러낸다.

먼저 언론노조의 조직을 시대별로 분석해 보면 다음과 같은 경향이 나타난다. 1960년대까지 언론사 노동조합의 구성원은 인쇄공무(印刷工務) 부문 종사자인 비전문직 블루칼라들이었다. 1945년 10월 12일에 결정된 조선출판노동조합이라는 산업별 노조에 신문사 인쇄공무 분야에 종사하는 기능직 및 단순노동직 근로자들이 가입했던 사실과, 1963년에 결성된 경남매일신문사 노조나 1967년에 결성된 충청일보사 노조도 인쇄공무 부문 노동자들의 조직이었다는 점이 그러하다.

한편 1970년대의 언론사 노동조합은 신문기자 중심으로 조직되는 변화를 보였다. 1974년 3월과 12월에 각각 결성되었던 동아일보사와 한국일보사 노동조합은 기자 중심의 전문직 노조였던 것이다. 이와 달리 1987년 10월 한국일보사 노동조합의 결성을 비롯해 지금까지 조직된 언론사의 노조는 거의 대부분 편집·공무·업무 등 신문사의 모든 부문 노동자가 참여하는 조직으로, 전문직과 비전문직이 공존하는 형태를 취하고 있다. 현재 대부분의 언론노조가 전문직과 비전문직의 혼합조직인 까닭은 노동법의 1사 1노조 원칙과 산업별 노조가 아닌 기업별 노조만을 허용한 조항 때문이라고 보아야 할 것이다.

해방 직후부터 1970년대까지 언론노조의 활동목표는 언론 기업 종사자들의 권익 보호로 집약된다. 신분보장, 부당해고 반대 등 일할 권리, 생계비 보장 등 적정임금을 보상받을 권리, 근로환경의 개선 등 근로조건에 관한 권리를 쟁취하려는 경제투쟁이 언론노조의 임무였다.5) 따라서 정부 측의 부당한 지배·개입·간섭을 물리치고 노동자에게 불리한 정책이나 법률을 없애 버리거나, 경제투쟁의 성과를 민주적인 권리 또는 법률 등의 제도로서 확보하는 정치투쟁의 임무는 현실화되지 못했다. 노동3권을 보장하라는 주장은 바로 경제투쟁의 것이었다.

이와 같이 경제투쟁을 주된 노동운동의 임무로 삼아왔던 지난날의 언론노조운동의 성격은 87년 이후 변모하게 되었는데, 그때부터 경제투쟁과 정치투쟁을 병행하기 시작한 것이다. 이러한 성격 변화는 각 언론사 노동조합의 결성취지문이나 노동조합의 규약에 잘 나타나 있다. 몇몇 언론사 노조의 취지문이나 규약에 반영된 임무를 예로 들어보면 다음과 같다.

"…… 우리는 노동조합 활동을 통해 올바른 노사관계를 확립하고, 나아가 사회 민주화 과정에서 언론이 가지는 중차대한 자기 역할을 수행할 것을 천명한다. 그 역할은 기본적으로 보도의 공정성이 확보될 때 비로소 가능하며, 보도의 공정성은 근로조건의 개선과 사내 민주화를 통해 실현된다. ……"6)

"…… 이 시대 언론에 맡겨진 사명을 다하고 동아일보사 근로자들의 권익옹호와 신장을 위해 노조를 출범시킨다. …… 동아일보사의 운영은 여전히 구시대적 경영 방식의 틀을 벗어나지 못하고 있으며 시설의 낙후, 사옥 등 근로환경의 열악, 무원칙의 인사, 문화사업의 남발, 후생복지 투자의 부족 등 경영의 난맥상으로 인한 문제점들을 양산해 가고 있는 실정이다. …… 우리는 이 같은 문제점들을 서두르지 않고 총의를 모아 공개적으로 개선해 나가고자 한다. …… 우리가 노조를 설립하는 또 하나의 중요하고도 깊은 뜻은 한국 언론의 역사적 사명을 정확하게 구현하는 데 있음을 밝힌다. 우리는 단순히 주어지는 언론자유의 향유자이기를 거부하고 적극적인 민주화의 향도역으로서 기능할 것을 다짐하면서, 이를 위해 전 동아일보사 근로자의 자각된 힘과 단결을 기초로 노조의 조직적 역량을 총동원해 나갈 것임을 밝힌다. ……"7)

"우리는 한국 언론 근대화의 연장선 위에서 보다 민주적이고 합리적인 노사관계와 보다 공정한 신문 제작을 위해 노동조합을 설립한다. …… 보다 민주적인 과정을 거쳐 진실을 말하는 신문을 제작하기 위해, 또 민주국가에서 보장된 근로자의 모든 권리를 획득하기 위해 굳게 단결, 최선을 다해 투쟁할 것을 다짐한다."8)

"우리는 언론노조의 진정한 기능 수행이 노사 간의 강력한 연대감 조성에 의해서만 가능하며 그 연대감의 발판은 상호의 자유로운 의사 개진과 민주적인 합의과정을 통해 더욱 굳어지는 것임을 확신한다. 앞으로 우리는 공개적이고 합법적인 절차를 통해 정당한 대우와 근로조건의 확보, 불합리한 급여체계 및 인사제도의 개선 등 근로자로서의 기본적인 권익 향상을 추구해 나가려 한다. 아울러 우리는 중앙일보 노동조합이 중앙일보, 나아가 한국 언론 최대의 과제인 언론 자유 수호를 위한 방패막이 될 것임을 자임한다. ……"9)

"…… 자유언론 실천을 위해서는 객관적 악조건의 타파와 우리들의 엄격한 자기혁신이 급선무임을 깊이 인식하며 노동조합 활동이 이를 위한 최선의 방책이 될 것임을 믿는다. 자유언론 실천과 함께 우리는 그것의 기본적 전제인 사내 민주화에 깊이 유의할 것이며 올바른 노사관계에 근거한 합법적 절차를 통해 정당한 근로 여건의 확보, 불합리한 임금 및 인사체계의 개선 등 근로자로서의 권익 향상을 추구해 나가고자 한다. ……"10)

각 언론사 노동조합의 결성 취지에 공통적으로 내포되어 있는 노동조합의 임무는 권익옹호와 언론자유의 실천으로 요약할 수 있다. 다시 말해 권익옹호를 위한 경제투쟁과, 언론자유를 위한 정치투쟁을 활동목표로 천명하고 있는 것이다. 보다 세분하여 정리한다면 1980년대 언론노조운동의 성격은 세 가지의 특징을 보인다.

① 임금, 근로조건, 인사정책의 개선 등 노동자들의 권익옹호운동

② 사내의 민주화, 경영의 합리화 운동

③ 언론자유실천운동

이러한 언론노조의 운동 방향과 관련하여 더욱 주목되는 것은 각 언론사 노동조합이 공정보도위원회 또는 언론연구위원회라 부르는 부서를 산하기구로 설치했다는 점이다. 이들 위원회는 한마디로 "외부 또는 내부로부터 올 수 있는 편집권에 대한 압력이나 간섭을 배제하고 제작간부진의 책임하에 소신 있는 지면을 만드는 데 필요한 방어 장치"11)이며, 이를 위해 "공정한 보도와 제작향상을 위하여 연구·조사·분석·기획 활동"12)을 하는 기구로 성격을 규정할 수 있다. 그러나 각 언론사 노동조합이 회사와 단체협약을 체결하는 과정에서 이 같은 노조의 기구 설치와 그 기능의 인정이 쟁점화되었으며, 언론사에 따라 협약에 포함되었거나 삭제되는 등 개별성을 보이고 있어서 언론사 노동조합의 공통된 기구로 존속하는 것은 아니다.

그렇다 할지라도 이 같은 기구의 설치 요구는, 그것이 노조의 편집 자율성에 대한 간섭 유무나 또는 편집 자율성을 보장하는 최선의 방책인지에 대한 논란 이전에, 언론의 자유를 담보하려는 노조의 의지 표명이라는 점에서 진지한 고려 대상이 되어야 한다. 더불어 그러한 의지를 수렴하여 편집의 자율성 보장을 위한 적절하고도 최선의 장치를 노사가 다 같이 마련하도록 노력을 기울여야 하리라고 생각된다. 노조운동의 맥락에서 볼 때 그 같은 노력은 정치투쟁이 될 것이다. 요약컨대 우리나라 언론사 노동조합운동의 성격은 오늘에 이르러 경제투쟁과 정치투쟁을 같이하는 노조운동 본래의 모습을 온전히 지니게 되었다고 할 수 있다.

2) 언론노조의 보편성과 특수성

언론사 노동조합도 다른 산업이나 기업의 노동조합들과 마찬가지로 보편적인 성격을 지님은 물론이다.

첫째, 언론노조도 노동자의 일상적 요구에 바탕을 두고 형성된 대중조직이며, 자본가 측의 지배와 통제에 대항하여 노동자의 계급적 이익을 위해 투쟁하는 조직이다.

둘째, 경제투쟁과 정치투쟁을 같이 수행하는 임무를 지닌다.

셋째, 현재의 언론노조도 전환점에 처해 있는 한국의 노동운동이 당면한 과제들, 예컨대 ① 과학적이고 올바른 운동이념과 방향을 정립하는 일, ② 조직역량을 확대 강화하고 투쟁역량을 고양하는 일, ③ 민주주의를 실현하고 민족문제를 해결하는 선도적 역할을 수행하는 일, ④ 노동운동 안의 연대투쟁, 공동투쟁을 강화하고, 노동조합운동과 자주적 노동조직 사이의 통일적인 결합을 추진하는 일들을 성취할 과업을 지닌다.

그러나 이러한 보편적 성격 이외에 언론사 노동조합만이 지니는 특수성이 있다. 우선 자본주의 체제에서 언론사는 기업주의 사적인 경제이윤을 추구하는 영리조직인 동시에, 국민들의 알 권리를 충족시키고 그들의 권익을 대변하는 공공조직의 성격을 띤다는 점이다. 그리고 언론사 조직이 전문직과 비전문직의 이원구조로 되어 있다는 점이 그러하다. 이 같은 두 가지 특수성과 관련하여 언론사 노동조합이 지닐 수밖에 없는 독특한 임무와 문제점을 지적해 보면 다음과 같다.

첫째, 언론사 또한 영리조직이므로, 자본가의 지배와 통제에 대항하여 노동자의 권익을 옹호하는 경제투쟁이 언론노조의 임무임은 두말할 필요가 없다. 그러나 그에 앞서 국민의 알 권리를 보장하고, 그들의 권익을 옹호할 공적 과업을 수행하는 데 필수불가결한 언론자유의 실천이라는 정치투쟁의 임무를 다하지 않으면 안 된다. 언론에 대한 안팎의 간섭·규제·통제를 배격하고 언론자유를 실천하는 것이야말로 일반노조의 보편적 정치투쟁에 보태어 언론노조가 수행해야 할 또 다른 사회적 책임인 것이다. 그리고 바로 그 임무는 언론사 노동조합이 최우선의 과제로 삼아야 할 정치투쟁의 제1차적 목표이며, 언론노조의 본질적이고 차별적인 성격이라 할 수 있다. 또한 언론의 자유가 민주화의 필수불가결한 요소라고 할 때, 민주주의를 실현하고 민족문제를 해결하는 선도적 구실을 한국의 노동운동이 담당하여야 한다는 과제가 언론노조에게 수임된 것과 같다.

그러나 이와 관련하여 반드시 유의할 점은 노동운동 안의 연대투쟁, 공동투쟁을 확대 강화하고 나아가 노동전선의 통일을 이루는 데서 언론노조의 위상을 어떻게 정립해야 옳은지에 대한 문제라 생각된다. 노동운동 내부의 연대투쟁과 노동전선의 통일이라는 보편적 과제를 성취하는 데 언론노조도 공동의 노력을 해야 하겠지만, 한편으로 언론이 지니는 사회적 공기로서의 성격 때문에 일반노조의 투쟁방식을 언론노조가 그대로 따라서는 안 된다는 의견을 제시하고자 한다.

언론은 어떤 안팎의 간섭·규제·통제로부터도 자유로워야 하는 것과 동시에, 어떤 세력이나 집단 또는 권력에도 예속됨이 없이 스스로 자유로워야 한다. 그럴 때 언론은 비로소 보도와 논평의 완전한 자유를 갖는다. 따라서 만약 언론노조가 노동운동의 통일전선을 구축하고 그것에 귀속되어 정치투쟁을 전개한다면, 또 하나의 세력이나 권력의 대변자로서 전락할 뿐만 아니라, 언론이 노조의 기관지라 불릴 가능성을 결코 배제할 수 없게 된다.

극단적인 사례일지 모르나 노동운동에서 통일전선을 이룩하여 연대투쟁을 하는 경우, 다른 노조의 파업에 동조하여 언론노조가 파업에 돌입한다는 투쟁방식이 언론 본래의 사명에 견주어 옳은 것일지를 생각해 볼 필요가 있다. 결국 언론노조의 다른 노조와의 연대투쟁이나 통일전선의 구축을 통한 투쟁은 한계를 지니지 않을 수 없다. 어디까지나 독립성을 유지하면서 사회 모든 집단의 의견과 이익을 진실하고 공정하게 보도하고 논평한다는 언론 본연의 구실에 충실한 범위 안에서 노동운동을 다룰 수밖에 없는 것이다.

바로 이 같은 언론노조의 역할 갈등, 곧 노조로서 추구하지 않으면 안 될 노동운동의 연대와 통일전선의 추진 및 투쟁이라는 역할과, 스스로 자유로운 독립된 언론으로서 수행해야 할 역할 사이의 갈등을 겪어야 하는 것이 언론노조의 숙명이라 할 것이다. 이러한 갈등에 당면한 경우 언론노조가 선택할 쪽은 당연히 본연의 위상이어야 한다. 그러한 언론 본연의 구실을 제대로 하고자 노조가 있는 것이며, 언론 없는 언론노조는 존재할 수 없기 때문이다.

둘째, 언론사는 그 조직이 전문직과 비전문직의 이원 구조로 되어있다는 데 그 특수성이 존재한다. 우선 여러 학자들이 지적하는 전문직의 특성들 가운데 공통적으로 제시되고 있는 점들을 간추려 보면 다음과 같다.

① 사회가 공인하는 제도화된 방식과 절차에 따라 직업적 자질을 갖추고, 사회적 승인을 받는다.

② 표준화되지 않은 상품(용역)을 다루고 지적 작업에 종사한다.

③ 전문인협회를 창설하고 그것을 준거집단으로 삼는다.

④ 공중에 대한 봉사의 신념과 자기분야에 대한 소명의식을 지

닌다.

⑤ 직무수행에서 자율성을 가지고 임하며, 윤리강령을 제정하여 자율적 규제에 따른다.

이와 같은 특성을 지닌 전문직은 비전문직과 그 직업적 관심이나 추구하는 목표가 다를 수밖에 없다. 상대적인 대비이긴 하나, 전문직은 물질적 보상보다 정신적 보상을, 계서적 지위보다 작업의 독립성을, 타율적 통제보다 자율적 통제를, 사익보다 공익을 더 추구한다. 이와 달리 비전문직은 물질적 보상과 계서적 지위 및 사익을 더 성취하려는 경향이 크다고 할 수 있다.

따라서 직업상의 이해관계와 노동의 양식이 다른 전문직과 비전문직이 하나의 조직에 같이 존재한다는 것은 당연히 갈등을 배태됨을 전제로 하는 것이다. 이러한 조직의 전형적인 본보기가 언론사이다. 언론사의 이원화된 조직구성은 내부 갈등의 원천인 것이다. 이윤을 극대화하는 데 관심이 있는 비전문직과 언론의 본분을 다 하는 데 이해가 일치되는 전문직 사이의 갈등이 언론사 조직의 본질이다.

언론사 노동조합이 이러한 형태의 조직인 까닭은 산업별 노조가 아니라 기업별 단위노조 중심인데다, 노동법이 1사1노조를 원칙으로 하고 있다는 데 크게 기인하는 것으로 생각된다. 언론자유의 실천이라는 정치투쟁을 좀 더 효과적으로 할 수 있다는 점에서, 현재와 같이 전문직과 비전문직을 망라한 언론노조의 조직이 장점을 더 가질 수 있다는 현실적 이익을 결코 가볍게 생각할 수는 없다. 그렇다 할지라도 궁극적으로 이 같은 언론노조의 조직 형태는 노조 내부의 갈등을 심화시킬 가능성이 크다는 점을 배제할 수 없으며, 지금처럼 전문직이 전체 노조 구성원의 40퍼센트에 못 미치는 경우 언론노조의 임무가 경제투쟁에 치우칠 가능성도 생각하지 않을 수 없다.

어떤 의미에서는 현재 우리나라 언론사 등의 임금 수준이 상대적으로나 절대적으로 타 업종에 견주어 높기 때문에, 언론노조의 경제투쟁 일변도 행보가 사회적 명분을 획득하기 어렵다. 또 언론자유의 실천이 제1차적 과제라는 데 언론노조 내부나 사회의 합의가 이루어져 있기 때문에, 언론사 노동조합의 그 같은 조직 형태 자체가 지니고 있는 갈등이 아직은 현실화되지 않고 있는 것인지도 모른다.

이런 관점에서 앞으로 산별노조 중심이나 복수노조가 허용되는 경우 언론사 노동조합의 조직이 어떻게 발전적으로 재편성될지, 아니면 그 같은 갈등구조를 잘 관리할 수 있는 장치가 마련될 수 있을지가 관심사라 하겠다.

3. 편집권의 문제

1) 편집권에 대한 논의의 전개과정과 그 배경

'편집권'이라는 용어를 우리나라 언론계에서 언제부터 쓰기 시작했는지는 명확하지 않다. 물론 1948년 3월 16일에 일본신문협회가 〈신문 편집권의 확보에 관한 성명〉을 발표한 이후 우리나라 언론계에서도 이 개념을 사용하게 되었다는 것은 명백하다. 1950년대에는 편집권이라는 용어가 우리 언론계에서 거의 쓰이지 않았으나, 1960년대에 들어와 점차 사용되기 시작했다고 할 수 있다.

문헌을 살펴보면 우리나라에서 이 개념에 대해 최초로 논의한 글은 1964년에 임근수가 쓴 〈편집권의 옹호와 독립〉이라 생각되며, 이때를 전후하여 언론계나 학계에서 세미나 또는 좌담회를 통해 간헐적으로 거론되었다.[13] 아마도 언론관계 세미나에서 편집권 독립에 관한 문제가 공식적으로 거론되었던 것은 1965년 10월에 온양에서 열렸던 한국신문편집인협회가 주최한 제1회 매스컴 관계 세미나에서라고 생각된다. "자유언론의 사명"이라는 대주제로 열린 이 세미나에서 제1주제 "신문·라디오·TV 등 매스컴의 시대적 사명과 그 책임"(발표자 : 신영철)에 대한 토론이 있었다. 여기에서 최린규가 "…… 우리나라 언론의 …… 제1문제가 우선 이 신문으로 얘기한다면 편집과 제작권, 방송으로 얘기한다면 하나의 편성권과 제작권이겠지요. 그러한 독립이 우선 확보되어야 하지 않겠느냐"라는 의견을 개진했던 것이다.[14]

그러나 그 당시까지 단편적으로 거론되는 데 그쳤던 편집권 문제는 다음과 같은 사건들을 계기로 집중적으로, 활기차게 논의되게 되었다. 우연의 일치이지만 그 같은 논의가 각각 1960년대와 1970년대 및 1980년대에 이루어졌다는 점에서, 편집권에 대한 문제 제기를 시대별로 구분한다면 위의 세 시기로 나누어 볼 수도 있을 것이다.

(1) 1960년대(제1기)

60년대의 편집권에 대한 논의는 1966년의 삼성그룹 산하 한국비료가 사카린을 밀수입한 사건을 계기로 이루어졌다. 이 사건이 일어나자 전국의 매스컴이 이를 보도하고 비판했음을 물론, 그러한 재벌의 밀수 행위에 대한 국민의 규탄이 심화 확대되었다. 이에 삼성그룹에서 운영하던 동양방송(라디오와 TV)과 《중앙일보》가 밀수사건을 합법인 것처럼 보도하고, 타 매스컴의 보도와 비판을 거꾸로 비판하기 시작했다.

이 같은 중앙 매스컴의 행위는 재벌이 소유하는 언론이 사회적 공기로서의 사명을 망각하고, 재벌의 사익에 봉사하는 전형을 보인 것으로, 강력한 여론의 지탄을 불러일으켰다. 그러한 여론의 향배를 의식했는지 박정희 대통령은 재벌과 언론을 분리하여 독점경영을 규제토록 지시하는 이례적 성명을 발표하였다. 이를 계기로 정부는 '언론의 공익보장을 위한 법률안'(가칭)을 성안(成案)하기에 이르고, 이 법안에서 편집권의 독립이 구체적으로 조문화됨으로써 편집권 논의는 제도화될 조짐을 보였다. 이러한 상황의 연장에서 한국신문 편집인협회가 1968년 11월에 '편집의 자주성 확보를 위한 연구 소위원회'를 구성함으로써 1960년대의 편집권에 대한 논의가 마무리 된다.

(2) 1970년대(제2기)

1974년 11월 12일 《동아일보》에서는 천주교도들의 인권 회복을 위한 기도회 관련기사를 게재하면서 면 배정과 기사의 크기를 둘러싸고 편집국장과 기자들 사이의 의견 충돌이 빚어졌다. 이 같은 내부 충돌로 기자들이 신문 제작을 거부하였고, 이에 회사 측은 이날 신문을 휴간했다. 그리고 다음날인 11월 13일자 신문 사고(社告)에서 회사 측은 "일부 사원들의 이 같은 제작 거부 태도를 신문 편집권에 대한 중대한 간여라고 보고 휴간도 불사했던 것"이라고 해명하였다. 이후, 이러한 기자들의 행위가 과연 편집권에 대한 간여인

가 아닌가를 두고 논의가 벌어졌으며, 이를 계기로 편집권의 문제가
다시 언론계의 관심사로 떠올랐던 것이다.

(3) 1980년대(제3기)

1987년 10월 이후 각 언론사에 노동조합이 결성되고, 회사와의
단체협약을 체결하는 과정에서 편집권의 보장이나 독립을 언론사
내부의 제도적 장치로서 확보하려는 운동이 전개되고 있다.

위와 같은 각 시기별 편집권에 대한 논의를 더 자세히 살펴보면
다음과 같다.

첫째, 삼성그룹 산하의 한국비료 사카린 밀수사건을 계기로, 중앙
매스컴이 재벌의 사익에 노골적으로 봉사하는 사태에 대해 박정희
대통령은 아래와 같은 요지의 담화를 발표했다.[15]

> "이번 삼성사건의 경우 밀수 행위가 분명하고 범법이 확실한 데도 불
> 구하고 산하 언론기관을 동원하여 불법과 부정을 비호하는 데 급급한
> 듯한 인상을 준 것은 사회공기인 언론의 기본 사명을 저버리고 이에 역
> 행하는 행위라고 볼 수밖에 없다. …… 어느 특정인이 언론을 독점 사물
> 시하는 데서 오는 폐단을 막기 위해 제도상의 규제가 필요하지 않은가
> 하는 문제를 심각하게 느끼게 됐다. 이러한 폐단이 어디에서 왔느냐 하
> 는 것을 생각할 때, 우리나라에서 흔히 재벌들이 언론기관을 점유하려고
> 애쓰는 그 저의를 이해하기 곤란하여 만약 그 목적이 자기 개인의 이익
> 만을 옹호하기 위한 것이라면 이것은 언론의 공익성을 전혀 무시한 소
> 치이며, 이 문제는 언론자유의 보장과는 전혀 별개의 성질의 것이고 또

이러한 규제는 다른 선진국에도 선례가 있는 것으로 듣고 있다.”

또 담화와 함께 박 대통령은 당시 헌법의 테두리 안에서 재벌과 언론을 완전 분리할 수 있도록 규제할 수 없는지, 특정인이 언론기관을 여러 개 독점소유·경영하지 못하게 규제할 수 없는지를 민복기 법무부장관, 홍종철 문공부장관, 서일교 법제처장에게 연구토록 지시했다.

이러한 지시를 받은 홍종철 장관은 한국편집인협회(이하 ‘편협’)에 그 방안에 대한 의견을 구했고, 편협은 그러한 제의를 받아들여 내부에 연구팀을 구성하여 작업을 추진했던 것으로 알려졌다. 그 뒤 정부는 여러 의견을 수렴하여 다음과 같은 조항을 골자로 한 가칭 ‘언론의 공익보장을 위한 법률안’을 성안하기에 이른다.16)

언론의 공익보장을 위한 법률안

△ 목적

언론의 공공성과 독립성을 보장함으로써 공정하고 자유로운 언론의 창달을 기하고 나아가서는 우리나라의 민주주의 발전에 이바지함을 목적으로 한다.

△ 언론기관의 사명

언론기관 및 이에 종사하는 자는 사회의 공기로서의 언론기관의 공공성을 자각하여 언론의 공정과 품위를 유지하고 공공이익에 기여하도록 충실하게 사명을 다해야 한다.

△ 적용대상

이 법은 신문의 발행, 통신의 발행, 라디오 방송과 텔레비전 방송을 업으로 하는 자에 대하여 적용한다.

△ 언론업의 단일화

언론업을 경영하고자 하는 자는 다음 각 호의 언론업 중 1개의 업만을 경영할 수 있다. ① 신문의 발행, ② 통신의 발행, ③ 라디오 방송, ④ 텔레비전 방송.

△ 언론기관의 법인성

언론업은 법인만이 경영할 수 있다.

△ 편집인회

① 언론기관에는 언론의 편집에 관한 업무를 결정 집행하는 권한을 전달하는 편집인회를 둬야 한다.

② 편집인회는 3인 이상의 편집인으로 구성한다.

③ 편집인은 이사회에서 선임한다.

④ 편집인은 1인에 한하여 이사의 직을 겸할 수 있다.

⑤ 편집인회는 편집인을 대표할 자 1인을 선임하여 편집인 회의에서 결정한 편집 업무를 집행하게 할 수 있다.

⑥ 편집인회의 운영에 관하여 필요한 사항은 정관에서 정하되, 그 규정이 없는 경우에는 당해 언론기관의 이사회에 적용될 정관 또는 법령의 규정을 적용한다.

△ 편집의 독립

① 언론기관은 편집인에 대하여 그 자유로운 언론의 편집을 최대한으로 보장해야 한다.

② 언론기관의 출연자, 출자자, 이사, 업무집행사원 또는 감사는 어떠한 방법으로써도 보도와 평론의 내용, 기타 편집에 관하여 편집인 또는 그 보조자에게 강요하거나 간섭하거나 영향을 주어서는 안 된다.

△ 편집의 성실의무

① 편집인은 공정하고 건전한 민주언론을 창달해야 할 사명에 따라

그 보장된 지위를 남용하지 아니하고 양심에 따라 성실하게 그 업무를 수행할 의무를 진다.

② 편집인은 타 언론기관 또는 영리를 목적으로 하는 어떠한 업무에도 종사할 수 없다.

△ 언론기관에 대한 출자

1. 언론기관에 출연 또는 출자를 한 자는 다른 언론기관에 출연 또는 출자를 할 수 없다. 이 경우에 다음 각 호의 1에 해당하는 자가 하는 출연 또는 출자는 본인이 하는 것으로 본다.

① 본인의 배우자, 본인의 직계 존비속 및 형제자매와 그 배우자.

② 본인 또는 전호의 자가 1백분의 50이상을 출연 또는 출자한 법인.

③ 본인의 지배적 영향을 받는 종속관계에 있는 자.

1. 전항의 규정에 위반하는 출자는 무효로 하고 몰취한다.

△ 언론기관의 출자제한

언론기관은 타 언론기관 또는 영리사업에 출자할 수 없다.

△ 출자의 분산

언론기관은 출자자를 모집할 때 ① 공개해야 하고, 출자자의 배정에 있어서 그 비율이 특정인에게 과도히 집중되지 않도록 해야 하며, ② 언론기관에 출자하고자 하는 자 또는 그 지분 주식을 취득하고자 하는 자는 그 비율이 언론기관의 공공성을 해치지 아니하는 범위에서 출자하거나 취득해야 한다.

△ 언론기관의 임원

① 특정 산업 또는 산업 전반에 걸쳐 과도하게 경제권을 집중적으로 가지고 있는 자는 언론기관의 임원이 될 수 없다.

② 언론기관의 임원은 타 언론기관 또는 영리법인의 무한책임사원이 되거나 임원이 될 수 없다.

③ 제1항의 해당자의 범위는 대통령령으로 정한다.

이 같은 법률안이 알려지자, 야당은 경영과 편집의 분리 원칙에는 찬성하나, 언론업종 가운데 하나만을 경영할 수 있게 한 것은 기업의 자유에 대한 부당한 억압이라 지적했다. 또 이사회에서 편집인 3인을 선정토록 한 것은 편집에 대한 간섭여지를 남겨두는 것이며, 벌칙조항이 없다는 것을 지적하면서 문제 조항을 대폭 수정할 것을 요구했다.

한편 신문들의 반응은 다음과 같았다. 《동아일보》는 "편집권의 독립이라 하면 원칙상으로는 이상적인 듯이 보이나, 현실에 있어서는 허다한 문제점이 있다. 언론기관을 설립 경영코자 하는 자가 있다면, 그는 설립경영의 일정한 목표를 가지고 있을 것이어서 그 목표에 따라 편집의 방향이 또한 결정될 것인 만큼, 근본적으로 이견을 가진 편집권자가 따로이 있어서 제작의 기본방침에 경영자와 항시 대립이 된다면 그 언론기관은 성립이 될 수 없는 것이다. …… 다시 말하여 편집권의 독립이라는 방안은 그 추상적인 이름 아래 실지에 있어서는 경영과 편집이 불화를 일으킬 소지를 마련할 가능성도 없지 않다"는 등의 입장을 밝히고 이 법의 철회를 요구했다.[17]

《중앙일보》는 "매스컴의 미디어를 동시에 몇 가지는 언론기관의 존재를 불허한다는 것은 기업 집중에 의한 효율적 운영의 원리 그 자체를 부정하고 들어가는 것"이라는 점과 "경영과 편집의 분리는 공익성과 자주성을 주장하는 사람으로서 이 원칙에 반대할 자는 하나도 없을 것"이라 말했다. 그러면서도 "그러한 필요성은 언론 사업에 있어서의 자본과 경영과 그리고 편집이 상호 견제와 균형의 관계를 형성하여 독자나 청취자의 지지를 받을 수 있는 제작을 함으로써 자연적 자율적으로 충족되는 것을 이상으로 한다는 점”을 들어 법제화를 반대하는 입장을 표명했다.[18]

이와 달리《조선일보》는 이 시안에서 편집회의 설치, 편집의 독립보장, 편집의 성실의무, 출자자의 공개모집 등 조항은 자유언론의 육성을 희구하는 견지에서 실로 획기적인 내용이라고 찬의를 표하였다.[19]

위와 같은 정계의 반대와 언론의 비판 등으로 이 법안은 철회되고 말았지만, 이 법안의 철회에는 발행인들의 영향력이 크게 작용한 것으로 보이며, 편집인회나 일부 회원들은 이 법안에 긍정적이지 않았던가 생각된다. 다음과 같은 최석채의 회고담을 보면 그러한 사정을 짐작할 수 있다.[20]

“…… 한국에 있어서는 편집권의 독립이 아주 묘한 뉘앙스를 띄고 있기 때문에 저로서도 편집인협회에서도 이 문제를 한 번 다루고 저 개인적으로도 다루어 가지고 한 때, 박 대통령이 편집의 독립이라는 말은 안 썼습니다마는 신문의 독립이라고 말을 했고,《중앙일보》사건 후에 그런 말을 한번 했을 때에 제가 보아서는 호기실물(好機失勿)이라 해가지고 편집권의 독립으로서 크리스찬 사이언스 모니터(The Christian Science Monitor) 비슷한 편집인회를 두는 제도를 법률에 삽입하려고 부단히 노력도 하고 공작을 해가지고 법제처에서 그것이 들어왔어요. 들어왔다가 하루아침에 발행인협회에서 어떻게 공작을 했는지 그것이 삭제되고 유야무야되고 말았습니다. ……”

이와 같이 편집권의 독립을 핵심으로 하는 법률의 제정 시도가 있었던 그 해,《신문평론》은 편집권 문제를 중심으로 ‘신문 66년 회고 좌담회'를 열어 이 문제를 종합적으로 검토했다. 그러나 여기서도 원칙적인 문제 제기에 그치고 말았다.[21]

그 뒤 1968년 11월에 개최되었던 편협 주최 제5회 매스컴관계 세미나에서 편집권 문제가 다시 제기되기에 이른다. "신문과 경영"이라는 대주제로 열린 이 세미나에서 당시 편집인협회 최석채 회장은 〈한국 신문의 당면문제〉라는 주제발표를 하였다. 여기서 그는 우리나라 신문이 당시에 당면하고 있던 과제 20개를 제시하면서 "전환을 전제로 할 때 자본과 경영, 경영과 편집의 현실적인 관계가 여하히 변화되어 가고 있는가?", "편집의 자주성은 어떠한 형태로 확보되고 있는가? ① 외적 압력에 대항해서, ② 내적 압력에 대항해서"라는 문제를 제기했다. 이 과제에 대한 토론에서 편집권의 확립이 한국신문계가 당면한 가장 핵심적인 문제로 다루어졌으며, 편집의 자주성이 확보되지 않고는 신문의 발전이나 언론자유의 신장을 기대하기 어렵다는 데 의견이 집약되었다.

이처럼 한국 언론계가 마주한 최대 과제가 '편집의 자주성 확보'라는 데 쉽게 인식을 같이하게 된 것은 '기자의 시대'를 회복해야 한다고 보았기 때문이다. 곧 1950년대가 '기자의 시대'였다면, 1960년대는 '편집인의 시대'인 것이고, 60년대 말에 이르자 '발행인의 시대'에 들어섰다고 진단하였고, 언론자유와 그 사명을 다 하려면 다시 '기자의 시대'를 회복해야 한다는 데 모두 공감한 것이다.

이를 위해 이 토론회에서 편집의 자주성 확보는 ① 단결된 힘으로 쟁취하고, ② 신문기업 형태에서 전근대성을 배제하고 사주의 영향력을 줄이기 위해 법·제도상의 개정을 꾀하며, ③ 각 언론기관 안에 응분의 권한을 가진 편집위원회 같은 것을 두고, ④ 언론인의 자세를 가다듬고 신문윤리강령의 실천에 투철한다는 등의 방법이 제안되었다. 특히 상법의 개정으로써 언론기관 관계 기업에 대한 특수성을 두어 주식의 분산, 편집인의 권한 제고 등을 조문화하거나, 아니면 특별법을 제정해야 한다는 의견도 있었다.

이러한 논의를 좀 더 진전시키고, 제도적 장치를 마련하고자 이 세미나에서는 특별위원회를 편협 안에 설치하기로 결의했다. 이에 따라 편협은 1968년 11월 27일에 '편집의 자주성 확보를 위한 연구소위원회'를 구성하고, 최석채, 홍유선, 이은우, 신영철, 김진현 등 5인의 위원을 선임했다.22) 이 같은 편협의 사업계획 맥락에서, 최석채 회장은 1969년 4월 7일 신문의 날 기념대회 개회사를 통해 편집의 자주성을 확보할 수 있는 방안의 강구를 그 해의 한국 언론 최대과제로 삼을 것을 선언했다.23) 이 소위원회는 1969년 안에 편집의 자주성을 보장할 방안을 마련키로 시한을 정했었으나, 그 뒤 연구의 성과는 나오지 않았다.

이 과정에서 보듯, 1960년대의 편집권 또는 편집의 자주성을 확보하려는 노력은 정부의 법제화 시도, 편집인을 중심으로 한 언론계의 구체적 방안 강구의 작업이 있었고, 또 그 필요성을 절감하였으며 성취의욕도 드높았으나, 아무런 구체적 결실을 맺지 못하고 말았다.

둘째, 1970년대의 편집권에 대한 논의는 앞에서 언급한 바와 같이, 천주교 신도들의 인권 회복을 위한 기도회 관계기사를 게재하는 문제에서 면 배정과 기사의 크기, 단수를 두고 편집국장과 기자들 사이의 의견 대립에서 촉발되었다. 1974년 11월 12일자 신문이 휴간된 경위를 밝히던 13일자 《동아일보》의 사고에서 기자들의 제작 거부 행동을 "편집권에 대한 중대한 간여"라고 규정한 데서 야기된 것이다. 당시 《동아일보》 사고의 주요 내용을 요약하면 다음

과 같다.[24]

　　"…… 휴간 경위를 말씀드리자면 동 일자 본보에서 천주교도인들의 인권 회복을 위한 기도회 관련기사를 본사 편집국장이 7면 중간 톱 4단에 사진과 함께 보도하기로 한 방침에 대하여 신문 제작에 종사하는 일부 사원들이 이의를 제기하고 7면 톱 또는 1면 톱으로 다룰 것을 요구, 제작을 거부하여 동 일자 신문을 발행하지 못했습니다. 본사는 일부 사원들의 이 같은 제작 거부 태도를 신문 편집권에 대한 중대한 간여라고 보고 휴간도 불사했던 것입니다. ……"

이러한 회사의 입장에 대해 기자협회《동아일보》분회는 "제작거부가 편집권 간여는 아니다"는 등의 의견을 〈알림〉란을 통해 11월 14일에 발표했다. 그 요지는 다음과 같다.[25]

　　"② '편집권의 간여', 편집권이란 사진을 포함하여 모든 기사의 비중 판단과 보도 여부를 최종적으로 결정하는 권한이므로, 제작의 최고 책임자인 편집국장, 방송보도국장 또는 출판국장의 전속적인 권한이다. 따라서 편집권은 그 권한 귀속자 이외의 누구로부터도 침해되지 않는 것을 그 정당성의 본령으로 하고 있다. 그러므로 편집권의 행사는 제작의 담당자인 일선 기자는 물론 경영진이나 광고주 또는 권력기관이나 폭력 등 일체로부터 독립되는 때에만 '정상의 편집권 행사'가 된다. …… 10·24 선언은 막다른 골목에 이른 만신창이의 편집권의 회복과 편집권을 포함한 언론자유의 소생을 위한 언론인의 자구 결의의 집약이며, 12일자 본보의 제작 거부 결의는 10·24 선언을 실천하기 위한 노력의 표현 이상도 이하도 아니며, 더더구나 편집권에 대한 간여는 아닌 것이다. ……

④ 12일자 제작 거부의 불가피성 : 언론자유를 가로막는 벽을 깨뜨리기 위한 우리의 마지막 수단은 거짓된 신문과 방송보도를 국민에게 보내기보다는 차라리 거짓된 신문 제작과 방송뉴스 제작을 거부하는 것 이외에 없다. 사지에 들어서야 비로소 살아날 수 있다는 의지의 표현이야말로 비장 바로 그것이다. 13일의 내외 상황은 이 마지막 수단이 불가피하다는 데 분회원의 총의가 집약됐고 이 마지막 수단을 통해서만 이와 같은 벽이 깨질 수 있다는 데 한 사람의 이견도 없었다. ……”

이렇게 문제가 제기되자 기자협회는 다음과 같은 일련의 협회 공식입장을 밝히는 작업으로써 편집권의 성격과 그 귀속을 규정했다.

“편집권의 주체는 ‘신문·방송·잡지의 경영 관리자(법인일 경우 이사회) 혹은 이의 위탁을 받은 편집 관리자’에 한하며, 이 권리는 ‘외부·내부를 묻지 않고’ 지켜져야 한다. …… 그러나 …… ‘편집권의 독립’이라는 것도 원래의 취지와 정신을 저버리는 방향으로 방패막이 노릇을 한다면 바로 그 순간부터 이미 원칙으로서의 힘을 잃어버리는 것이다. …… 편집권의 독립은 진실보도·공정평론·적정한 발표방법을 보장하기 위한 수단이다. 그러므로 기자들은 이 목적을 저해하는 일체의 간섭을 배제하기 위해 편집자의 번병(藩屛)으로서의 의무와 권리를 수행할 것이다.”26)

따라서 《동아일보》 기자들이 12일에 벌인 제작 거부는 바로 이 같은 ‘번병’의 구실을 수행한 것이라는 관점이다.

또한 기자협회의 언론자유수호 특별대책 위원회는 11월 27일 ‘언론자유수호를 위한 세부실천사항’을 마련하고, 그 가운데 올바른 편집을 위해 "1. 편집권의 진정한 독립을 확보하기 위해 기자들은 편집간부들을 보좌, 협조한다. 1. 기사의 경중에 대한 사주 또는 외부로부터의 강요된 판단은 단연코 배격한다"는 등의 조항을 두었다.[27]

이러한 논의의 연장으로 《신문평론》은 1975년 1월호에서 "현대 편집권"이란 주제로 특집을 꾸미기도 했다. 그러나 이 당시의 편집권에 대한 논의는 동아노조와 《한국일보》 노조에 대한 탄압과 노조 간부들의 해고, 《조선일보》가 편집권 침해의 이유로 12월 18일 백기범, 신홍범 두 기자를 해임시키는 사태 등의 발생에 따른 기자들의 농성 투쟁, 《동아일보》에 대한 광고탄압 등의 급박한 언론탄압 사태의 진행으로 중단되고 말았다. 결국 1970년대의 편집권에 대한 논의는 원론적인 문제의 제기로 짧게 끝난 셈이다.

셋째, 1980년대의 편집권에 대한 관심은 유신헌법을 폐기하고 새로운 헌법을 만드는 과정에서 편집권의 독립을 규정하는 조항을 새 헌법 속에 명문화하고자 한 작업에서 출발했다. 곧 김철수, 양호민, 장을병, 한정일, 임현률, 양건 등 학자들이 마련한 새 헌법 시안에서 국민의 알 권리와 함께 편집권의 보장을 명문화했으며, 국회의 개헌 특위가 기초한 개헌안에도 편집과 편성의 독립을 보장하는 조항이 마련되었다. 그러나 5·18로 말미암아 이 같은 모든 개헌작업은 무위에 그치고 말았다. 따라서 1980년대의 편집권에 대한 본격적인 논의는 1987년 10월 이후 각 언론사 노동조합이 주체가 되어 언론 자유의 확보를 위한 제도적 장치로 편집권의 보장이나 독립을 정치투쟁의 목표로 삼고, 이를 회사 측과의 단체협약으로 실현하려 함으로써 전개되었다고 할 수 있다.

단체협약을 맺었거나 체결을 위한 노사협의과정에서 각 언론사 노조마다 얻는 구체적 성과나 얻고자 하는 실질이 조금씩 차이가 나지만, 대체로 언론노조가 추구하는 정치투쟁의 공통된 목표로 집약되는 것은 편집권의 보장 또는 독립을 단체협약 속에 명문화하려는 것이었다. 그 구체적이고 실천적인 제도적 장치로서 편집국의 책임자인 편집국장(또는 편집위원장)을 기자들이 직선하거나 추천하는 제도, 편집권의 행사를 감시하거나 지원하는 공정보도위원회 또는 언론연구위원회라 부르는 기구를 노조가 구성하는 것 등이 있다.

더욱이 이러한 내용을 보장받으려는 투쟁과정에서 《부산일보》와 《경남신문》의 경우 신문을 발행하지 못하는 파업 사태까지 발생했다. 《부산일보》의 파업을 계기로 편집권의 귀속에 대한 발행인 측과 기자 및 노조 측의 대립이 본격화되자, 편집권의 문제는 개별 언론사 노동조합과 회사 경영 측의 협의 대상에서 벗어나 전체 신문 발행인 대 기자(노조 포함)들의 문제로 부각되었다.

신문협회는 1988년 7월 11일 《부산일보》의 신문 발행 중단사태와 관련한 성명에서 "편집권이 편집의 방침결정, 시행 및 보도와 논평의 적정선 유지 등 편집제작에 관련된 일체의 권능이라고 본다면 이러한 권능의 행사와 책임을 최종적으로 신문발행인 및 이사회, 구체적으로는 편집을 위임받은 편집인에게 마땅히 귀속돼야 한다"고 밝히고, "최근 일부 신문사의 노조가 편집국장을 추천, 또는 복수추천해서 발행인에게 선임토록 요구하는 사례는 분명한 편집권의 침해일 뿐 아니라 인사권 및 경영권에까지 간섭하는 것"이라고 입장을 표명했다.[28]

이에 대해 전국언론노조협의회는 12일 반박성명을 통해 "편집권 귀속에 대한 신문협회의 견해는 '경영권이 곧 편집권'이라는 한국

언론 현실의 비민주성을 그대로 노출시킨 것"이라고 지적하고, "편집권이 신문사 내의 전 편집제작인들에 의해 공유되어야 한다"는 기본 입장을 밝혔다. 또 "신문기업에 있어서 경영진의 인사권 행사는 편집권의 자율성과 독립을 확보·보장하는 선에서 이루어져야 한다. 따라서 인사권은 경영진의 전단적인 판단과 결정에 따라 행사될 것이 아니라 편집제작인들의 민주적인 절차에 의해 도출된 합의와 상충되지 않는 방향에서 진행되어야 한다고 믿는다. 그 제도적 보장을 위해 편집제작인들이 요구하는 최소한의 장치가 편집국장 추천제 등임을 확신한다"고 천명했다.[29]

기자협회 또한 "《부산일보》노조가 주장하는 편집권 독립이 민주언론 회복의 첩경임을 확인하여 《부산일보》노조 측의 주장을 전폭 지지"하고, "한국 언론의 최대 과제는 공정보도 확립이며 공정보도는 편집권의 독립에서 비롯된다는 것을 확인하고, 전국 4천여 회원이 일치단결하여, 공정보도 확립에 연대투쟁할 것을 다짐한다"는 입장을 밝혔다.[30]

이 밖에 민주·평민 양당이 조사단을 《부산일보》파업 현장에 파견하고, 부산일보사 노동조합의 주장을 전폭적으로 지지하는 한편, 1980년 당시 언론통폐합의 내막을 밝힐 것과 부산일보사 재단인 정수장학회의 주식을 전면 공개하라는 등의 요구를 했다. 이러한 양상으로 부산일보사의 쟁의가 정치·사회적으로 확산됨에 따라 편집권 문제는 정치권과 일반 국민의 관심사로 확대되기에 이르렀다. 지금까지 몇몇 언론노조가 회사 측과 맺은 단체협약들 가운데 편집권 관계 조항들을 발췌 소개해 보면 다음과 같다.

《동아일보》

단체협약 제5조(권리존중)

조합은 회사의 경영권과 편집책임자의 편집권을 존중하고 회사는 조합의 단결권, 단체교섭권 및 단체행동권을 존중하며 그 정당한 행사를 방해하지 아니한다.

제12조(공정보도위원회 설치, 운영)

조합은 동아일보사 매체의 제작 향상을 위하여 조합규약에 따라 공정보도에 관한 연구 및 조사 활동을 목적으로 공정보도위원회를 설치, 운영하되 편집책임자의 편집권 행사에 간여하는 활동은 하지 아니한다.[31]

《한국일보》

단체협약 제3조(권리인정)

조합은 회사가 사업을 경영하는 권리를 인정하며 회사는 조합의 단결권·단체교섭권·단체행동권을 인정한다. 또한 노사는 편집권의 독립을 인정한다.[32]

《경향신문》

단체협약 제27조(편집권 독립)

편집권은 외부의 부당한 간섭이나 압력으로부터 독립되어야 하며 회사와 조합은 편집권을 존중한다. 단, 편집권 독립 장치는 회사발전추진위원회에서 마련한다.

제28조(편집제작평의회)

편집권 독립 보장과 바람직한 지면 제작을 위하여 편집책임자, 편집간부, 평기자 등으로 구성되는 편집제작평의회를 두며 이의 구체적 구성과 운영은 회사발전추진위원회에서 별도로 정한다.[33]

《부산일보》

단체협약

회사와 노조는 편집제작진의 편집권을 존중한다. 회사는 편집국장의 인사에 있어서는 노조의 의견을 최대한 반영하되 구체적인 반영 방법은 별도의 협약서에 따른다.

이 같은 협약에 따른 별도로 작성된 협약서는 "지난날 미흡했던 보도와 논평에 대한 자성과 함께 앞으로는 신문 제작에 있어 외부로부터의 어떠한 압력이나 간섭을 받지 않고 언론의 본래적 사명을 다하기 위한 표현으로 편집국장은 편집국 노조원이 추천하는 3인 중에서 임명한다"고 규정했다.[34]

위와 같은 몇몇 신문사의 단체협약 내용을 보면 ① 편집권의 존재는 인정하나 그것의 개념 규정은 명백히 내려져 있지 않고, 또 편집권이 어디에 귀속되는지도 일정치 않다. ② 편집권의 보장이나 독립을 위한 언론사 내부의 제도적 장치를 마련하는 일은 앞으로의 과제로 남겨 놓고 있다. 다만 《한겨레신문》의 경우 7월 27일자로 편집국 최고책임자인 편집위원장을 기자들의 직선제로 선출키로 했으며, 편집국 노조원이 추천하는 3인 가운데 편집국장을 임명토록 한 《부산일보》의 인사제도는 우리나라뿐 아니라 세계언론사에 기록될 획기적인 일이라 할 수 있다.

이러한 편집국 책임자 선출 방식은 적어도 편집국장이나 편집위원장에게 편집권이 위임되거나 귀속된다는 것을 전제로 하는 것이므로, 편집권 보장을 위한 언론사 내부의 구체적이며 실천적인 제도적 장치의 하나가 된다. 그러나 그 같은 편집국 책임자의 직선이나 추천 방식이 편집권 보장을 위한 편집권 위임의 유일한 제도적 장치는 아니며, 어떤 방법을 채택하는가는 개별 언론사의 선택 문제로 귀결될 수밖에 없을 것이다. 그러한 선택은 개별 언론사의 전통, 소유형태, 조직(기업) 문화, 경영방침 등의 특수성에 따라 결정될 것임은 물론이다.

이와 같은 시대별 편집권에 대한 논의를 조감해 보면, 첫째, 편집권의 보장이나 독립에 대한 요구는 정치권력이라는 외부의 통제로부터 자유를 확보하려는 동기로 시작되어, 점차 발행인 또는 사주의 통제라는 내적 규제와 간섭으로부터 자유를 보장받을 수 있는 제도적 장치의 마련으로 전환되어 왔다. 둘째, 편집권에 대한 논의의 주체는 1960년대의 경우 편집인(편집국장, 편집국의 각 부장)과 편집인 출신의 논설위원들이었고, 1970년대에는 기자(기자협회), 그리고 1980년대에는 노조로 변화되어 왔다. 이 같은 현상은 우리나라 신문 조직의 구조가 분화되어 왔다는 것을 반영하는 것인 동시에 조직 구성원 사이의 관계가 발행인(사주)·편집인·기자 모두 일체감을 가지고 연대를 형성했던 시대에서 발행인(사주) 대 편집인·기자로, 마침내 편집인 대 기자의 대립구도로 변화해 왔다는 것을 그대로 드러내고 있는 것이다.

2) 편집권의 개념과 귀속문제

지금까지 우리나라에서 논의되어 왔거나 논의되고 있는 편집권의 문제는 편집권의 보장이나 독립을 마땅한 것으로 주장하지만, 과연 편집권이란 하나의 권리라 말할 수 있는가? 그렇다면 그 개념은 무엇이며, 그것은 누구에게 귀속되는 것인가? 이에 대한 성찰과 합의는 여전히 이루어지지 못한 상태이다.

최근 각 언론사에서 체결했거나 체결협의과정에 있는 노사협약에
서 편집권의 귀속문제와 그것을 보장·독립하기 위한 제도적 장치
의 마련을 두고 노사 사이에 갈등을 빚거나 또는 언론사마다 협약
상의 차이를 드러내는 까닭도 편집권에 대한 통일된 인식의 기반이
마련되어 있지 않기 때문이다.

그럼에도 편집권의 독립과 확보가 마땅한 것으로 주장되는 이유는
무엇일까. 그것은 언론 안팎의 간섭·규제·통제로부터 언론자유를
지킴으로써 진실하고도 공정한 보도와 논평으로 국민의 알 권리에 충
실하고자 한 까닭이다. 즉, 편집권의 독립·확보는 언론이 사회적 공
기로써 책임을 다하는 데 필요한 제도적 보장인 것이다.

이런 뜻에서 편집권의 개념을 규정하고, 그것의 귀속문제에 대한
합의를 도출하기 위한 기초 작업으로, 지금까지 있었던 편집권에 대
한 논의 가운데서 개념과 귀속에 관련된 내용들을 시대별로 정리해
보면 다음과 같다.

(1) 1960년대의 관점들

임근수

① 편집권이란 편집 방침(수시로 발생하는 '뉴스'의 취급에 관한 개별
적 구체적 방침까지 포함)을 결정하여 이를 시행, 집행하고, 뿐만 아
니라 보도의 진실, 논평의 공정 및 그 공표 방법의 적정성을 유지하
는 등속의 신문 편집에 필요한 일체의 관리를 행사하는 권능을 말
한다.

② 순수한 이론상으로만 따지자면 편집권의 본래의 소유자 또는
최고권자는 그 신문의 자본주(개인, 혹은 법인의 경우 주주권자)이나,

신문의 오랫동안 관행과 사회 공기로서의 본질상 요구에 따라서 그 권능의 실제적 행사자는 '경영관리인 및 그 위임을 받은 편집관리인'인 것이다.[35]

천관우

① 편집권이라는 것이 법률상으로 무슨 보장이 되는 권리냐, 이것은 아닌 것 같아요. 편집권이라는 것은 신문인으로서 사회복지, 공공의 복지, 이런 것을 이룩하는 의무를 수행하기 위해서 그 의무에 따라 나오는 하나의 윤리적인 의무 내지는 그것을 반영하는 권리이다, 이렇게 말할 수 있을 것 같습니다.

② 신문 내부의 경우에도 우리가 아무리 편집권을 경영권과 분리하자고 주장하더라도, 실지에 있어 양자의 의사가 합치되지 않으면 궁극에 가서는 경영관리자가 편집관리자를 자유로 임면해서 나가라면 나갈 수밖에 없는 것이지, 거기서 다른 일이 실질상으로 있기가 어렵게 되어 있는 것이 실정입니다.[36]

이해창

신문 경영과 편집의 분리라는 것은 실제적으로나 이론적으로나 성립할 수 없는 것이다.[37]

최석채

① 현재 편집권이라는 말은 저는 안 쓰고 편집의 자주성이라는 말을 쓰고 있습니다.[38]

② 당장 자본과 경영이 분리될 수 없다면 그러한 여건하에서도 편집의 자주성을 전취해야 한다. 편집의 자주성이 경영과 전혀 무관

할 수 없으며 어디까지나 경영의 주체가 정하는 사시·경영방침의 테두리 속에서 편집권을 행사해야 하겠기 때문이다. 다만 신문이 사회의 공기인 이상 또 그리고 신문의 경영자가 신문의 공공성을 인정하는 이상 사시와 경영방침의 테두리 안에서 모든 진실을 보도하고 올바른 비판의 자세를 가져야 한다는 데 이론을 제기할 사람은 아무도 없을 것이다.[39] (편집권) 역시 경영권의 일부다. 우리나라 제도상 경영권의 일부지, 경영권과 분리되어 가지고 편집권이 독립되어 있는 근거는 아무 데도 없다.[40]

남재희

경영과 편집은 일체로서 신문을 이루는 것이지 경영자만이 신문을 이루는 것도 아니요, 편집인만이 신문을 이루는 것도 아니다. 물론 신문이 대기업화함에 따라 다른 기업과 마찬가지로 경영의 효율을 위해 기술상 경영과 편집의 분리를 할 수는 있다. 그러나 그것은 어디까지나 기술적인 것이지, 원칙적·근본적인 것은 아니다.[41]

송건호

신문인의 자주성이란 신문의 기업화를 배제하는 것이 아님은 물론이다. 기업은 기업대로, 신문은 신문대로 기능적 주체성을 유지하여 신문이 신문의 책임 아래 만들어지며, 누구에게도 책임을 전가하지 않고 누구의 작용도 받지 않는다는 것이다. 신문의 자주성을 위한 제도적 장치가 필요하다. 기업이 제작에 관여하는 한계는 오직 '사시'에 관련되는 문제에만 국한시키고, 일반적 제작에서는 그 책임이 전적으로 면제되어야 하며 해방되어야 할 것이다. 언론인들은 사시에 따라 신문을 제작하면 그것으로 족하다.[42]

박유봉

① 편집권이란 신문의 편집방침으로 결정 시행하여 보도의 진실과 평론의 공정 그리고 공표 방법의 적정을 유지하는 등 신문 편집에 필요한 일체의 관리를 하는 권능을 말하는 것이다.

② (신문의 내용에 대한) 최종적 책임은 법률적으로나 도덕적으로나 발행인, 즉 경영자가 지게 마련이다. 따라서 최종적인 책임을 추구받는 자가 말할 것도 없이 신문 내용에 대한 최종적인 결정권을 행사하게 되는 것이다. 신문기업이 법인 조직의 경우에 있어서는 중역회, 개인의 경우에는 사주가 편집권 행사의 주체일 것이며, 편집의 책임자가 위촉을 받은 경우에는 주필이 편집권 행사의 주체가 된다.[43]

김용구

편집권은 결국 편집자의 편집의 자유라고 생각합니다.[44]

김경환

발행인 밑에 있기 마련인 편집인이 과연 편집권을 행사한다고 볼 수 있겠는가. 만일 발행인 밑에 있는 편집인이 편집권은 자기에게 있고 자기가 행사하는 것이라고 주장한다면, 그것은 어리석게도 권리는 충분히 확보 행사하지 못하면서 책임만 자기가 지겠다는 것과 다를 바 없다.[45]

(2) 1970년대의 관점들

《동아일보》 기자협회 분회

① 편집권이란 사진을 포함하여 모든 기사의 비중 판단과 보도 여부를 최종적으로 결정하는 권한이므로,

② 제작의 최고책임자인 편집국장, 방송보도국장 또는 출판국장의 전속적인 권한이다.[46]

한국기자협회

편집권의 주체는 '신문·방송·잡지의 경영관리자(법인일 경우 이사회) 혹은 이의 위탁을 받은 편집관리자에 한'하며, 이 권리는 '외부·내부를 묻지 않고' 지켜져야 한다.[47]

김병익

① 편집이라는 것이 물론 '에디팅'이겠지만 취재도 따르고 또 '레이아웃' 등도 있어서 보도의 모든 기능이 관계되는 것이 아닌가 합니다. 그것이 독자적이고 자유롭게 수행될 때 그것을 편집권이라고 볼 수 있지 않을까. ……

② 편집권을 위임받았다면 결국 발행인로부터 위임을 받았다고 보고 싶습니다. 그리고 각 부장에게 편집국장이 그 권한의 일부를 위임해 주고 그 부장은 다시 기자들에게 일선 보도 내지 취재의 일부를 위임했을 것으로 보고 싶습니다. 그렇다면 최종적인 편집권은 편집국장에 귀속은 되어야 하겠지만, 그 실질적인 수행과정에서는 국장, 부장, 그리고 기자까지 전반적으로 참여해야 한다는 논리가 되지 않을까, 따라서 기자가 기사가 어떻게 처리되어야 한다고 의견

을 내놓는 것은 그것이 편집권 밖에서 한 이야기가 아니고 편집권 안에서 한 이야기가 아닌가 합니다.[48]

최석채

상법상의 개념을 따진다면 법인이 편집권을 가진 것이라고 봅니다. 즉 법인의 이사회가 경영권을 가지고 있으며 편집권은 경영권의 일부이고, 또 그 편집권을 그 사의 정관, 사칙, 그리고 확립된 관례에 따라서 경영자가 완전히 일임하는 경우도 있으며, 어느 한계를 유보해서 위임하는 회사 등 그 경우가 다르다고 봅니다.[49]

한병구

① 편집권이라는 말이 나올 때마다 권리니 권(權)이니 하는 말을 붙이기가 사실 어렵지 않을까 생각해 봅니다. 그래서 미국과 같은 곳에서는 'Autonomy of the Working Journalist'라고 하고 있는 것 같습니다. 따라서 신문인의 자율성이랄까, 자주성이랄까, 그렇게 표현하여 'Right'가 아닌 'Autonomy' 이렇게 표현하고 있습니다.

② 순수한 이론상으로만 따지자면 편집권의 본래의 소유자 또는 최고권자는 그 신문의 자본주이나, 신문의 오랫동안의 관행과 사회 공기로서의 본질상 요구에 따라서 그 권능의 실제적 행사자는 '경영관리인 및 그 위임을 받은 편집관리인'이라고 하겠습니다.[50]

조세형

① 편집권이라는 말이 나오게 된 현실적인 이유가 있다면 두 가지가 아닐까 합니다. 하나는 신문 제작에 미친다고 생각되는 외부로부터의 영향, 그리고 또 하나는 사내에서의 분담 문제가 될 것으로

봅니다. 이 두 가지 관점에서 신문사 외적인 관계로 볼 때는 신문의 자주성을 지킨다는 이야기가 될 것이고, 대내적으로는 신문 제작과정의 분담이라는 점으로 이해하고 싶습니다.

② 편집권이 누구에게 속해 있느냐, 단도직입적으로 말하면 역시 경영인에게 있다고 말할 수밖에 없다고 하겠습니다. 신문이라는 것은 일반 상품과 달라서 사회의 공기성이 있기 때문에 개인적 목적을 위해 이용할 수 없는 한계성이 있으며, 경영자는 명시된 신문사의 방침을 제시하고 그 방침의 테두리 안에서 제작하는 책임자들이 분담해서 갖는 하나의 한계라고 생각합니다.[51]

(3) 1980년대의 관점들

남시욱

① 편집권이란 대외적으로 언론자유를 구체적으로 보장코자 외부의 간섭을 배제하는 권리로, 그리고 대내적으로는 업무 분담에 의하여 편집책임자(편집인)에게 위임된 권한으로 각각 정의될 수 있다.

② 흔히 우리가 경영과 편집이라 할 때 두 가지 업무가 대치되는 것 같은 인상을 받지만은 엄밀한 의미에서는 편집 업무도 하나의 엄연한 경영이다. 편집에 대칭되는 업무가 있다면 광고, 판매, 사업 등의 업무이지 경영이 편집과 대칭되는 것은 아니다. 경영은 이런 모든 분야의 업무를 행하는 활동이다. 따라서 편집 업무는 경영의 일부일 뿐 아니라 신문사의 경영 중 가장 핵심되는 부분이라고 하는 것이 옳을 것이다. 따라서 편집권이 사내의 그 누구도 아닌 편집관리자에게만 귀속되는 전단적 권한이 아닌 한 편집권이란 말 자체가 별 의미가 없는 말이 될 수밖에 없다. 다시 말하면 편집권이라는

개념이 사내적 의미에서 진실로 뜻을 지니려면 편집의 권한이 이 사회나 사주는 물론 발행인도 용훼할 수 없는 권능이지 않으면 안 된다. …… 자유경제체제를 신봉하고 있는 우리 사회에서 편집권이 되었든 다른 권한이 되었든 그 권리를 부여하는 권한은 사주 또는 주주에게 있는 것이지 다른 사람에게 있지는 않다. 결국 신문의 최종책임자는 소유주 또는 발행인에게 있게 마련이므로 이들 소유주 또는 경영주가 제대로 책임을 다하지 않는 한 어떤 논의도 소용이 없는 입씨름에 지나지 않게 된다.[52]

방정배

헌법에 보장된 언론자유를 바탕으로 존재하는 편집권이 경영주의 전유물이란 생각은 위헌적 발상이다.[53]

팽원순

자본주의 체제하에서 편집권을 가지는 것은 경영주가 틀림없으나 편집책임자의 편집권은 경영주나 노조 모두가 보호해야 한다.[54]

김철수

① 오늘날 신문보도기관의 대기업화에 따라 언론기관의 상업화가 행해지고 있다. 그리하여 경영권이 편집권에 관여하게 되고 언론 내부의 자유가 문제되고 있다. 헌법상 편집권은 대국가적 권리로서 자유권적 기본권으로 인정되고 있는데, 내부적 편집권은 언론종사원의 권리이며 책임으로서, 언론기관 구성원의 경영권에서의 독립으로서도 문제가 되고 있다.

② 언론경영자는 경영권의 일부로서 인사권과 경리·운영권이

있다. 이 점에 관하여 '정기간행물의 등록 등에 관한 법률' 제6조 제
2항은 "발행인은 종사자의 편집 및 제작 활동을 보호하여야 한다"고
규정하고, '방송법' 제3조 제1항은 "방송 편성의 자유는 보장된다"고
규정하여 언론기관 종사자의 내부적 편집권을 경영권으로부터 독립
시키는 취지의 규정을 두고 있다.[55]

한국기자협회

우리는 편집권 논의에 몇 가지 원칙을 제시하고자 한다. 첫째, 편
집권은 자본가나 권력계층이 아니라 지식인 계층에 맡겨져야 한다.
둘째는 언론 영역의 자율적 행위 규범에 충실한 언론전문인의 것이
어야 한다. 셋째, 특정 직책에 귀속되는 것이 아니라 소속기자 전체
에 의한 민주적 합의과정으로 규정되어야 한다.[56]

경향신문사 노동조합

① 편집권이란 뉴스를 취재하고 기사를 작성하는 일선 기자, 취
재를 지시하는 제작간부, 논설(논평) 담당자, 편집 담당자 등 뉴스
창출의 전 과정에 참여하는 모든 종사자들이 갖는 권리를 총체적으
로 규정한 개념이다. 이 같은 개념은 다른 측면에서 '보도 및 비판
의 자유를 누릴 수 있는 권리'라고 볼 수 있고 우리나라에서는 권력
의 간섭과 대응되는 개념으로 이해돼 왔다.

② 편집권을 제작 종사자 모두에게 귀착시키는 것이 가장 바람직
한 방법으로 볼 수 있다.[57]

《한겨레신문》

① 편집권이란 한마디로 보도와 논평에 대한 일체의 가치판단과

집행의 권리를 뜻한다. 엄격한 의미에서 언론인의 편집권은 국민들로부터 위임받은 '알 권리'를 대신 행사하는 것임을 묵시적 전제로 하는 것이며, 언론기관을 사회적 공기라고 말하는 이유도 여기에서 비롯되는 것이다.

② 한국 언론의 현실을 볼 때, 그리고 알 권리를 위임받은 사람들의 집단적 노력의 산물을 언론으로 볼 때, 그 편집권 역시 집단적으로 공유되는 것은 당연한 것이다.[58]

《동아일보》 88년 단체협약

조합은 회사의 경영권과 편집책임자의 편집권을 존중하고 ……[59]

《중앙일보》 단체협약안

조합은 회사의 경영권과 편집책임자의 편집권을 존중하고 ……[60]

이상회

① 편집권이란 한마디로 일반 독자들의 알 권리와 말할 권리를 충실하게 반영하는 권리를 뜻한다고 생각합니다.

② 독자들로부터 위임을 받은 순수한 언론인들만이 편집권을 위임받을 자격이나 그것을 행사할 권한이 있는 것입니다. 말을 바꾸면 언론 기업의 사주들은 자본을 투자했지만 편집권의 소유를 주장할 수 없는 것입니다.[61]

위와 같은 우리나라 언론계나 학계에서 논의된 편집권의 개념과 그것의 귀속에 대한 관점을 정리해 보면 다음과 같은 경향을 보인다.

첫째, 1960년대의 편집권에 대한 논의에서 개념이나 귀속의 문제를 보는 관점들은 주로 일본신문협회가 1948년 3월 16일 발표한 〈신문편집권의 확보에 관한 성명〉의 주장과 내용을 많이 반영한 것으로 보인다. 참고로 이 성명의 전문을 인용해 보면 다음과 같다.[62]

신문의 자유는 헌법에 의하여 보장된 권리이며 법률에 의하여 금지된 경우를 제외한 일체의 문제에 관하여 공정한 평론, 사실에 부합하는 보도를 행할 자유이다.

이 자유는 모든 자유권의 기초이며 민주사회의 유지발전에 없어서는 안 되는 것이다. 또 이 자유가 확보될 때 비로소 책임 있는 신문이 가능하기 때문에 이를 확립 유지하는 것은 신문인에 부과된 중대한 책임이다. 편집권은 이러한 책임을 수행할 필요상 어떤 사람에 의해서도 인정되어야 할 특수한 권능이다.

① 편집권의 내용

편집권이란 신문의 편집 방침을 결정, 시행하고 보도의 진실, 평론의 공정 및 공표방법의 적정을 유지하는 등 신문 편집에 필요한 일체의 관리를 행하는 권능이다. 편집방침이란 기본적인 편집강령 이외에 수시 발생하는 뉴스의 취급에 관한 개별적 구체적 방침을 포함한다. 보도의 진실, 평론의 공정, 공표 방법의 적정의 기준은 일본신문협회가 정하는 신문윤리강령에 의한다.

② 편집권의 행사자

편집 내용에 대한 최종적 책임은 경영, 편집관리자에 귀속되기 때문에 편집권을 행사하는 자는 경영관리자 및 그 위탁을 받은 편집관리자에 한한다. 신문기업이 법인조직인 경우에는 취재역회(중역회 - 필자), 이사회 등이 경영관리자로서 편집권 행사의 주체가 된다.

③ 편집권의 확보

신문의 경영, 편집관리자는 항상 편집권 확보에 필요한 수단을 강구함과 아울러 개인이든 단체이든, 외부이든 내부이든을 막론하고 모든 것에 대해 편집권을 지킬 의무가 있다. 외부로부터의 침해에 대해서는 어디까지나 이를 거부한다. 또한 내부에 있어서도 고의로 보도 평론의 진실 공정 및 공표 방법의 적정을 침해한 자로 인정하여 이를 배제한다. 편집 내용을 이유로 하여 인쇄, 배포를 방해하는 행위는 편집권의 침해이다.

둘째, 거의 대부분 '편집권'이라 부르는 일종의 '권리'가 존재한다는 것을 전제로 논의가 전개되고 있다. 논자에 따라 편집권이라는 개념보다 '편집의 자주성' 또는 '편집의 자율성'이라는 개념이 더 현실적이며 적합하다는 의견도 있었다.

셋째, 편집권의 개념정의는 공통된 관점을 보인다. 곧 편집권이란 언론사 안팎에서 언론에 가하는 간섭·규제·통제로부터 언론의 자유를 지키고, 그리하여 진실하고 공정한 보도와 논평을 통해 국민의 알 권리에 충실할 수 있도록 신문 제작과정의 자율성을 갖는 권리라는 데 일치하고 있다.

넷째, 편집권의 귀속문제에 대한 논의를 보면, 60년대와 70년대의 경우는 언론사의 소유형태에 따라 사주(발행인)나 이사회(주주)에 궁극적으로 귀속되나, 경영관리자나 편집관리자(편집책임자)에게 위임되는 형태가 오랜 관행이며 또한 바람직하다는 데 의견이 집약되고 있다. 그러나 80년대, 곧 최근의 경우에는 앞 시대의 관점과 함께, 편집권은 언론사 종사원 또는 언론사의 언론인 모두에게 공유되는 것이라는 관점이 나타났다.

이러한 논의들을 참고로 편집권에 대한 의견을 몇 가지 제시해보면 다음과 같다.

첫째, 편집권을 하나의 권리로 인정하다면 그것은 '언론인들이 그들에 대한 사회적 기대에 부응하기 위해 신문 제작이라는 노동과정에서 자율적으로 전문직을 수행할 권리'라고 정의할 수 있을 것이다. 따라서 편집권의 보장이나 독립은 그와 같은 권리를 침해하는 언론사 안팎으로부터 언론에 가해지는 모든 간섭이나 규제, 또는 통제로부터의 자유를 뜻하게 된다. 그러므로 편집권의 보장이나 독립은 자율적으로 전문직을 수행할 권리를 보장해 줄 제도적 장치에 귀결될 수밖에 없다. 그런데 편집권이란 언론의 자유라는 자유권적 기본권에 포괄되는 하위 개념이며, 그렇기 때문에 헌법상 대국가적 권리로서 인정된다. 그리고 이에 대한 제도적 보장이 요청된다고 볼 때, 궁극적으로는 먼저 언론자유의 보장이 이루어져야 할 것이다. 그러므로 언론자유를 보장하는 제도적 장치에 편집권의 보장이나 독립이 불가결하게 포함된다.

둘째, 편집권의 개념과 성격을 위와 같이 규정한다면, 그것이 누구에게 또는 어디에 귀속되는지의 문제는 편집권에 대한 논의에서 그다지 중요한 과제가 아니라고 생각된다. 그 까닭의 하나는 편집권이란 자율적으로 전문직을 수행할 권리이므로, 그것의 제도적 보장은 귀속의 문제에 앞서는 당위이며, 다른 하나는 편집권의 귀속이 언론사의 소유 형태나 이념 또는 목표 등에 따라 가변적일 수 있기 때문이다. 후자와 관련하여 언론사가 개인 소유인가 아니면 법인인가에 따라, 또 법인인 경우에도 사법인인가 공법인인가에 따라, 또는 사원지주제(社員持株制)인가 아닌가에 따라 편집권의 귀속은 달라질 것이다.

그러므로 편집권이 누구에게 귀속되는가를 일률적으로 규정하고자 하는 시도는 무의미하며, 그렇게 될 수도 없다. 결국 편집권의 귀속문제를 두고 논란을 거듭하고 갈등하는 것은 불필요한 낭비일 수 있다.

우리나라의 경우 대부분의 언론사가 사법인이며, 자본이 창업자 중심으로 집중되어 있는 소유 형태로 볼 때나, 모든 궁극적인 책임을 발행인이 진다는 면에서 편집권은 사주(발행인)나 이사회에 귀속된다는 것은 부인할 수 없을 것이다. 그러나 언론사는 일반 기업과 달리, 공익성을 지닌 정보상품을 생산 공급하는 공공성을 띤 기업이고, 나아가 그러한 정보상품을 생산하는 노동과정에서 전문직의 자율성이 보장되지 않으면 안 된다는 노동 조건이 본질적으로 요구된다.

이에 견주어 볼 때, 비록 편집권이 사주(발행인)나 이사회 등에 귀속될지라도 그것은 전단적(專斷的) 권리로 행사할 수 없는 것이다. 따라서 전문직의 노동 자율성을 보장하려면 편집권을 전적으로 전문인들에 위임하는 제도적 장치를 마련할 필요가 있다. 그리고 그것은 편집권의 포기나 간섭을 받아들인다는 뜻이 아니라, 스스로 편집권을 올바로 행사한다는 인식에서 출발하는 경영의 한 원칙이 될 것이다. 그리고 그 같은 제도적 장치는 개별 언론사의 소유 형태, 역사와 전통, 기업 문화 등에 따른 특수성에 바탕을 두고 적합한 방안을 고안하여 정립할 수 있을 것이다.

요컨대 편집권 귀속의 문제가 핵심이 아니라, 신문 제작과정에서 노동의 자율성을 보장하는 제도적 장치를 마련하는 일이 관건이라고 생각한다. 세계 유수의 신문사들은 이미 오래전부터 그 같은 제도를 계속 시행해 오고 있다. 예컨대 책임편집인의 임명과 그 권한 및 임기를 의무적으로 보장하는 조항을 출판법에 명시하고 있는 유럽 각국이 그러하다.

셋째, 언론이 공익성을 지닌 정보상품을 생산 공급한다는 점에서 언론사의 경영과 편집은 대립되는 관계가 아니며, 신문 제작에서 편집 업무는 경영의 핵심으로 경영적 노력의 한 부분이라 할 수 있다. 신문에 종사하는 사람은 누구나 특정 신문사에 입사할 때 그 신문사의 사시(社是)로 표현되는 이념, 목표, 경영방침 등을 수락하고, 그것을 따르고 성취할 것을 서약한다. 그리고 신문사의 모든 과업의 수행은 그와 같은 이념을 추구하고 목표를 달성하려는 경영적 노력이므로 편집도 당연히 경영의 한 부분일 수밖에 없다. 그러므로 경영방침과 편집방침은 원칙적으로 별개일 수 없다.

그럼에도 경영과 편집을 분리할 필요가 있다고 요청하는 까닭은 두 가지 측면 때문이다. 하나는 직무수행상 역할 분담이 필요하기 때문이고, 나머지 하나는 경영이 편집 업무의 자율성을 침해할 가능성을 배제하고자 하는 제도적 장치가 필요하다고 보는 까닭이다. 이런 뜻에서 경영과 편집의 분리는 소극적으로는 상호 업무의 불간섭 원칙을 지키려는 것이며, 적극적으로는 공익성을 지닌 질 좋은 정보상품을 생산 공급하려는 공동 노력의 일환이라 보아야 할 것이다. 이렇게 볼 때 경영과 편집의 분리 정신을 살리고, 업무의 공동 수행을 조정할 경영과 편집 업무 종사자들이 참여하는 경영위원회 같은 기구의 구성도 필요하리라고 생각된다.

넷째, 편집권과 관련하여 언론사 조직의 문제를 생각해 보지 않을 수 없다. 조직을 전공하는 학자들 가운데는 조직 안에서 전문인들이 지니는 자율성의 정도에 따라 전문조직을 ① 개인영업, ② 자율적 전문조직, ③ 타율적 전문조직, ④ 대조직 내의 전문부서 등으로 나누기도 한다. 각각의 전문조직이 가지고 있는 특징은 다음과 같다.

① 의사나 변호사, 또는 1인 내지 부부가 운영하는 신문사 등과

같이 개인 개업인 경우, 전문인의 자율성은 최대로 확보된다.

② 자율적 전문조직이란, 전문인들이 조직의 구조 결정, 그들의 행위를 규제하는 규범의 제정, 조직 구성원의 활용과 승진제도의 정립, 수익의 배분 등 주요 결정을 민주적으로, 또 스스로 하는 조직체가 된다.

③ 타율적 전문조직에서는 전문인들이 최소한 부분적으로라도 행정관리직의 지배를 받게 되며, 그만큼 전문인들이 누리는 자율이 제한을 받는다.

④ 대조직 안의 전문인 부서는 전문인 조직이 대조직 안의 일개 부서로 격하된 채 존재하는 것으로 전문인의 발언권은 거의 없다. 대기업의 부설연구소 같은 조직이 이 같은 예에 속할 것이다.

그러나 원래 전문인 조직은 규범조직이라는 점이 중요하다. 곧 통제와 복종의 관계가 공통된 규범과 가치관에 입각한다는 뜻이다. 이 같은 규범조직은 구조상 계서적 계층화(hierarchical differentiation)가 일어나기는 하지만, 상하급자 사이의 권위-복종관계가 공리상의 보상보다 전문인으로서의 공동 규범과 가치관, 그리고 조직 목적에 대한 공통 성향에 바탕을 두는 것이 특징이다. 따라서 전문조직 안에서는 일 자체에서 오는 본연의 충족감과 일에 대한 관심 및 참여의식이 고조되어 있다. 이러한 충족감과 참여의식은 조직 자체 보다는 일 자체에 관련되는 것임은 물론이다. 곧 조직 그 자체가 전문인들의 준거가 아니라 전문직이 그들의 준거틀을 제공한다는 뜻이다.

이렇게 볼 때 언론인이라는 전문인들에게 가장 중요한 것은 조직 그 자체가 아니라 전문직이며, 조직은 전문직을 수행하는 데 필요한 형식에 지나지 않는다. 따라서 규범조직으로서의 언론전문인의 조직(현실적으로 편집국 또는 전문직을 수행하는 언론인의 부서)은 노동의 자율성이 생명이다.

그러나 언론사의 발전과정을 볼 때 개인 개업의 형태에서 점차 대기업의 조직으로 변화되어 왔고, 이에 따라 전문직에 종사하는 언론인들의 조직은 대조직의 일개 부서로서 존재하게 되어 그 자율성이 침해받을 가능성이 커졌다. 또한 편집이라는 전문적 하부구조와 경영이라는 관료적 하부구조의 이중성을 심화시키고, 관료화와 전문화가 상충하는 현상이 일어남으로써 두 하부구조 사이의 갈등이 증대되었다.

실제로 현대의 언론 기업 조직 안에서 두 하부구조 사이의 갈등은 경영 측이 이윤 추구를 신문사의 일차적 조직 목표로 보는 것과 달리, 편집 측은 신문사를 공익봉사조직, 전문조직으로 인식하여 사회 안에서 자유로운 정보상품의 유통에 신문조직의 원초적 목표가 있다고 생각하는 데서 일어난다. 이럴 경우 대체로 발행인으로 대표되는 경영 측의 힘이 우세하기 때문에 영리 목적이 사회봉사 목적을 앞서게 된다. 이것이 오늘날 자유경제체제의 신문매체가 지니는 일반적 경향이라 할 수 있다.

그러므로 편집권이라고 부르는 공익성을 지닌 정보상품의 생산과정에서 전문직의 수행상 절대 불가결한 자율성의 보장을 주장하고 강조하며 실천하고자 하는 이유가 바로 앞에서 말한 바와 같은 현대 언론사 조직이 갖는 성격 때문인 것이다. 또한 경영과 편집의 분리가 필요하다는 관점도 이에 근거한다. 만약 신문사 조직 안의 하부구조인 편집이라는 전문인 조직이 규범조직이 되지 못하고 자율성을 상실한 대조직 안의 일개 부서로 격하된 채 존재한다면, 신문은 공익성을 지닌 정보상품의 생산을 못하게 되고, 결국 그것의 사회적 존재 의의가 소멸되고 마는 것이다.

4. 맺는말

지금까지 논의한 바를 요약하는 것으로 결론을 대신하면 다음과 같다. 언론사의 노동조합운동은 일반 기업이나 기타 조직체의 노조운동과 마찬가지로 경제투쟁과 정치투쟁이라는 보편성을 추구해야 한다. 그러나 일반노조와 견주어 언론노조운동이 지니는 차별적인 성격은 언론자유의 실천이라는 정치투쟁에 있다. 그것은 언론노동자들이 공익성을 지닌 정보상품을 생산하기 때문이며, 노동과정에서 전문인인 언론노동자들의 자율성이 보장되지 않는 한 진실하고 공정한 보도나 논평이라는 공익적 정보상품을 생산할 수 없는 까닭이다. 이와 관련하여 현재 우리나라의 언론 현실에 견주어 볼 때 언론노조의 당면한 일차적 투쟁목표는 언론자유를 확보하는 일이며, 이를 담보할 제도적 장치를 마련하는 과업이라 생각된다.

그러나 언론노조운동은 다음과 같은 문제점을 인식해야 하리라고 본다.

첫째, 패권주의를 지양해야 할 것이다. 언론노조의 성격은 경제투쟁을 통한 권익옹호와 정치투쟁을 통한 언론자유의 실천 및 보장과 경제투쟁의 성과를 제도적으로 보장받는 데 있으며, 언론사를 노조가 지배하는 데 있지 않기 때문이다.

둘째, 노동운동의 연대투쟁과 통일적 노동운동에서 언론노조는 당파성을 지녀서는 안 될 것이다. 만약 언론노조가 당파성을 지닌다면 다원사회의 공익성을 추구하는 언론의 사명을 저버리게 되기 때문이다. 언론인은 언론사 안팎의 어떤 간섭·규제·통제로부터도 자유로워야 하는 동시에, 스스로 자유로워야 한다.

또한 현재 언론노조는 조직상 문제를 내포하고 있다. 현 노동법

상 기업별 단위노조 중심에 1사1노조의 원칙 때문에, 현재 언론노조
는 전문직 종사자와 비전문직 종사자가 한 조직에 공존하고 있다.
이 같은 구조는 권익옹호에 관심이 더 많은 비전문직 종사자와 사
회적 공익추구에 일차적 관심을 지닌 전문직 종사자들 사이의 이해
가 충돌할 가능성을 내포하고 있다. 따라서 복수노조가 허용되는 경
우 언론사 노조의 조직이 재검토될 여지가 있다.

셋째, 편집권은 '언론인들이 그들에 대한 사회적 기대에 부응하기
위해 신문 제작이라는 노동과정에서 자율적으로 전문직을 수행할
권리'라고 정의할 수 있다. 따라서 편집권에 대한 논의의 핵심은 자
율적으로 전문직을 수행할 권리를 담보할 제도적 장치의 마련에 있
는 것이다. 그리고 그러한 장치는 개별 언론사의 소유 형태, 역사와
전통, 조직문화, 이념과 목표 등 특수성에 기초하여 마련되는 것으
로, 어떤 일률적인 제도의 강요는 지양되어야 할 것이다.

한편 편집권이란 언론의 자유라는 자유권적 기본권에 포괄되는
하위개념이기 때문에 헌법상 대국가적 권리로서 인정된다. 따라서
이 권리에 대한 제도적 보장은 궁극적으로 언론자유의 보장에 귀결
되는 것이다. 따라서 언론자유를 보장하는 제도적 장치에 편집권의
보장이나 독립은 당연히 포함되는 것이라 하겠다.

이렇게 생각할 때 편집권이 누구에게 또는 어디에 귀속되는지의
문제는 그다지 중요하지 않다고 할 수 있다. 그 까닭의 하나는 편집
권은 자율적으로 전문직을 수행할 권리이므로, 그것의 제도적 보장
이 귀속의 문제에 앞서기 때문이고, 나머지 하나는 편집권의 귀속이
언론사의 소유 형태 등에 따라 가변적일 수 있기 때문이다. 그러므
로 편집권이 누구에게 귀속되는가를 일률적으로 규정하고자 하는
시도는 무의미하며, 또 그렇게 될 수도 없다고 하겠다. 우리나라의

경우 대부분의 언론사가 사법인이며, 자본이 창업주 중심으로 집중되어 있고, 모든 언론사의 궁극적 책임이 사주(발행인)나 이사회로 귀착된다는 면에서 편집권은 거기에 귀속되기는 한다. 그러나 언론사가 일반기업과 달리 공익성을 지닌 정보상품을 생산 공급하는 공공성을 띤 기업이고, 그러한 정보상품을 생산하는 노동과정에서 전문직의 자율성이 보장되지 않으면 안 된다는 노동 조건의 본질적 요구에 견주어 볼 때, 비록 편집권이 사주나 이사회에 귀속된다 할지라도 그 권리를 마음대로 행사할 수는 없는 것이다.

끝으로 편집권은 공정하고 진실한 보도와 논평을 제약하거나 침해하는 언론사 안팎의 도전으로부터 자유로울 소극적 방어적 권리인 동시에, 공익을 추구하는 적극적 권리로 파악해야 한다는 점을 강조하고자 한다. 이런 의미에서 편집권의 보장이나 독립을 위한 언론사 내부의 제도적 장치 마련은 편집권의 소극적, 방어적 권리를 보장해 주는 내부적 제도화일 것이다. 따라서 이를 바탕으로 편집권의 적극적 권리를 실천하는 일이 더 핵심적이며 궁극적인 과제가 된다는 것을 언론인들은 각별히 인식하지 않으면 안 된다.

《신문연구》, 관훈클럽, 1988

주(註)

1) 계훈모 편,《한국언론연표》Ⅱ, 관훈클럽신영연구기금, 1987, 152쪽.
2) 《조선통신》 1946년 9월 25일자와 《대중일보》는 1946년 9월 27일자 위의 책, 706
   쪽을 참조할 것. 그리고 조선통신 1946년 9월 26일자의 내용은 같은 책, 153쪽 참
   조.
3) 송건호, 〈한국현대언론사론〉,《언론과 사회》(역사와 기독교, 제7집), 민중사, 1983,
   128쪽.
4) 〈한국의 신문노조 上〉, 기자협회보(제59호) 1968년 12월 13일자; 〈한국의 신문노
   조 下〉, 같은 신문(제60호) 1968년 12월 20일자 참조.
5) 다음과 같은 자료들을 참고할 것.
   ① "조선출판노동조합에서는 25일 정오부터 철도파업에 호응하여 관하 33개 분회
   에 파업 지령을 발하여 총파업상태로 들어갔다. 이로 인하여 남조선의 각 신문은
   물론 각 출판물이 정지되었다. 출로의 성명서는 당국의 선처와 일반 시민의 성원
   을 요청하였는데 요구 조건은 노동자의 생활 보장과 노조 활동의 자유와 단체계
   약권 시인, 공장 폐쇄와 해산 반대, 정간된 신문의 복간 등이다. 동 성명에서 일
   반적인 식량문제 외에 민주주의 애국자에 대한 지명체포령을 철회할 것을 지적한
   것은 주목된다."(《대중일보》 1946년 9월 27일자, 계훈모 편, 같은 책, 152쪽)
   ② 《경남매일신문》 노조의 투쟁일지를 보면 다음과 같다.
   • 조합원 20퍼센트 임금 인상 성공(1963. 10. 25.)
   • 80퍼센트 임금 인상 요구, 40퍼센트 인상 합의(1964. 10. 3.)
   • 30퍼센트 급료 인상(1965. 9. 1.)
   • 임금 50퍼센트 인상 쟁취(1966. 5. 21.)
   • 임금 100퍼센트 인상 요구, 60퍼센트에 합의(1967. 2. 7.)
   한편 《충청일보》 노조의 투쟁일지는 1968년 2월에 100퍼센트 임금 인상 요구에
   50퍼센트 인상 쟁취를 기록하고 있다.

③ "우리는 언론인으로서의 신분보장은 물론 최소한의 생활급(生活給)조차 보장받지 못하는 근로 조건 아래서 허덕여 왔습니다. …… 업주가 사기업으로서의 윤리를 지향하는 이상, 우리 역시 법이 보장하는 테두리 안에서 자구책을 강구하지 않을 수 없습니다. ……"(전국출판노동조합 동아일보사 지부 발기인회, 〈동아노조 발기문〉, 1974. 3. 6.)

"우리 한국일보사 사원 일동은 지금까지 기아임금(饑餓賃金)으로 허덕여 왔다. …… 노조의 활동을 통해서만 우리의 생활급(生活給)을 보장받을 수 있고, 부당한 인사조처 등 고질적인 경영주의 몰상식이 근치(根治)될 수 있다고 믿는다. …… 우리는 언론 종사자에 대한 처우 개선이 조국의 민주 발전과 근대화에 대한 초석임을 확신하며 '전국출판노조 한국일보사 지부'를 결성하는 바이다."(전국출판노조 한국일보사 지부 발기인 일동, 〈한국일보 기자노조 발기문〉, 1974. 12. 10.)

6) 한국일보사 노동조합 발기인 일동, 〈결성취지문〉, 1987. 10. 29.
7) 동아일보사 노동조합 창립조합원 일동, 〈동아일보 노조 창립선언문〉, 1987. 11. 19.
8) 서울신문사 노동조합, 〈설립총회 결의문〉, 1988. 4.
9) 중앙일보사 노동조합 창립조합원 일동, 〈창립선언문〉, 1987. 12. 1.
10) 경향신문사 노동조합, 〈창립선언문〉, 1988. 3. 18.
11)《동아노보》(제13호) 1988년 5월 14일자.
12)《한국일보사노동조합소식》(제10호) 1988년 1월 26일자.
13) 임근수, 〈편집권의 옹호와 독립〉,《신문평론》(제2호), 1964년 5월호, 한국신문연구소, 17~19쪽.
14) 한국신문편집인협회, 〈자유언론의 사명〉,《매스컴 관계 세미나 제1집》, 1965, 34쪽.
15)《동아일보》1966년 9월 21일자.
16)《동아일보》1966년 11월 11일자.
17) 사설 〈언론공익보장법안의 시안〉,《동아일보》1966년 11월 12일자.
18) 사설 〈언론법초안 비판〉,《중앙일보》1966년 11월 14일자.
19) 사설 〈언론의 공익법안시안을 보고〉,《조선일보》1966년 11월 13일자.
20) 한국신문편집인협회, 〈신문과 경영〉,《매스컴 관계 세미나 제5집》, 1969, 92쪽.
21) 한국신문연구소,《신문평론》(제20호) 1966년 겨울, 36~46쪽.
22)《한국신문편집인협회보》(제32호) 1968년 12월 10일자.
23)《한국신문편집인협회보》(제36호) 1969년 4월 15일자.
24) 〈사고〉(社告),《동아일보》1974년 11월 13일자.
25)《기자협회보》(제336호) 1974년 11월 15일자.
26) 〈우리의 주장, "편집권의 회복"〉,《기자협회보》(제337호) 1974년 11월 22일자.

27) 《기자협회보》(제338호) 1974년 11월 29일자.

28) 《한국일보》 1988년 7월 13일자.

29) 같은 기사.

30) 같은 기사.

31) 《동아일보》 1988년 단체협약.

32) 《한국일보》 1988~89년 한국일보사 단체협약.

33) 《경향신문》 1988년 단체협약.

34) 《한겨레신문》 1988년 7월 17일자.

35) 임근수, 앞의 글.

36) 천관우, 〈신문제작의 제 문제〉, 한국신문편집인협회 편, 《매스컴 관계 세미나 제2집》, 1966.

37) 이해창, 〈한국 신문을 비판한다〉, 《여성동아》 1968년 4월호, 236쪽; 남시욱, 〈편집권에 대한 고찰〉, 《신문연구》(제35호) 1982년 겨울, 관훈클럽, 109쪽에서 재인용.

38) 한국신문편집인협회, 〈신문과 경영〉, 《매스컴 관계 세미나 제5집》, 1969, 91쪽.

39) 최석채, 〈신문의 날 기념대회 기념사〉, 편집인협회보(제36호) 1969년 4월 15일자.

40) 한국신문편집인협회, 《매스컴 관계 세미나 제5집》, 1969, 91쪽.

41) 남재희, 〈자주에 도전하는 것들〉, 《편집인협회보》(제36호) 1969년 4월 15일자.

42) 송건호, 〈언론의 자유와 편집의 자주성〉, 《편집인협회보》(제33호) 1969년 1월 20일자.

43) 박유봉, 〈언론자유와 편집권의 독립〉, 《편집인협회보》(제38호) 1969년 6월 10일자.

44) 한국신문연구소, 〈신문66년 회고좌담회〉, 《신문평론》(제20호) 1966년 겨울, 43쪽.

45) 김경환, 〈증상과 처방〉, 《편집인협회보》(제38호) 1969년 6월 10일자.

46) 《동아일보》 기자협회분회, 〈알림〉, 《기자협회보》(제336호) 1974년 11월 15일자.

47) 〈편집권의 회복〉, 《기자협회보》(제337호) 1974년 11월 22일자.

48) 한국신문연구소, 〈좌담 : 편집권을 말한다〉, 《신문평론》(제52호) 1975년 1월, 29쪽.

49) 앞의 좌담회, 30쪽.

50) 앞의 좌담회, 31쪽.

51) 앞의 좌담회, 31쪽.

52) 남시욱, 〈편집권에 대한 고찰〉, 《신문연구》(제35호) 1982년 겨울, 103~124쪽.

53) 《기자협회보》 1988년 5월 27일자.

54) 앞의 신문.

55) 김철수, 《신고(新稿) 헌법학신론》, 박영사, 1988, 322쪽.

56) 〈편집권의 독립을 논함〉, 《기자협회보》 1988년 6월 17일자.

57) 〈편집권, 제작자 모두의 집단적 권리〉, 《경향노보》(제10호) 1988년 5월 27일자.

58) 사설 〈편집권은 영리 추구 수단이 아니다〉, 《한겨레신문》 1988년 7월 16일자.

59) 《동아일보》 88년 단체협약, 제5조.
60) 《중앙일보》 단체 협약안.
61) 긴급좌담, 〈편집권 독립논쟁과 관선언론경영의 폐해〉, 《기자협회보》(제503호) 1988년 7월 22일자.
62) 일본신문협회, 《신정(新訂) 신문편집의 기준》: 동경, 일본신문협회, 1978, 144~145쪽; 남시욱, 앞의 글에서 재인용.

복지 저널리즘으로서
환경보도의 위상과 전망

1. 서 론

1992년 6월 3일부터 14일까지 브라질의 리우데자네이로에서 개최되었던 유엔환경개발회의는 〈스톡홀름 선언〉을 재확인하고, 이를 더욱 공고히 할 것을 다짐하면서 전문과 26개항 원칙으로 구성된 〈환경과 개발에 관한 리우 선언〉을 채택했다. 이 선언은 '원칙 1'에서 "인간은 자연과 조화를 이룬 건강하고 생산적인 삶을 향유하여야 함"을 천명하고 있다.

한편 지난 1992년 12월 1일 국회 본회의는 33개 법안을 의결했다. 기존의 법률을 개정하거나 새로 제정한 이들 법 가운데 15개가 '대기환경보전법'을 비롯한 환경보전과 근로자의 복지 등에 관한 법률이었다. 이러한 법안 의결을 그냥 지나쳐 버릴 수도 있지만, 생각해 보면 우리 정부와 국회도 환경과 복지문제에 과거와 달리 큰 관심을 가지고 있다는 점을 알 수 있다.

위와 같은 두 가지 사례를 제시하는 까닭은 오늘에 이르러 환경문제가 인류 공통의 관심사일 뿐만 아니라, 우리나라의 보편적인 주요 관심사가 되었다는 점을 강조하기 위한 것이다. 우리의 경우 1960년대 이후의 산업화 과정에서 개발에 따른 환경문제가 일찍이 제기되었으나 경제 발전을 위한 개발 논리에 밀려 사회의 주요 의제로 설정되지 못했었다. 1960년대와 1970년대의 환경문제는 날로 심각한 현안으로 대두되었으나, 논의 자체가 경제 발전을 위한 성장 우선의 국가 정책 수행을 저해하는 것으로 낙인찍혀 정치적으로 배제되어 왔다.

그러나 1980년대 이후 일정한 정치적인 계기들을 거쳐 지배체제가 동요하면서 발전 이데올로기 등의 지배 이데올로기가 약화되었다. 그리고 공해문제, 환경문제에 대한 구조적 인식이 시작되면서 환경운동이 일어남에 따라 우리나라에서도 환경문제가 주요 사회적 관심사로 등장하게 되었다.[1] 우리 사회에서 환경문제에 대한 인식을 고취해 온 환경운동은 자연보호운동처럼 관(官) 주도적인 운동이 아니라, 건강한 환경이야말로 삶의 질을 판가름하는 데 중요한 요소임을 인식한 시민들이 시작한 것이다. 시민들이 자발적으로 모임과 단체를 만들기 시작했고, 그것을 토대로 조직적인 사회운동을 전개한 것이라는 점에서 높은 평가를 받고 있다.[2]

이러한 환경운동은 1980년대 후반에 이르러 더욱 활발하게 전개되면서 환경문제에 대한 국민 여론을 형성하고, 언론과 정치로 하여금 이 문제에 관심을 갖도록 만들었다. 1987년부터 1991년(10월 말)까지 6개 중앙일간지에 게재된 환경에 관한 사설(총 건수 373건, 연평균 74.6건)의 수는 1982년부터 1986년까지의 기간 동안에 견주어 거의 두 배 가까이 증가하였다.[3] 1991년부터 1993년까지 매 해 2월 한 달 동안 《동아일보》, 《중앙일보》, 《한겨레신문》, 《경향신문》 등에 실린 환경 관련기사 수가 1991년에 6건, 1992년에 32건, 1993년에 46건 등으로 크게 증가하고 있다는 분석을 통해서도 그러한 변화의 추이를 알 수 있다.[4] 환경문제가 자각한 시민들의 자발적인 환경운동에 따라 사회의 주요 관심사로 설정되고, 정치와 언론으로 하여금 관심을 갖도록 만들어 여론이 형성되어, 그에 따라 환경정책이 수립되고 집행되어 온 과정은 근로자의 복지 등 각종 복지정책에서도 유사한 양상을 보인다.

이 글에서는 복지사회의 성격과 환경문제와의 관계, 환경보도의 현실과 문제점, 그리고 환경보도의 개선 방안 등에 관해 간략하게 살펴보고자 한다.

2. 복지사회와 환경문제

복지사회의 개념을 이해하려면 몇 가지 전제가 되는 개념들을 살펴볼 필요가 있다. 먼저 이해해야 할 개념은 사회복지(social welfare)이다. 사회복지는 두 가지 수준으로 나누어 볼 수 있다. 하나는 협의의 개념이다. 좁은 뜻에서의 사회복지는 "스스로의 노력으로써는 물리적 자원의 획득이나 건강 유지가 도저히 곤란하거나 불가능한 개인 또는 가족들에게 일정한 서비스를 제공하는 일"이라 정의된다.[5] 나머지 하나는 광의의 개념이다. 광의의 개념 몇 가지를 소개하면 다음과 같다.

"국민의 복리와 사회질서기능 유지를 위한 기초로서, 기본적인 것으로 인정되는 사회적 욕구를 충족하기 위한 공급을 강화하거나 보장하는 법, 프로그램 급부 및 서비스 등의 체계이다."6)

    "복지는 다차원적인 것으로 한 사람의 복지를 고려할 경우에도 거기
에는 복합적인 요소가 포함된다. 그 중에서도 특히 중요한 것은 신체적
인 면에서의 복지(건강), 물질적인 복지(풍요, 번영, 부), 정신적·심리적
복지(정신적 안정, 정신위생)이다."7)

    "사회복지는 개인과 전체로서의 복지를 같이 증진시키는 일에 일차적
또는 직접적 관심을 갖는 모든 사회적 개입의 형태를 포괄한다. 즉 사회
복지는 사회문제의 조치와 예방, 인적 자원의 개발, 생활의 질적 향상 등
에 직접적으로 관심을 갖는 복지서비스나 과정을 포함한다. 사회복지는
사회제도의 강화나 수정에 대한 노력은 물론 개인이나 가족의 서비스를
포괄한다."8)

    위와 같은 사회복지에 대한 개념과 관련하여 영국에서는 사회복
지라는 말 대신 사회적 서비스(social welfare)라는 용어를 쓴다는 점
을 덧붙이고자 한다. 사회적 서비스란 "전 국민의 물질적, 정신적,
사회적 최저생활의 확보를 위한 공사(公私)의 사회적 제반 서비스"
라 정의된다. 이러한 여러 정의에 견주어 볼 때, 사회복지 또는 사
회적 서비스는 ① 인도적 사회정의의 목표, ② 사회통제의 목표, ③
경제적 발전의 목표라는 세 가지 목표를 지향하는 추상적 개념인
동시에, 구체적인 제도나 서비스의 실천까지 포함하는 개념임을 알
수 있다.
    다시 말해 사회복지나 사회적 서비스라는 개념은 사회정의의 민
주적 이념과 인간이 그 자신을 실현할 능력을 지니고 있다는 신념

에 기반을 둔 것이다. 그리하여 사회복지(또는 사회적 서비스)를 실현해 인간이 행복을 누리며 충실한 삶을 살 수 있도록 하여야 한다는 이상이 전제된 것이다.

한편, 복지국가(welfare state)란 "현대 서구의 민주주의 국가로서 국가권력이 소득의 재분배 효과가 나타나도록 경제적 제 세력의 자유로운 활동을 수정하는 방향에서 의도적으로 행사되는 것을 말한다. 또한 복지국가는 법제국가(legal state)로서 법률이 제 권리를 수호하며, 이러한 권리를 보장받기 위해 완전고용, 소득유지, 보건, 주택, 교육 및 이에 관련되는 프로그램이나 서비스의 강조가 그 특정의 목표이다."9) 따라서 복지국가의 가장 뚜렷한 특징은 국가를 거친 지역사회에 대한 관여활동이며, 그 구성원 전체가 건강, 경제적 안정 및 문화적 생활을 최저한으로 보장받으며, 그들의 능력에 따라 사회적, 문화적 유산에 기여할 수 있도록 하는 것이다.10) 복지국가는 주로 최저생활수준의 보장에 초점을 맞추고, 완전고용과 기회균등을 목표로 하여 보다 정의롭고 안정된 사회를 이루는 것을 목표로 삼는다.11)

이러한 복지국가의 개념을 대체하여 1960년대 초부터 복지사회(welfare society)라는 개념이 나타나게 되었다. 당시 복지국가의 정책인 사회보장과 완전고용정책의 한계, 곧 사회보장을 위한 재원조달 문제와 완전고용을 어렵게 만든 인플레이션 해결의 한계로 말미암은 복지국가 비판이 나타나자, 이를 극복하고 보다 진전된 복지를 실현하고자 대두된 것이 복지사회의 개념이라 할 수 있다. 곧 복지사회의 개념은 최저소득의 보장뿐 아니라 사회 성원 개개인의 성장의 극대화를 바라는 것이다. 또한 기회의 균등만이 아니라, 인간의 존엄성과 인간적인 지역사회의 구현 등이 중심가치가 된다. 이러한 의미에서의 복지는 여러 사회제도 가운데 하나라기보다 전체 사회의 협의된 목적 개념이 되는 것이다.

요컨대 복지사회란 정부로부터 최저수준을 보장받는 복지국가와 달리, 개개인의 잠재력과 창의성을 최대한으로 발휘할 수 있는 사회이며, 사회의 구성요소가 모두 시민의 자기구현과 자기성취에 공헌하는 정도에 따라 평가되는 사회를 말한다. 곧 복지사회의 이념은 복지의 실천 주체를 정부로 집중시키는 대신 협동적인 시민 참여로 정부를 포함하는 전 사회에 분산시키고, 복지의 증진을 특별한 기관만의 목표가 아닌 모든 사회제도의 목표로 삼도록 한다. 그리고 사회적 서비스의 범위, 적절성 및 질에 대해서는 계속적인 개선에 주력하고 개개인의 창의력 개발과 자기구현을 도모해야 한다는 것이다.[12] 곧, 복지사회는 '사회의 인간화' 실현이라 할 수 있다.

이와 같은 복지국가, 복지사회의 개념에 견주어 볼 때 우리나라는 어떠한가? 우리 헌법은 복지국가주의를 기본 원리로 채택하고 있다는 점이 중요하다. 곧 우리 헌법은 기본권의 보장에서 자유권적 기본권은 물론, 생존권적 기본권의 보장에도 중점을 두어 복지국가의 건설을 지향하고 있다. 그 구체적인 헌법 조항들을 지적해 보면 다음과 같다.

헌법은 전문(前文)에서 '국민 생활의 균등한 향상'을 선언하고 있다. 이어 기본권 조항에서 다음과 같은 권리를 보장하고 있다.

모든 국민의 인간다운 생활의 보장(제34조 제1항), 사회보장, 사회복지에 관한 국가의무 규정(제34조 제2항), 건강하고 쾌적한 환경에서 생활할 권리의 보장(제35조 제1항), 근로자의 고용의 증진과 적정임금을 보장하고 최저임금제를 시행(제32조 제1항), 근로조건의 기준을 인간의 존엄성을 보장하도록 법률로 정할 것(제32조 제3항),

여자, 노인, 청소년 및 신체장애자의 복지규정(제34조 제2, 3, 4, 5 항), 상이군경과 전몰군경 및 국가유공자의 유가족에 대한 우선취업권 부여(제32조 제6항), 혼인과 가족생활이 개인의 존엄과 양성의 평등에 기초하도록 할 것(제36조 제1항), 환경권의 제정(제35조 제2항), 국가는 주택개발정책 등을 통하여 모든 국민이 쾌적한 주거생활을 할 수 있도록 노력할 것(제35조 제3항), 모든 국민의 보건에 대한 국가의 보호(제36조 제3항) 등.

이러한 규정으로 복지국가주의를 실질적으로 선언하고 있는 것이다. 또한 복지국가를 실현하고자 헌법에 경제 조항을 두어 사회적 시장경제주의의 원칙을 선언하고 있다.[13]

여기서 우리 헌법이 생존권적 기본권의 하나로 규정하고 있는 '환경권'은 헌법 제10조의 '인간의 존엄과 가치, 행복추구권'과 제34조의 '인간다운 생활을 할 권리'에서 파생되는 기본권이라는 점이 중요하다. 또한 헌법에서 환경권이 좁게는 깨끗한 자연환경 속에서 살 수 있는 권리, 곧 자연환경권을 뜻하지만, 넓은 뜻에선 문화적 유산·도로·공원·교육·의료 등 사회적 환경을 포함한 좋은 환경 속에서 살 문화적 환경권을 말한다. 이 권리에는 자연적 환경뿐만 아니라 인공적 환경, 곧 생활환경에 대한 청구권까지도 포함된다는 것이 다수설이다.[14] 이렇게 본다면 환경권이야말로 복지국가, 복지사회의 핵심적 권리가 된다. 이런 뜻에서 환경문제는 현대의 복지국가, 복지사회의 중심 관심사일 수밖에 없으며, 환경보도의 필요성과 중대성이 당위 또는 실질로 나타나고 요청된다고 할 수 있다.

3. 환경보도의 현실과 문제점

우리나라 신문의 환경보도 현실은 다음과 같은 몇 가지 분석 사례로 추론해 볼 수 있다.

첫째, 1992년도 서울에서 발행되고 있는 5개 일간신문에 실렸던 환경 관련기사 전량을 분석해 본 것이 이 글 마지막에 제시한 도표이다. 이 분석에 따르면 1992년도에 상기한 5대 일간지에 게재된 환경 관련기사의 총 건수는 852건으로 나타났다.[15] 이 가운데 수질 관련기사가 99건(11.6%)으로 가장 많았고, 다음이 세계의 환경문제로 96건(11.3%)이었다. 그 다음으로 많이 게재된 영역은 생태계 파괴 관련기사 83건(9.7%), 핵발전소 관련기사 68건(7.9%), 쓰레기, 환경사건 관련기사가 각각 61건(7.2%) 순이었다. 또한 각 신문에 일 년 동안 게재된 환경 관련기사는 평균 170건이다.

이 같은 게재량은 적지 않은 것이며, 우리나라 신문들이 환경에 많은 관심을 두고 보도하고 있다고 평가할 수 있을 것이다. 그뿐만 아니라 이는 신문이 생활과 밀접히 관련된 문제 영역에 초점을 맞추고 있는 것이라 할 수 있다.

둘째, 신문사의 게이트키핑(gate-keeping) 과정을 거쳐 게재되는 독자투고란의 의견 가운데서 환경 관련의견이 실리는 순위를 분석한 결과를 보면, 1993년 9월 한 달 동안 《조선일보》와 《한겨레》는 각각 다섯 번째로 많이, 《중앙일보》는 여섯 번째로 많이, 그리고 《동아일보》는 일곱 번째로 많이 게재하고 있는 것으로 나타났다. 대체로 독자란에 실리는 독자투고 가운데 주제별로 많이 실리는 빈도를 보면 행정, 경제, 교육, 정치의 순위로 나타나고 있어, 환경은 그 다음으로 독자들이 많이 관심을 가지고 있다고 할 수 있다.

한편 모 신문의 경우 1993년 9월 한 달 동안 독자부에 투고된 글은 모두 1,129편이었다. 이 가운데서 환경 관련 내용을 다룬 글은 모두 66편으로 전체 투고의 5.8퍼센트를 차지했으며, 양적으로는 다섯 번째로 많았다. 이 가운데서 게이트키핑 과정을 거쳐 실제로 한 달 동안 독자란에 게재된 것은 24편이었다. 이는 9월 한 달 동안 독자란에 실린 전체 독자투고의 10.1퍼센트에 해당하는 것으로, 경제 관련 내용 다음으로 많이 게재된 것이었다. 이렇게 볼 때 신문에 따라 차이는 있겠지만, 우리나라 신문이 환경문제에 대해 큰 관심을 가지고 다루고 있는 경향을 보이는 사례로 들 수 있을 것이다.[16]

셋째, 1981년 1월부터 1991년 10월까지《경향신문》,《동아일보》,《서울신문》,《조선일보》,《중앙일보》,《한국일보》등 6개 중앙일간지에 실린 환경문제를 다룬 사설 분석결과를 보면, 6개지가 게재한 연평균 74.6개의 사설 가운데 환경행정이나 정책에 관한 내용이 전체의 약 47퍼센트로 가장 많았고, 그 다음으로 수질오염(16.7%), 방사능 문제(16.2%), 생태계 파괴(15.1%) 등이 뒤를 이었다. 이러한 분석결과는 사설 주제가 1992년도 환경 관련 보도기사에서 다룬 관심사의 빈도수와 거의 일치하고 있는 것을 보여 준다.[17]

넷째, 환경운동과 언론에 대한 한 연구결과에 따르면, 환경운동을 하는 사람들이나 언론인들은 다 함께 환경문제의 심각성에 인식을 같이하고 있었지만, 그 원인과 해결을 위한 대안 인식은 부족한 것으로 나타났다. 이 같은 연구결과는 우리나라 환경운동이나 그것을 보도하거나 환경문제를 다루는 언론, 곧 환경 언론의 한계를 시사하는 것이라 할 수 있다.[18]

다섯째, 우리나라 신문의 환경기사가 얼마나 정확한가를 분석한 연구결과에 따르면, 약 44퍼센트에 해당되는 기사가 적어도 1개 이상 부정확한 내용을 담고 있는 것으로 나타났다. 부정확한 기사를 유형별로 보았을 때 용어의 잘못이 약 55퍼센트로 가장 많았고, 이어서 비교의 잘못 약 14퍼센트, 과대표현 약 11퍼센트, 인용 오류 약 9퍼센트의 순이었다. 그리고 기사의 크기가 커질수록 부정확한 빈도도 높아지는 것으로 분석되었다.[19]

이와 같은 우리나라 신문의 환경보도 현실 몇 가지를 놓고 볼 때, 환경보도에 대한 언론의 관심은 해마다 크게 증대되고 있으나, 보도의 질적 수준에는 문제가 있는 것으로 생각된다. 지금까지의 연구결과에서 나타난 환경보도의 문제점을 국내외 문헌을 근거로 몇 가지 지적해 본다.

첫째, 환경보도의 전문성 부족을 들 수 있다. 환경문제는 과학과 기술에 대한 전문지식은 물론, 산업과 개발정책 및 정치·경제문제 등 종합적 안목과 지식을 갖추어야 제대로 접근할 수 있는 복합적 성격을 지니고 있다. 그뿐만 아니라 문명 그 자체에 대한 이해도 필요로 한다. 사실 이와 같은 자질을 두루 갖춘 언론인을 요구하는 것 자체가 무리일 것이다. 우리나라의 경우 환경문제 취재를 주로 인문학이나 사회과학을 전공한 언론인들이 담당하고 있다. 이들은 무엇보다도 자연과학기술에 대한 지식과 전문성이 부족한 점이 가장 문제로 지적되고 있다.[20] 앞에서 짚은 환경보도의 부정확성의 유형인 용어·비교·인용·과장의 오류 등이 모두 이 같은 전문성 부족에서 연유되는 것이라 할 수 있다.

둘째, 취재원의 한정을 들 수 있다. 한 분석결과에 따르면 1991년 4월 한 달 동안 일간신문이 보도한 환경 관련기사 가운데서 정부부처가 취재원인 사례가 약 50퍼센트를 차지했다고 한다. 그 다음으로 환경운동단체나 연구소를 취재원으로 한 경우가 약 28퍼센트, 환경오염 현장이나 국민을 대상으로 한 취재가 약 20퍼센트였다. 이 같은 취재원의 한정으로 말미암은 관급 기사에 대한 높은 의존도는 환경문제에 대한 공정한 정보의 유통을 저해할 가능성이 크다는 점에서 바람직하지 못하다. 또한 환경운동단체나 연구소 등에 대한 의존도가 높다는 점도 문제라 할 수 있다. 환경운동단체는 자신들의 주장을 여론화하고자 언론을 활용하려 한다는 점에서 그러하며, 연구소의 때에 따라 전문성 부족이 문제 될 수 있기 때문이다.

셋째, 환경문제를 사건기사로 만드는 문제를 지적할 수 있다. 이런 경우에 선정적이며 과장된 보도의 오류를 범하기 쉬울 뿐더러, 환경문제의 심각함이나 중요성을 흥밋거리로 환치시켜 버리게 된다. 이러한 성향은 우리 언론에서 더욱 높게 나타나는 것으로 보인다. 그 까닭은 심층보도를 할 전문성 부족도 관련 있지만, 환경 관련취재를 주로 사회부에서 담당하고 있는 현실과도 무관하지 않을 것이다. 환경보도가 사건기사화 되면 선정주의로 흐르기 쉬워 문제의 본질을 희석시킬 뿐만 아니라, 환경문제에 대한 지식이나 이해가 부족한 독자들에게 패닉 현상까지 불러올 위험성이 크다.[21]

넷째, 환경문제는 심층보도를 요구한다. 따라서 신문의 경우에는 기획 기사나 연재물, TV의 경우에는 다큐멘터리나 보도 특집으로 다루어질 것이 요망된다. 이 같은 요청은 신문의 경우에 기획으로는 큰 문제가 없겠으나, TV의 경우에는 적시성(適時性)과 관련된 문제가 제기된다. 더욱이 유럽방송계에 일고 있는 탈규제화(deregulation) 현상이 수용자들의 개혁 요구를 불러일으키는 데 기여할 심층 취재물인 환경 및 시사 다큐멘터리의 시청 기회를 박탈하고 있다는 비판이 일고 있다. 곧 탈규제로 채널 간의 경쟁이 높아지고, 그 결과 저질의 대중적 취향 프로그램만이 양산되기 때문이라는 것이다.[22]

다섯째, 환경문제를 정치투쟁의 무기화하는 문제도 지적되어야 한다. 평화와 관련된 환경문제가 정치적 쟁점이 되는 것은 당연할 것이다. 그러나 그렇지 않은 성격의 환경문제까지 정치투쟁의 무기로 삼는 것은 국민을 오도하고 문제의 본질을 호도하는 오류를 범하는 것이다.

4. 결 론

앳워터(Atwater, 1985), 프로테스(Protess, 1987), 팔러와 샤츠(Parlour & Schatz, 1978), 로우와 루딕(Lowe & Rudig, 1986) 등 학자들의 연구에 따르면, 비록 확고하게 입증된 증거는 없을지라도 매스미디어가 환경과 환경문제에 대한 경각심을 불러일으키는 데 중요한 역할을 해왔고, 또 계속 그러한 구실을 계속해 나갈 것이라는 데 의심의 여지가 없다. 이들의 연구결과를 통해 환경문제에 대한 미디어 의제와 공중 의제 사이에 상관관계가 있다는 어느 정도의 증거를 발견할 수 있었다. 이들 연구의 중요성은 미디어 영향력이 일반적인 여론뿐만 아니라 중요한 정책결정기관에도 영향력을 미친다는 점을 밝힌 것이다.[23]

이러한 연구결과를 전제로 하여, 우리가 복지 저널리즘을 지향하려면 언론과 언론인들이 다음과 같은 철학적 명제를 재인식하도록 요청해야 한다는 점을 강조할 필요가 있다. 곧 "자유주의 정책은 본질적으로 많은 사람들에게 인간답게 생활하는 길을 열어주기 위한 노력이다. 따라서 자유주의 철학의 중심에는 모든 사람이 함유할 수 있는 공통된 인간복지의 관념이 존재한다. 자유는 개인적 개념인 동시에 사회적 개념"이라는 관점이다. 이러한 철학적 명제는 자유롭고 책임 있는 언론이 추구해야만 할 방향을 제시해 주는 것이다. 환경 보도는 바로 이 같은 명제에서 출발하는 것이라 하겠다.

이를 실천코자 언론은 앞에서 지적한 환경보도의 문제점을 극복하여야만 한다. 그것은 곧 언론과 국민 생활의 질을 향상시키려는 노력이 될 것이다. 문제 해결의 방책은 바로 문제 속에 이미 제시되고 있다. 다시 말해 전문성 확보를 위한 환경기자 채용제도와 연수제도의 마련, 진실보도·심층보도·공공을 위한 방송의 봉사, 정치 무기화의 지양 등이다. 다만 한 가지 추가하고 싶은 제안이 있다. 다름이 아니라 환경문제의 복합성을 감안하여 제대로 문제에 접근하기 위한 환경보도팀을 만들자는 것이다. 이를 위해 우리 언론사 편집국(보도국)의 라인 시스템을 스태프 시스템으로 하루빨리 개편하는 일이 필요할 것이다.

《복지언론의 위상과 전망》, 고려대학교 신문방송연구소, 1993

〈표〉 5개 일간신문의 환경 관련기사 전량 분석

범주	하위범주	A	B	C	D	E	계
대기	대기 일반 현황	8	4	3	6	2	23
	산성비, 스모그	8		4	1		13
	대기 중 중금속, 분진	1	2			1	4
	지하 공간 공기오염	1	1	1	1		4
	대기 정책	2	1		1		4
	계	20	8	8	9	3	48
교통	현황과 정책, 자동차 대기오염	2	5	3	3		13
	지하철, 고속전철	2		3			5
	계	4	5	6	3		18
수질	수질 현황	5	6	3	1	1	16
	수질사건, 물고기떼죽음	1	1	3	1		6
	수돗물, 식수	3	7	2	7	1	20
	지하수, 수자원		4	3	2	1	10
	해 양	5	5	1	2	2	15
	폐수, 폐수처리	4	3		2	1	10
	수질정책	8	4	1	2		15
	합성세제	1	2	1	2	1	7
	계	27	32	14	19	7	99
쓰레기	일반쓰레기 현황	1	4	7	2	2	16
	일회용, 포장쓰레기	1	1			1	3
	포장쓰레기		3				3
	산업쓰레기	2	1	1	2		6
	농촌쓰레기		1	1			2
	분리수거 · 재활용	5	2	5	3		15
	매 립	2	2	1	1	1	7
	소 각	3	2	3	1		9
	계	14	16	18	9	4	61
농촌 농약 먹거리	농 촌	1	5	2	2		10
	수입농산물 · 농약	2	10	6	2	2	22
	유기농법	1	1	1		1	4
	우루과이 라운드	5	4	1	1		11
	계	9	20	10	5	3	47

범주	하위범주	A	B	C	D	E	계
영종도 골프장 산 림 생태계 그린벨트	영종도	9	2	1			12
	골프장	4	2	1			7
	산 림	11	7		3		21
	생태계	11	1	2	5		19
	그린벨트	11	4	3	5	1	24
	계	46	16	7	13	1	83
환경사건	환경사건, 범죄	20	14	4	6	2	46
	공단개발과 피해	4	4		6	1	15
	계	24	18	4	12	3	61
환경정책	환경정책의 허실	8	10	8	8	2	36
	설문조사 및 단체활동	6	1	3			10
	계	14	11	11	8	2	46
세계환경	환경기술·과학기술	15	4	8	5		32
	세계환경	23	8	8	12	1	52
	유엔 환경개발회의	6	2	10	9		27
	국제협약	6	3	4	4		17
	계	35	13	22	25	1	96
고엽제	고엽제	2	3	3			8
	전쟁과 환경	1	2	1			4
	계	3	5	4			12
에너지	전자기파	2					2
	에너지 현황		4	3	1		8
	정 책	9	7	3	4		23
	대체에너지	6	2	2	1		11
	계	17	13	8	6		44
핵발전소	세계의 핵발전소 현황	5	10	3	1		19
	국내의 핵발전소 사고	4	3	2			4
	방사능 피폭	3	5	2	1		11
	일상생활 속의 방사능	1	2	1			4
	핵폐기물과 반대운동	4	4	1	1		10
	현황과 정책, 설비	5	3	1	4	2	15
	계	22	27	10	7	2	68

주(註)

1) 정해구, 〈한국 사회의 이데올로기의 변동〉, 김진균·조희연 편, 《한국사회론》, 한
   울, 1990; 이미경, 〈생태계 위기와 민족민주운동의 사상(대담)〉, 《창작과비평》,
   1990년 11월; 이상 김영기, 〈환경운동과 언론〉, 《환경보도》, 한국언론연구원,
   1991, 117쪽에서 재인용.
2) 김형국, 〈환경보전과 시민참여〉, 《철학과 현실》, 1990년 여름; 김영기, 앞의 글에
   서 재인용.
3) 김창엽, 〈환경문제와 신문사설〉, 《환경보도》, 209쪽.
4) 최문희, 〈우리나라 신문의 환경보도의 실태와 문제점〉, 서강대 대학원 신문방송학
   과 연구논문, 1993, 6쪽.
5) Philip Klein, *From Philanthropy to Social Welfare*, Tossey−Bass, San Francisco, 1908,
   p.12; 장인협, 《사회복지학개론》, 서울대 출판부, 1993, 3쪽에서 재인용
6) Elizabeth Wickenden, "Social Welfare in a Changing World", *U.S. Department of
   Health, Education and Welfare*, Government Printing office, Washington D.C., 1965,
   p.11; 장인협, 앞의 책에서 재인용, 4쪽.
7) N. Rescher, *Welfare*, Univ. of Pittsburgh Press, 1970, p.4; 장인협, 앞의 책에서 재
   인용, 4쪽.
8) John M. Romanyshyn, *Social Welfare*, Random House, Kingsport, 1971, p.3; 장인협,
   앞의 책에서 재인용, 5쪽.
9) Charles I. Schottland(ed), *The Welfare State*, Harper & Row, 1967, p.10; 장인협,
   앞의 책에서 재인용, 54쪽.
10) M. P. Mall, *The Social Service of Modern England*, p.305; 장인협, 앞의 책, 54쪽.
11) 장인협, 앞의 책, 55쪽.
12) 앞의 책, 57쪽.
13) 김철수, 《헌법학신론》, 박영사, 1988, 58~59쪽.

14) 앞의 책, 373쪽.

15) 여기서 사용한 텍스트는 《1992년 평화와 환경문제 신문자료 모음》, 늘벗, 1993 참조.

16) 이은희, 〈독자란 구성의 현실과 지면에 나타난 독자의식구조에 관한 연구〉, 서강 대 대학원 신문방송학과 석사학위논문, 1993, 30쪽.

17) 김창엽, 앞의 글, 209~210쪽.

18) 김영기, 같은 글, 155쪽.

19) 정재춘, 〈환경보도의 정확성〉, 《환경보도》, 67~68쪽.

20) 조흥섭, 〈환경보도의 현황과 문제점〉, 《환경보도》, 16쪽.

21) 현원복, 〈공해보도의 고찰〉, 《신문연구》(제51호), 1991년 여름, 관훈클럽, 202~210 쪽.

22) Alison Anderson, "Source Strategies and the Communication of environmental affairs", *Media, Culture and Society*, 13(4), 1991, p.473

23) Anders Hansen, "Socio—Political values underlying media coverage of the environment", *Media Development*, 1990. 2; 《환경보도》, 264쪽.

칼럼, 칼럼니스트론

1. 칼럼의 역사

칼럼(Column)은 기둥을 뜻하는 라틴어 콜룸나(columna)에서 나온 말로서, 신문지면의 란(欄), 특별기사, 상시(常時) 특약기고 기사, 매일 일정한 자리에 연재되는 단평란 등을 뜻한다.1) 칼럼은 대개 그 때의 중요 관심사에 대한 논평 형식으로 쓰이지만, 정치평론에서부터 상담칼럼에 이르기까지 다양한 관심사에 걸쳐 칼럼니스트의 의견이나 느낌이 제시된다. 칼럼과 사설의 다른 점은 두 가지로 요약할 수 있다.

우선 사설이 신문사의 의견란인데 견주어, 칼럼은 개인의 아이디어나 의견이라는 것이고, 나머지 하나는 무기명이거나 논설실의 의견이 반영된 사설과 달리, 칼럼은 기명으로 발표되는 개인의견이거나 아이디어라는 것이다.

칼럼이 어느 시기, 어느 신문에서 시작되었는지는 명확하지 않다. 주로 우리가 접할 수 있는 문헌에 따르면, 미국의 경우 1872년에 스프링필드에서 발행되던 《리퍼블리칸》(*Republican*)에 칼럼과 유사한 기사가 실렸다고 한다. 그리고 1890년대에 《시카고 데일리 뉴스》(*Chicago Daily News*)에 유진 필드(Eugene Field)의 칼럼 〈샤프스 앤드 플래츠〉(Sharps and Flats)가 게재되었다고 한다. 그러나 이 시기에 미국의 독자들에게 가장 많이 읽히고 유명했던 칼럼은 주로 신디케이트(syndicate)로 제공되던 것이었다.[2]

개별 신문사의 신디케이트 서비스는 《퍼블릭 레저》(*Public Ledger*)가 1915년에, 곧이어 《시카고 트리뷴》(*Chicago Tribune*)이 1918년에 시작했다. 그리고 본격적인 신디케이트 서비스는 1919년부터 시작된 '스크립스-하워드 기획기사 신디케이트'(Scripps-Howard United Feature Syndicate)부터였다. 이때 신디케이트는 낱말 맞추기 퀴즈에서부터 시사만평, 만화 등에 이르기까지 다양한 서비스를 제공했다. 당시 신디케이트 칼럼은 로버트 루이스 스티븐슨(Robert Louis Stevenson), 러디어드 키플링(J. Rudyard Kipling), 마크 트웨인(Mark Twain), 헨리 제임스(Henry James), 잭 런던(Jack London)과 같은 저명한 작가들이 집필했다.

한편, 정치칼럼은 1920년대에 시작되었다. 데이비드 로렌스(David Lawrence)가 신디케이트에 정치칼럼을 제공했고, 마크 설리번(Mark Sullivan)이 《뉴욕 헤럴드 트리뷴》(*New York Herald Tribune*)에, 그리고 프랭크 R. 켄트(Frank R. Kent)가 《볼티모어 선》(*Baltimore Sun*)에 기고했다. 월터 리프만(Walter Lippman)은 이 세 사람의 대열에 참가해 《헤럴드 트리뷴》(*Herald Tribune*)에 칼럼을 쓰기 시작했다.[3]

한국의 경우 칼럼은 1906년부터 등장한 것으로 보인다. 지금의 개념으로는 단평에 속하는 것으로, 1906년 11월 7일부터 《대한매일신보》(大韓每日申報) 국한문판에 게재되었다. 이때의 단평칼럼은 고정된 제목 없이 매번 제목이 바뀌어 실렸다. 11월 7일 〈추야한담〉

(秋夜閑談), 11월 11일 〈시사일평〉(時事一評), 11월 13일 〈시사만평〉
(時事漫評)의 식이었다. 또한 《대한매일신보》 국문판은 창간 직후인
1907년 7월 2일자부터 〈시사평론〉이라는 고정칼럼을 싣기 시작했
다. 《황성신문》(皇城新聞)의 경우 고정칼럼 〈국외냉평〉(局外冷評)이
1909년 7월 2일부터 1910년 7월 2일까지, 〈시사일국〉(時事一掬)이
1909년 9월 17일부터 시작해 폐간 무렵까지 게재되었다. 당시 《대
한매일신보》 국문판 1907년 7월 2일자에 실렸던 〈시사평론〉 가운
데 일부를 소개해 보면 다음과 같다.

일진회장 리용구 씨 등 여러 사람이 시골 회원들을 달래기 위해 내려
갔다 하니 무슨 일로 달래려는지 모르거니와 일진회원이 당초 입회할
때에는 관찰군수와 협판대신을 차례로 할 줄 알고 논밭과 가산을 다 팔
아 소용하였거니와 지금은 아무리 달랜들 돈 한 푼이 나올 데가 있나,
다른 사람을 권고하여 입회시키고자 한들 곧이들을 사람이 없을 걸.

근일에 려항에서 말하기를 개화 이후로 못살 일이 여러 가질세. 철도
를 놓으니 주막쟁이가 살 수 없고, 수도를 설치하니 물통장수가 살 수
없고, 학교를 설립함에 촌 학구가 살 수 없고, 단발령이 실시되면 망건장
수가 살 수 없겠다 하니 이렇게 말하는 사람들은 구시대의 적은 이익만
생각하고 개명시절에 크게 이익 되는 일은 경영치 아니하나……

농상대신 송병준 씨는 정부 대신의 권리를 가지고도 신문사 사장의
권리를 붙들고 놓지 아니하며 《국민신보》의 논설과 잡보는 일일이 농상
대신의 명령을 좇아 기재한다니 동씨의 권리 욕심은 양수겸장이지.

2. 칼럼의 유형

칼럼의 유형은 형식과 내용 또는 주제의 성격에 따라 달리 나눌 수 있다. 여기서는 세 사람의 분류만 소개하기로 한다.

첫째, 언론학자 본드(Fraser Bond)는 칼럼을 다음과 같은 8개의 유형으로 분류했다.4) ① 기명논설칼럼(The Signed Editorial Column), ② 표준칼럼(The Standard Column), ③ 잡탕형 칼럼(The Hodge-Podge Column), ④ 기고가의 칼럼(The Contributor's Column), ⑤ 에세이칼럼, ⑥ 가십칼럼(Gossip Column), ⑦ 운문칼럼(The Jingle Column), ⑧ 정보통의 칼럼(The Dopster's Column) 등이다. 여기서 '운문칼럼'은 시, '정보통의 칼럼'은 가십칼럼과 유사하나, 칼럼의 대상이 정치가, 고위 관리, 국제적 인물 등이라는 점에서 다르다. 그리고 '표준칼럼'은 덜 중요한 논평 주제를 가볍게 다루는 것을 뜻한다.

둘째, 존 허버트(John Herbert)는 신문칼럼의 유형을 다음과 같은 5가지로 나눈다.5)

① 관점칼럼(The-Point-of-View Column) : 최근의 이슈에 대해 논평하는 칼럼이다.

② 개인의견칼럼(My Say Column) : 필자의 개인의견을 피력하는 것으로 가장 인기 있는 칼럼에 속한다.

③ 전문가의견칼럼(The Expert Opinion Column) : 어떤 이슈를 해설하는 칼럼, 개인의견칼럼보다 더 전문성을 요구한다.

④ 잡담칼럼(The Trivia Column) : 잡다한 화제를 다루는 칼럼이다.

⑤ 독자의 편지, 편집자 사이의 반응 칼럼(The Reader's Write, Editor's Respond Column) : 독자들과 편집자 사이의 대화 형식. 독자들의 기고, 논평, 의견 등에 대한 칼럼 집필자나 편집자의 대답칼럼

이다.

셋째, 크리그바움(Kriegbaum)의 분류를 토대로 허행량은 신문칼럼의 유형을 다음과 같이 7가지로 분류하고 있다.[6] 이를 좀 더 자세히 소개하면 아래와 같다.

① 심층보도칼럼 : 이런 칼럼은 기명보도기사보다 더 심층적이다. 이때 칼럼니스트는 "전부 다 얘기해 줘요. 당신은 나보다 더 잘 알고 있잖아요"라고 묻는 지적인 사람에게 답하는 식으로 쓴다.

② '내 생각에는' 또는 의견을 개진하는 칼럼 : 이런 글들은 흔히 '나'를 가장 중요하게 내세우기는 하지만, 실은 필자의 이름이 나타나지 않는 사설에 임의로 이름을 붙인 것이나 다름없다. 어떤 칼럼니스트들은 전문가로 자처하는 경우가 있는데, 이는 광범위한 학식이 있는 경우 또는 오랫동안 관찰자 역할을 해온 경우이거나, 아니면 오로지 겸손함이 부족하기 때문에 스스로를 전문가라고 자처하는 것이다. 이들은 일반대중을 대상으로 자신들의 의견을 개진하는데, 신디케이트로 나가는 서평이나 미술평도 이런 부류에 속한다.

이런 의견칼럼들 가운데 가장 좋은 것은 많은 사람들을 계도하는데 공헌할 수가 있을 것이고, 가장 안 좋은 것은 독자들이 가지고 있는 기존의 편견을 강화할 뿐이다. 프레드릭 루이스 알렌(Frederick Lewis Allen)은 언젠가 신디케이트 의견칼럼의 개척자인 월터 리프만의 분석을 일컬어, "아무런 의미도 없는 일련의 사건들을 의미 있게 환원시키는 능력으로 어둠 속에서 의견을 구하고자 더듬거리는 사람들에게 비상구급약을 가져다주었다"고 했다. 잘 쓴 칼럼들에는 아직도 이런 말이 적용된다.

③ 가십이나 잡담칼럼 : 거의 대부분의 사람들이 그럴듯한 가십이나 잡담을 듣고자 한다. 그러다 보니 온통 이런 특징으로 이루어진

칼럼의 분야가 있다. '열쇠구멍'으로 들여다보는 듯한 가십칼럼 가운데는 자극적이라는 것을 빼면 별 가치가 없는 것도 있지만, 칼럼을 쓰는 사람의 독점적 영역이 꼭 이런 점에만 국한된 것은 아니다. 예컨대 정부의 독직, 부패, 횡령 같은 것을 들춰내는 것은 심대한, 그리고 유익한 결과를 가져올 수도 있다.

④ 유머칼럼 또는 '익살꾼'칼럼 : 아무리 심각한 인생사에도 조금은 밝은 면이 있게 마련이다. 이런 종류의 칼럼을 쓰는 사람들은 이런 유머러스한 면을 찾아내서 독자들이 재미있어 할 칼럼을 쓴다. 때로는 이런 유머칼럼이 천 마디 말로 설명하고 해설하는 것보다 사태를 더 명확하게 밝혀 주기도 한다. 또 유머칼럼이 짧은 시, 농담, 토막대화, 재담 같은 것으로 변하기도 하며, 전적으로 독자 기고로 이루어지는 유머칼럼도 있다.

⑤ 에세이칼럼 : 자연을 주제로 하거나 삶의 체험과 느낌을 표현하는 칼럼이다. 이 가운데는 향수와 감상적 분위기를 불러일으키는 글로 주목을 받는 칼럼니스트도 있다. 이런 글을 쓰려면 남다른 감수성이 있던가, 다른 작가들에게서는 볼 수 없는 인간에 대한 무궁무진한 관심이 있어야 한다.

⑥ 개인일기칼럼 : 에세이칼럼과 매우 밀접한 일기칼럼은 공인(公人)들이 주로 쓴다. 엘리노어 루스벨트(A. Eleanor Roosevelt) 여사는 백악관에 영부인으로 있는 동안 그 같은 공적 일기를 쓰기 시작했고, 독자들은 루즈벨트 대통령의 사망 이후에도 여러 해 동안 그녀에게 계속해서 글쓰기를 요구했다. 자신들이 공적으로 각광을 받고 있다고 여기는 사람들도 이런 칼럼을 쓰기도 하고, 대부분의 칼럼니스트들이 가끔가다 이런 종류의 글을 시도하기도 한다.

⑦ 상담칼럼 : 약혼자를 이모에게 소개하는 방법부터 배가 아플

때는 어떻게 하라든가, 장미정원 만들기에서부터 자식의 성품을 향상시키는 방법에 이르기까지 아주 다양한 주제를 다룬다. 이런 칼럼들은 대개 오피니언 면이 아닌 곳에 나온다.

3. 유형별 칼럼의 예

위와 같은 유형의 칼럼들 가운데서 세 가지 유형의 칼럼만 몇 가지 예시해 보기로 한다.

① 개인의견칼럼 사례

공적자금 회수 서둘 일인가(장하준 케임브리지대 교수, 경제학)

1970년 칠레의 살바도르 아옌데 정권이 선거에서 승리한 뒤 미국인 소유의 동광(銅鑛)을 국유화하는 등 좌파적 정책을 펴자 미국의 배후 지원을 받은 아우구스토 피노체트 장군은 자유시장경제 수호를 외치며 1973년 유혈 쿠데타를 일으켰다. 정권 장악 후에는 미국 시카고대학 출신의 소위 '시카고 아이들'(Chicago Boys)이 이끄는 경제팀을 구성해 강도 높은 신자유주의적 개혁을 실시했다.

기업매각 급급해 제값 못 받아

그러나 무리한 금융자유화 정책 때문에 주식과 부동산 시장에 거품이 생기고 은행의 부실대출이 급증하면서 1982년 칠레는 엄청난 금융위기를 맞게 된다. 이렇게 되자 국유화에 반대하고 시장을 수호한다며 쿠데타까지 일으킨 정권이었지만 공적자금을 투입해 모든 은행을 국유화하지 않을 수 없었다.

1980년대 미국도 잘못된 규제 완화 때문에 저축대부조합(Savings & Loans)들에 대규모 부실이 생겨 이것이 은행권까지 퍼지자 자유방임주의를 외치던 공화당 정권이 국내총생산(GDP)의 3%에 해당하는 막대한 공적자금을 투입해 일부 은행을 국유화하면서 이를 해결했다. 우리나라도 1997년의 경제위기를 비교적 빨리 벗어난 데에는 과감한 공적자금의 투입이 결정적인 역할을 했다.

반대로 일본은 주식시장과 부동산 시장의 거품이 꺼지면서 1990년대 초 금융위기가 발생했을 때 정부의 시장 개입이 옳지 않다며 공적자금을 신속히 투입하지 않았다. 그 결과는 10여 년간의 경제 침체였다.

금융위기의 조속한 해결을 위해서 공적자금의 투입이 불가피하다는 데에는 논란의 여지가 없다. 논란의 대상이 되는 것은 위기가 해소된 뒤의 정책이다.

지난 몇 년간 우리 정부는 공적자금을 하루라도 빨리 회수해야 한다며 공적자금이 투입된 기업과 금융기관의 신속한 매각을 추진했다. 과연 현명한 정책이었는가.

'신속 매각' 정책의 전제는 국영기업은 비효율적이므로 하루빨리 민영화돼야 한다는 것이다. 그러나 국영기업이라고 꼭 비효율적인 것은 아니다. 우리나라 포스코의 성공이 이에 대한 강력한 반대 사례다. 최근 일본의 닛산자동차와 우리나라의 삼성자동차를 매수해 승승장구하고 있는 프랑스의 르노자동차도 1996년까지는 공기업이었다. 르노는 삼성자동차를 매수할 당시도 정부가 44%의 주식을 소유한 사실상의 공기업이었다.

한 걸음 양보해 민영화가 필요하다고 하더라도 매각할 때는 공적자금을 최대한 회수하도록 노력해야 한다. 그러나 지난 몇 년 동안 우리 정부는 어떤 식으로 행동했는가. 공적자금이 투입된 기업들을 하루라도 빨리 팔아야 한다며 스스로 시한을 정해 협상력을 약화시키고 상업적으로 납득할 수 없는 가격에 팔지 않았는가.

17조 원 가량의 공적자금이 투입된 제일은행을 불과 5,000억 원에 팔았다. 이는 제일은행이 매각 후 1년 반 동안 올린 이윤 정도에 불과한 낮은 가격이었다. 대우자동차를 GM에 4,800억 원에 넘기고 이것도 부족해 채권은행의 계속적인 대출을 정부가 보증했다. 훨씬 규모가 작은 기아자동차를 산 현대자동차가 1조 2,000억 원을 내고 대출보증도 받지 못했던 것과는 대조적이다. 최근 매각이 결정된 현대투자증권은 투입된 2조 5,000억 원의 공적자금 중에서 1조 원 정도만 회수하게 됨에도 불구하고 푸르덴셜에 사후손실보전까지 약속하면서 판다고 한다.

국민 혈세 '최대한 회수' 노력을

국영화된 기업을 꼭 팔아야 하는 것은 아니다. 국영기업도 잘 경영할 수 있다. 필요하면 민간에 위탁해 경영할 수도 있다. 당장 제값을 받고 팔 수 없다면 5년, 10년을 기다려서라도 제값을 받아야 한다. 팔 때에도 국내자본에 대해 역차별을 하지 말고 외국계 자본에 파는 경우는 기술개발, 수출금융 등 여러 측면에서 국민경제에 대한 파급효과를 고려해 신중하게 결정해야 한다. 매각시 국민연기금으로 일정량의 주식을 매입해 '국민주'를 만들어, 혈세를 내 부실기업을 구한 국민들의 이익이 민영화 이후에도 반영되도록 해야 한다.

공적자금은 국민의 혈세로 조성된 것이며 정부는 그 위탁경영자다. 공적자금의 조기회수가 사실상 회수 포기를 의미한다면, 이는 정부의 직무유기라고 할 수밖에 없다.(《동아일보》 2003년 12월 10일자)

② 전문가의견칼럼 사례

군사 한파를 대비하라(하영선 서울대 교수, 국제정치학)

날씨가 추워졌다. 그러나 국내 정치 기상도는 특검 정국에 이은 총선 정국의 뜨거움을 예고하고 있다. 국내 정치의 열기 속에서 걱정스러운 것은 국제 군사기상도가 전에 없는 한파의 내습을 예고하고 있기 때문이다. 더욱 걱정스러운 것은 우리가 군사기상도를 제대로 읽지 못하고 우왕좌왕하면서 제대로 월동 준비를 하지 못한 채 한파를 겪어야 할지 모른다는 것이다.

미국의 조지 W. 부시 대통령은 지난달 25일 짧지만 의미심장한 성명을 발표했다. 탈냉전 9·11 테러 이후 시대를 맞이해 미국은 새로운 군사변환(transformation) 전략을 추진하기 위해 해외 주둔 군사력 재검토 협의를 동맹국, 그리고 의회와 본격화한다는 것이다. 미 국방부 부장관 더글러스 페이스는 지난 3일 연설에서 이번 재검토는 제2차 세계대전 이후 가장 기본적이고 포괄적으로 추진되는 것이라고 강조했다.

미국의 21세기 군사변환 전략

핵심 협의대상국인 한국은 비교적 조용하게 변환의 한파를 맞이하기 시작하고 있다. 충분한 준비가 돼 있기 때문일까, 아니면 한파의 심각성을 미처 예상하지 못하고 있기 때문일까. 확실하게 알아야 할 것은 군사 한파가 현재의 체감온도보다 훨씬 매섭게 불어 닥칠 것이라는 것이다.

우선 군사변환의 의미를 제대로 알아야 한다. 변환은 단순한 변화를 말하는 것이 아니다. 1997년 미국의 국가방위 패널 보고서가 제1차 4개년 방위 재검토(QDR)를 평가하면서 변환이라는 용어를 처음으로 사용했다. 부시행정부는 도널드 럼즈펠드 국방장관의 주도 아래 군사변환을

21세기 국방전략의 핵심골격으로 추진하고 있다. 군사변환의 핵심은 탈냉전 9·11 테러 이후 21세기 군사질서가 산업화시대에서 정보화시대로의 변환을 겪고 있는 것으로 파악하는 것이다. 전쟁 무대에 산업화시대의 주인공이었던 국가뿐 아니라 정보화시대의 새로운 주인공들인 비국가 조직들이 지구 그물망화해 등장한 것이다. 동시에 산업혁명에 힘입은 대량살상무기보다 정보혁명에 힘입은 정보무기의 중요성이 빠르게 증가하고 있다. 이러한 세계안보환경의 변화에 직면해 부시 행정부는 본격적 군사변환을 시도하고 있다.

군사변환의 구체적 모습은 주둔군의 배치군으로의 전환이다. 미 국방부 고위 당국자들은 현재 유럽과 동북아에 있는 미국의 해외 주둔 병력을 냉전의 역사적 유물로 보고 있다. 따라서 하루빨리 유사시보다 광범한 지역에 신속하게 투입할 수 있는 배치군으로 바꿔야 한다고 주장하고 있다. 정보기술 혁명의 도움으로 동서남북에서 동시에 신출귀몰하는 21세기 홍길동군을 만들어 보겠다는 야심찬 구상이다. 따라서 최근의 주한미군 재배치 논의는 냉전시대의 논의와는 전혀 성격이 다르다는 것을 명심해야 한다. 주한미군의 동아시아 신속배치군으로의 전환은 시간문제다. 동시에 미국은 냉전시대 군사동맹 체제의 변환을 추진하고 있다. 냉전시대의 소련과 같은 확실한 가상 적이 사라지고, 대량실상무기 테러와 같은 불확실한 위협에 직면해 미국은 지구 그물망의 새로운 동맹질서를 모색하고 있다. 럼즈펠드 국방장관은 최근 북대서양조약기구(나토) 국방장관회의에 참석해 아프가니스탄에서의 국제안보지원군과 같은 나토군의 새로운 변환을 높이 평가했다.

주한미군도 신속배치군 불가피

다음으로 군사변환은 수가 아니라 능력을 강조하고 있다. 산업화시대

에는 상상을 초월하는 대규모 병력이 동원돼 대량살상무기로 전면전을
수행했다면, 정보화 시대에는 상대적으로 소수의 병력이 동원돼 첨단 정
보무기로 정보전을 시작하고 있다. 최근 이라크전은 수의 우위가 아니라
첨단 정보기술의 우위가 전쟁의 승패에 결정적이라는 것을 여실히 증명
했다. 따라서 미국 해외 주둔 병력의 감축은 예정된 길이며, 주한미군의
감축도 시간문제다.

미국의 21세기 안보를 위한 군사변환을 북한처럼 20세기 냉전의 시각
이나, 우리 정부처럼 19세기 자주국방의 시각에서 이해하고 대처하려 한
다면 추운 동북아에 있는 한반도는 군사적으로 혹한을 겪게 될 것이다.
한반도에 평화의 봄을 맞이하려면 한반도 안보를 위한 21세기적 군사변
환을 궁리하고 하루빨리 실천에 옮겨야 한다.(《중앙일보》2003년 12월 10
일자)

③ 에세이칼럼 사례

성냥팔이소녀(장영희 서강대 교수, 영문학)

가을 학기 종강하는 날 나는 연례행사처럼 연구실에 크리스마스 장
식을 한다. 장식이래 봤자 창에 크리스마스 리스를 걸고 작은 트리를 꺼
내놓는 일이지만 나름대로 다시 한 번 한 학기, 아니 한 해를 큰 과오
없이 끝낸 데 대한 감사와 자축의 의미가 담겨 있다. 한 5~6년 전까지
만 해도 이맘때가 되면 연구실 창틀에 갖가지 성탄카드가 즐비하게 들
어섰지만, 올해는 이제껏 받은 카드가 달랑 한 개다. 미국 친구 아이린
이 딸 애니 소식을 전하면서 보낸 것이다.

아이린은 오래 전 내가 뉴욕 주 올바니에서 유학하던 시절 친구인데,
남편과 이혼한 해 설상가상으로 유방암에 걸려 학위가 끝나기도 전에

부모가 있는 아이오와로 갔다. 이사하기 며칠 전 아이린 모녀는 자기 집 차고에서 벼룩시장을 열었다. 옷이나 책 등 잡동사니를 파는 엄마 옆에서 당시 일곱 살이었던 애니는 자기 장난감들에 가격을 붙여 놓고 팔고 있었다.

인형·봉제완구·블록, 모든 것이 1달러 미만의 가격이었는데 유독 〈성냥팔이소녀〉 퍼즐 박스에는 5달러라는 비싼 가격이 붙어 있었다. 그것은 바로 전 해 크리스마스에 애니 아빠가 《안데르센 동화집》과 함께 준 선물이었고, 애니가 무척 아끼는 물건이라서 그렇다고 했다. 아동문학가를 꿈꾸던 아이린이 그때 한 말이 생각난다.

"안데르센은 아주 가난한 구두수선공의 아들이었고 비참할 정도로 불우한 환경에서 자랐어. 〈성냥팔이소녀〉는 어린 시절 가난하게 자랐던 자기 엄마를 모델로 해서 쓴 동화라잖아. 그런 환경을 극복하고 그렇게 아름다운 이야기들을 쓸 수 있었다는 것이 놀랍지 않니. 그런데 쇼펜하우어를 봐. 국적은 달랐지만 둘은 동시대 사람들이었거든. 쇼펜하우어는 거부집에서 태어나서 온갖 영화를 다 누리고 자랐지만 그렇게 철두철미한 염세주의자가 되었잖아. 그래도 나는 〈성냥팔이소녀〉가 해피엔딩이었으면 좋겠어. 그렇게 얼어 죽게 만든 것은 어쩌면 이 세상에 대한 안데르센의 말없는 항거였는지도 몰라."

그 날 나는 5달러를 주고 애니에게서 〈성냥팔이소녀〉 퍼즐을 샀고, 기숙사로 돌아와 밤새도록 퍼즐을 맞추었다. 퍼즐을 완성하자 맨발의 소녀가 성냥 바구니를 옆에 두고 커다란 창문 아래에 웅크리고 앉아 성냥 하나를 켜 들고 몸을 녹이고 있는 그림이 나왔다. 환하게 불이 켜진 창문 안쪽에는 아름답게 장식된 크리스마스 트리 옆에 행복한 가족이 칠면조가 놓인 식탁에 둘러앉아 있었다.

〈성냥팔이소녀〉 외에도 한스 크리스천 안데르센(1805~1875)은 〈인어공주〉, 〈미운 오리새끼〉, 〈벌거숭이 임금님〉 등 아동문학의 최고봉으로 꼽히는 130편 이상의 걸작 동화를 썼다. 안데르센 동화 속에는 늘 서정적이면서도 아름다운 환상의 세계가 있고 따뜻한 인간애가 녹아있지만, 그의 동화는 곧잘 비극으로 끝난다. 부잣집 창 밑에 앉아 성냥불로 몸을 녹이던 불쌍한 소녀는 싸늘한 주검으로 변하고, 짝사랑하는 왕자를 만나기 위해 목소리를 팔아 두 다리를 얻은 인어공주는 결국 바다의 물거품으로 변한다.

안데르센은 말년에 방대한 자서전《내 삶의 이야기》를 썼는데(아우구스티누스의《참회록》, 루소의《고백록》, 괴테의《시와 진실》등과 함께 서양의 5대 자서전의 하나로 꼽힌다) 그야말로 미운 오리새끼처럼 갖은 천대와 고난 끝에 백조로 태어나는 그의 삶의 여정이 담겨 있다. 그러나 머리말에서 그는 역경이야말로 자신의 삶의 원동력이 되었다고 토로한다. "내 인생은 멋진 이야기다. 그 어떤 착한 요정이 나를 지켜 주고 안내했다 하더라도 지금보다 더 좋은 삶을 살지는 못했을 것이다."

내가 그때 애니에게서 샀던 그 〈성냥팔이소녀〉 퍼즐은 이제 온데간데없다. 그래도 1년 내내 질곡의 삶 속에서 허우적대며 까맣게 잊고 살다가 어느 새 거리에 자선냄비가 등장하고 대림초에 불이 켜지면 내 마음이 조금은 착해지는지 문득 생각나곤 한다. 환하게 불 켜 놓은 나의 따뜻한 방 창 밖에 혹시 추위에 떠는 성냥팔이소녀가 앉아 있지나 않은지…….(《조선일보》2003년 12월 10일자)

4. 칼럼의 기능

칼럼은 가벼운 읽을거리나 상담의 기능 등 다양한 기능을 수행하지만, 주된 것은 여론형성 기능이라 할 수 있다. 주로 오피니언 페이지에 실리는 시사시평이나 사회시평 등은 '공론의 장'을 형성함으로써 여론형성 기능을 수행하게 된다. 여론이 형성되려면 몇 가지 조건들이 필요하다. 우선 대중들이 중요한 사회적 문제를 인식하고 주목할 수 있는 논점이나 쟁점이 존재해야 한다. 다음으로 그러한 논점과 쟁점에 관련된 이해관계집단이나 공중들이 존재해야 하고, 각각의 의견들이 자유롭게 표명되며 교환될 수 있어야 한다. 그럴 때 비로소 특정 논점이나 쟁점에 대한 공중들의 여론이 형성될 수 있다.

따라서 여론형성의 과정은 문제의 쟁점화가 이루어지고 쟁점이 공공의 관심사로 부각된 뒤 다양한 의견들이 경쟁을 하며 사회적인 합의점에 도달하는 일련의 과정과 절차라고 할 수 있다. 다시 말해 사회적인 문제가 발생한 뒤 이에 대한 공중들의 합의가 이루어지는 시점까지의 과정을 여론형성의 과정이라고 정의할 수 있다. 이러한 과정에서 올바른 여론이 형성되려면 언론의 자유 이념이 주창하는 것처럼 토론을 거쳐 다양한 의견들의 자유로운 경쟁이 보장되어야 한다.

한편 보편적으로 언론이 여론형성에서 수행하는 역할들은 다음 네 가지로 요약할 수 있다. 첫째, 정보 전달의 기능으로 쟁점이나 사안을 대중에게 인지시킨다. 현대사회에서 사회적 쟁점을 대중에게 인식시키는 데 언론 말고는 어느 사회적 기관도 기능을 제대로 수행하지 못한다. 둘째는 의제 설정 기능으로, 언론은 대중들에게 무엇에 관해 생각할 것인가, 무엇이 중요한 사안인가를 알려 준다. 또한 특정 사안에 대해서는 보도하지 않음으로써 대중의 의제 설정에 영향을 미치기도 한다. 셋째, 언론은 대중으로 하여금 쟁점이나 사안에 대한 다양한 이해관계집단의 입장을 공정하게 보도하여 공론장으로서 토론과 논쟁을 제공한다. 넷째, 언론은 대중에게 지배적이고 우세한 의견이 무엇인가를 알려 주어 대중이 지배의견에 동조하고 합의점에 도달하도록 함으로써 궁극적으로 여론을 형성하게 만든다. 다양한 의견들 가운데 토론과 논쟁의 결과 진리이거나 또는 그에 가깝다고 판단되는 의견이 사회적인 합의로 결정되는 데 언론이 중요한 역할을 담당하는 것이다. 그리고 위와 같은 과정 속에서 칼럼은 세 번째와 네 번째 단계에서 여론형성 기능을 수행하게 되는 것이다.

5. 칼럼니스트의 자유와 책임

칼럼니스트는 명예를 훼손하거나 외설을 반포하지 않는 한 언론의 자유를 누린다. 그러나 칼럼니스트의 글을 게재할지 여부를 결정하는 권한은 발행인에게 귀속된다. 칼럼은 개인의 의견이므로 내용에 대한 책임은 전적으로 칼럼니스트에게 돌아가지만, 그런 칼럼을 싣기로 결정하는 것은 신문사이기 때문에, 만약 신문에 게재된 칼럼에 문제가 발생한다면 신문사도 책임을 져야 한다는 의견도 있다.

칼럼니스트는 앞에서 말한 바와 같이 여론형성의 기능을 수행하므로 자유와 함께 책임이 부과된다. 그 책임은 칼럼니스트의 직업윤리에 충실한 것이어야만 한다. 이런 의미에서 칼럼니스트의 윤리를 규정한 윤리강령이나 그 실천요강을 소개하면 다음과 같다.

첫째, 한국의 신문윤리강령과 실천요강 가운데 해당조항은 아래와 같다.

〈신문윤리강령〉제4조 보도와 평론

우리 언론인은 사실의 전모를 정확하게, 객관적으로, 공정하게 보도할 것을 다짐한다. 우리는 또한 진실을 바탕으로 공정하고 바르게 평론할 것을 다짐하며, 사회의 다양한 의견을 폭넓게 수용함으로써 건전한 여론형성에 기여할 것을 결의한다.

〈신문윤리실천요강〉

평론은 진실을 근거로 의견을 공정하고 바르게 표명하되 균형과 절제를 잃지 말아야 하며 특히 고의적 편파와 왜곡을 경계하여야 한다. 또한 평론은 정치적 입장을 자유로이 표현할 수 있으며 논쟁적 문제에 대해 다양한 공중의 의견을 폭넓게 수용하여 건전한 여론형성을 위해 노력하여야 한다.

둘째, 일본의 신문윤리강령(1955년 개정) 제3조는 평론의 태도를 다음과 같이 규정하고 있다. 곧 평론은 여론에 영합하지 않아야 하고 소신은 대담하게 표명되지 않으면 안 된다. 또한 필자는 항상 호소하려고 해도 그 수단을 갖지 못한 사람을 대신해서 호소하는 기개를 지니는 것이 중요하다. 신문을 공기(公器)라고 하는 본질이 바로 이 점에 있음은 두말할 나위가 없다.7)

셋째, 미국의 전국논설위원회가 1975년 10월 10일에 발표한 〈사설 집필의 원칙 선언〉은 다음과 같이 윤리선언을 하고 있다. 이 선언에서 사설 집필자를 칼럼 집필자로 바꾸어 놓으면 바로 칼럼니스트의 칼럼 집필의 원칙이 될 것이다. 해당조항만 소개하며 이 글을 마무리한다.

사설 집필은 돈벌이를 위한 또 다른 수단이 아니다. 그것은 공공의 복지와 공공에 대한 봉사를 위해 헌신하는 일이다. 사설 집필자의 주된 의무는 민주주의가 건전하게 기능하는 데 긴요한 올바른 판단을 할 수 있도록 정보와 지침을 제공하는 데 있다. 그러므로 사설 집필자들은 다음과 같은 훈령들을 성실하게 준수할 의무가 있다.

1. 사설 집필자는 사실을 정직하고 충실하게 제시해야 한다. 절반의 진실을 근거로 사설을 집필하는 것은 정직하지 못하다. 사설 집필자는 고의로 독자를 오도하거나 상황을 잘못 전달하거나 또는 어떤 사람을 그릇된 모습으로 보이게 해서는 안 된다. 그리고 결과적 오류는 반드시 정정해야 한다.

2. 사설 집필자는 증거와 경중과 자신이 생각하는 공공선 개념에 입각해서 제시된 사실로부터 공정한 결론을 도출해야 한다.

3. 사설 집필자는 그의 영향력을 어떤 종류의 것이든 개인적 특혜를 추구하는 데 이용해서는 안 된다. 값나가는 사물, 공짜 여행, 기타 집필자의 정직성과 타협하거나 또는 그렇게 하는 것으로 보이게 만드는 특혜도 받아서는 안 된다. 사설 집필자는 주식의 소유, 겸직(부직), 공직을 가지는 것, 시민단체나 기타 단체에 관여하는 등으로 일어날 수 있는 이해의 상충, 그것이 실제로 그러하든 또는 외관상 그렇게 보이든 이해상충에 대해서 항상 주의하지 않으면 안 된다. 만약, 이해상충의 가능성이 있는 일에 관계되어 있을 때는 적절한 시기에 이를 공개적으로 밝힘으로써 의혹을 최소화할 수 있을 것이다. 편집자들은 신디케이트들도 이와 같은 기준들을 지키도록 요구해야 한다.

4. 사설 집필자는 다른 사람에게도 표현의 자유가 주어질 경우, 공중은 수정헌법 제1조의 가치를 더욱 높이 평가하게 된다는 사실을 인식해야 한다. 그러므로 다양한 의견이 표출될 수 있도록 하여야 하며, 표명된 의견을 충실히 반영하도록 신문을 편집하여야 한다. 특히 독자의 편지,

시사만평, 기명칼럼 등에서 비판의 대상이 된 개인이나 단체에게는 반론의 기회가 주어져야 한다. 편집자들은 신디케이트들도 이 기준을 견지하도록 강조하여야 한다.

5. 사설 집필자는 자신이 내린 결론들을 정기적으로 재검토해야 한다. 집필자는 새로운 정보들을 감안하여 기왕의 결론들을 수정하는 데 주저해서는 안 된다. 견해의 변경이 중요한 때에는 이를 독자들에게 알려야 한다.

6. 사설 집필자는 자신의 근거 있는 확신에 대해 용기를 가져야 하며, 자신의 양심에 반하는 어떤 글도 써서는 안 된다. 사려 깊은 개인의 의견은 존중되어야 한다.

7. 사설 집필자는 항상 명예를 걸고 기밀을 지킬 것을 서약해야 한다. 그 같은 서약은 오직 공중의 정보 수요에 봉사하기 위해서만 행해져야 한다.

8. 사설 집필자는 외부기관에서 준비, 제공한 글을 자신의 것인 양 사설로 게재해서는 안 된다. 그러한 사설의 출처를 밝히지 않는 것은 비윤리적이며, 더욱이 그 같은 서비스가 이해관계를 대표하는 것이라면 특히 비난받아 마땅하다.

《저널리즘 평론》, 한국언론재단, 2003

주(註)

1) 김종찬, 《신문 칼럼 속지 않고 읽는 법》, 새로운 사람들, 2001.
2) F. Fraser Bond, *An Introduction to Journalism*, N.Y. : MacMillan, 1961.
3) Edwin and Michael Emery, *The Press and America*, N.Y. : Prentice Hall, 1978.
4) F. Fraser Bond, op. cit.
5) John Herbert, *Journalsm in the Digital Age : Theory and Practice for Broadcast, Print and On-line Media*, N.Y. : Focal Press, 2000.
6) 허행량, 《한국의 신문 칼럼》, 한국언론재단, 2000.
7) John L. Hulteng, *Playing It Straight : A Practical Discussion of the Ethical Principles of the American Society of Newspaper Editors*, Easton, PA : Globe Pequot Press, 1981, 유재천 역, 《언론윤리의 원칙과 실제》, 을유문화사, 1992.

출판의 정신사적 변혁운동

1. 언론의 배제와 출판운동의 태동

1970년대와 80년대는 우리나라 출판의 역사에서 매우 독특한 연대로 기록될 것이다. 그 까닭은 이 시기에 우리나라 출판이 역사상 일찍이 볼 수 없었던 정신사적 변혁의 주역을 담당했기 때문이다. 우리 근현대사에는 일찍이 인쇄매체가 그 같은 구실을 했던 일이 있었다. 19세기 말과 20세기 초에 신문과 잡지들이 개화사상을 고취하고 서양의 새로운 학문과 사상을 도입했던 일이 그 하나이며, 1920년대와 30년대 초에 걸쳐 신문과 잡지들이 공산주의 또는 사회주의를 수용했던 사례가 그것이다. 그러나 출판이 정신사적 변혁운동의 주역이었던 때는 없었다.[1]

1970년대와 80년대에 출판이 그러한 역할을 담당하게 된 배경은 이 시기 언론 상황과 밀접하게 연관되어 있다. 1961년 5·16 군사정변으로 집권한 박정희 정권은 조국 근대화의 기치를 내세워 경제발전에 국민을 총동원하고, 이것으로 정권의 정당성을 획득하고자 이른바 '개발독재체제'를 구축했다. 박정희 정권은 정치적·사회적 안정이 경제개발정책을 수행하는 전제조건이라며 모든 분야에서 비판의 자유를 봉쇄해 버렸다. 더욱이 사회와 정치 혼란은 북한에게 전쟁 도발의 기회를 제공한다는 명분을 앞세워 비판·반대 세력을 억압했다. 그러면서 언론에 대해 '정부의 협력자이며, 나아가 정부 정책 시행의 선도자 구실'을 해줄 것을 요구하였다. 언론에 대한 정부의 이 같은 요청은 정부와 언론 사이의 갈등을 유발하게 되고, 이를 해소하려는 정부의 통제정책으로 말미암아 언론의 자유는 크게 제한되었다.

정부의 언론통제는 1964년의 '언론윤리위원회법' 파동을 겪으면서 더욱 강화되고, 3선개헌 과정에서 언론은 편집인의 손을 떠나게 된다. 정부는 발행인들에게 '당근'을 주고, 편집인들과 기자들을 '채찍'질함으로써 발행인과 편집인·기자들을 분리해 통제하는 수법을 사용했기 때문이다. 이러한 60년대의 언론 상황은 70년대와 80년대에 걸친 권위주의 체제 아래의 언론을 이해하는 전제가 된다.

1970년대에 들어와 반독재·민주화운동이 거세짐에 따라, 정권 유지에 위협을 느낀 박정희 정권은 1972년 10월 17일에 계엄령을 선포하고 12월 26일에 유신헌법을 공포함으로써 유신체제를 출범시켰다. 이에 따라 관료적 권위주의 국가에서 나타나는 현상들이 일어났다. 먼저 정치적 배제가 이루어졌다. 국회를 해산시키고 일체의 정치 활동을 금지시킨 가운데 단행된 유신체제 구축은, 억압적인 수단들뿐만 사용된 것이 아니라, 정부가 노동조합과 같은 이익집단들에 대한 직접 수직적 통제를 이용하기도 하였다. 이로써 민중과 그들의 동맹자들을 정치적으로 무력화시키고, 또 이들이 정치적으로 접근할 수 있는 통로를 폐쇄해 버린 것이다. 그 결과 탈정치 현상이 일어났는데, 이것은 사회적이고 정치적인 쟁점들을 군대, 공공 관료

기관, 대기업 등의 고도 관료화 조직 안의 고위 간부들 간의 상호작
용을 거쳐 해결되어야 할 '기술적인 문제'로 환원시키고 전도시키는
것을 뜻한다. 또한 경제적 배제가 이루어졌다. 다시 말해 경제 참여
에 대한 민중의 열망을 무한정으로 축소시키거나 연기한 것이다.2)

　이러한 정치적·경제적 배제를 강화하고 유지하고자 언론 또한
배제되었다. 그리고 이때 이루어진 언론 배제의 극치는 긴급조치일
것이다. 1974년 1월 8일 긴급조치 제1호가 선포된 이후 1979년 12
월 8일 긴급조치 제9호가 해제될 때까지 약 6년 동안 언론은 정부
의 완벽한 통제를 받았다. 이 가운데서도 1975년 5월 13일에 선포
된 긴급조치 제9호는 완벽하게 언론의 입을 막았다. 이 같은 일련
의 통제 아래서 언론은 이른바 '제도언론'으로 그 성격이 전환되어
버렸다.3)

　이와 같은 유신체제의 언론 상황을 포함하여 1970년대와 1980년
대의 한국 언론의 현실을 규정한 정부의 언론 정책을 요약해 보면
다음과 같다.

　정부는 이 시기에 '당근과 채찍'이라는 양면의 수단을 동원해 언
론을 통제하여 '제도언론'으로 정착시켰다. 정부는 먼저 언론에게
'채찍'을 휘둘렀는데 가장 강력한 위협은 법률에 의한 통제였다. 앞
에서 언급한 유신체제의 긴급조치는 물론이고, 제5공화국은 언론기
본법을 제정하여 철저하게 언론을 규율했다. "언론은 폭력행위 등
공공질서를 문란케 하는 행위를 고무·찬양하여서는 아니 된다"는
조항을 "반복하여 현저하게" 위반하였을 때 문화공보부 장관이 정
기간행물의 등록을 취소할 수 있게 하는 내용을 포함한 이 법은 언
론을 통제하는 족쇄로서 충분했다.4) 이 법에 따라 1985년 8월과 12
월에 실천문학사와 창작과비평사가 각각 등록 취소 처분을 받았다.

그뿐만 아니라 유신체제 아래에서 언론규제조항이 포함된 새 법률을 제정하거나 개정한 건수는 10여 개에 이른다. 여기에 보태어 이 시기에 국가보안법이 '채찍' 구실을 톡톡히 했음은 물론이다.

법률이라는 위협 수단 외에 박정희·전두환 두 정권은 언론사상 유례없는 언론인 무더기 해직을 감행하여 언론을 순치(馴致)시켰다. 1973년 10월부터 펼쳐진 《경향》·《동아》·《신아》·《조선》·《중앙》·《한국》 등 서울 주요 일간지 및 기독교방송·문화방송 기자들의 언론자유 수호투쟁, 1974년 《동아일보》와 《한국일보》의 기자 노조 결성투쟁, 1974년 10월부터 1975년에 걸쳐 일어났던 언론자유 수호투쟁과정에서 《동아일보》·《조선일보》·동아방송의 기자, 방송프로그램 제작자, 아나운서 등이 무더기로 해직당했다. 그뿐만 아니라 1980년 7월과 8월 두 달에 걸쳐 신군부는 이른바 '언론계 정화'라는 명분을 내세워 870여 명에 이르는 언론인을 해직시켰다. 언론계는 강요된 '자율적 결정'이라는 절차를 밟았지만, 이때의 언론인 해직은 비상계엄령 해제 이후 신군부 세력에 대한 저항 언론이 나타날 가능성을 사전에 제거하는 작업이자, 정권 창출을 위한 정지(整地) 작업이었다.

이와 함께 1980년에 단행된 언론사 통폐합과 정기 간행물에 대한 폐간조치 또한 무지막지한 '채찍'질이었다. 1980년 7월 31일자로 신군부 세력은 172종의 정기 간행물을 폐간시켰다. 이때 폐간된 정기 간행물 가운데는 《씨알의 소리》, 《뿌리 깊은 나무》, 《창작과 비평》, 《문학과 지성》 등이 포함되어 있었다. 이 잡지들은 "계급의식의 격화 조장, 사회 불안을 조성해 온 간행물 등 발행 목적을 위반"했다는 폐간 사유에 해당되었다. 말하자면 비판적 지식인의 소리를 근원적으로 봉쇄하는 조치였다. 이로써 비판적 지성을 대변하는 매체는 그 뒤 7여 년 동안 등장하지 못한다. 이들 잡지를 폐간시킨 뒤 동종의 잡지 발행을 일체 허가하지 않았기 때문이다.

이 밖에도 '채찍'은 여러 방식으로 활용되었다. 문화공보부의 홍보조정실(뒷날 홍보정책실로 개명)을 거친 협조 형식의 강제, 보도지침의 준수 강요, 언론인 연행과 구금, 기관원의 언론사 상시 출입, 프레스 카드제의 실시 등이 그러했다.

한편 '당근'을 주는 정책도 병행되었다. 1980년의 언론사 통폐합은 '채찍'인 동시에 '당근'이었다. 언론사 통폐합 조치에서 살아남은 언론사들은 독자 및 광고 시장을 독과점할 수 있게 되면서 경영 수지를 크게 개선할 수 있었으며, 그 결과 언론의 기업화가 촉진되어 언론은 이윤을 보장해 주는 체제의 요구에 순응하게 되었다. 정부가 베푼 시혜 정책은 이 밖에도 다양했는데 갑근세 면제, 방송광고공사가 조성한 공익 자금으로 베푼 해외 연수나 취재 여행, 언론 기금의 조성, 언론인 자녀들에 대한 장학금 지급, 1982년 한 해 동안의 윤전기 수입 관세를 20퍼센트에서 4퍼센트로 인하해 준 조치 등이 그러했다.

위와 같은 위력과 혜택을 동시에 활용한 언론통제로 언론은 무력화되고 기업화되면서 보다 상업주의적 속성을 표출하였고, 결국 현상에 안주하는 '제도언론'이 된 것이다. 그 결과 두 가지 현상이 나타났다. 하나는 상업주의 대중문화의 급격한 팽창이다. 신문과 방송을 비롯해 무력화된 언론매체도 그러했거니와, 선정적인 주간지와 출판물들이 이 시기 대중문화의 기수가 되었다. 정권은 '빵과 서커스'로 대표되는 우민통치에 이들 대중문화 생산자들을 직·간접적으로 활용했으며, 유통과 소비를 묵인해 주었다.5)

나머지 하나는 비판 저항 세력의 사회변혁운동 전개였다. 더욱이 언론에 한정해 볼 때, 무크지(부정기 간행물)와 단행본 출판이 언론의 기능을 대행하면서 변혁운동의 주역을 담당하게 되었다. 이 시기 출판의 사회변혁운동은 언론자유 쟁취의 범주를 넘어 사회구조 전반에 걸친 개혁을 지향한 것이었다.

이 같은 변혁운동은 크게 두 가지로 분류해 볼 수 있다. 하나는 출판을 함으로써 사회 변혁에 실천적으로 참여하는 운동으로, 노동운동이나 사회변혁운동의 지침서 출판 등이 이 범주에 속할 것이다. 나머지 하나는 정신사적 변혁운동으로, 민중을 의식화시키려는 출판 또는 북한 바로알기 출판이나 이념서적의 출판 등이 그것이다. 물론 이 두 범주의 운동을 인위적으로 구분하기는 어렵다. 두 범주의 운동이 모두 사회변혁이라는 하나의 목표를 달성하려는 것이었기 때문이다. 그렇지만 효과면에서 정신사적 변혁운동이라 할 수 있는 현상이 현저했다는 점을 볼 때, 분석을 위한 분류는 가능하리라고 본다. 이 글은 이 시기의 출판운동을 정신사적 변혁의 관점에서 조명해 본 것이다.

이러한 출판의 사회 변혁운동 또는 정신사적 변혁운동은 역설적이게도 이 시기의 언론탄압이 의도하지 않았던 결과이기도 하다. 출판의 변혁운동이 학원에서 추방당한 지식인과 학생들을 비롯해 해직 언론인들에 의해 주도되었다는 점에서 더욱 그러하다. 강한 사회 변혁의 의지를 지니고 있던 해직 언론인들은 출판을 언론의 구실을 대신 담당하는 변혁의 매체로 삼았던 것이다. 말하자면 그들은 기자정신을 출판으로써 구현하고자 했던 성격이 강했다고 할 수 있다.

2. 민중 의식화 출판운동

1970년대에 들어서면서 출판의 정신사적 변혁운동이 뚜렷이 나타
나기 시작했다. 이러한 경향은 그 시기에 창간된 잡지들, 곧《문학
과 지성》,《창작과 비평》을 비롯해 1980년 7월에 폐간된《씨알의
소리》,《뿌리 깊은 나무》와 비판적 지식인들의 저술에서 잘 엿볼
수 있다. 물론 이 시기의 잡지나 출판물들은 변혁을 운동의 차원에
서 추구했다기보다, 권위주의 체제의 억압으로부터 인간을 해방하
려는 체제 비판 작업의 성격이 강했다고 볼 수 있을 것이다. 따라서
인본주의에 바탕을 둔 체제변혁의 기초 작업이 이루어졌다고 할 수
있다. 그것은 한마디로 민중의 발견과 민중 의식화 운동이었다고 정
리할 수 있을 것이다. 이 시기의 출판운동의 성격을 보다 잘 드러내
려면 당시의 사회구조적 변화와 민중론에 대해 간략하게나마 살펴
볼 필요가 있다.

이 시기는 1960년대에 시작한 두 차례의 경제개발 5개년계획이
불러온 사회의 구조적 변화가 뚜렷하게 나타나기 시작한 때였다. 그
러한 변화는 다각적으로 분석될 수 있겠으나, 가장 대표적인 사례는
도시화와 산업 구조의 변화일 것이다. 도시화의 추세를 볼 때 우리
는 먼저 농업 인구의 감소를 하나의 지표로 삼을 수 있다. 우리나라
의 농업 인구가 전체 인구에서 차지하는 비율은 1960년의 58퍼센트
에서 1970년에는 45퍼센트로 감소했으며, 1980년에는 29퍼센트로 감
소했다. 실제로 도시화의 척도가 되는 시부(市部)의 인구 변화 추세
를 보면, 전체 인구 가운데 시부 인구가 1970년에 41퍼센트였던 것
이 1975년에는 48퍼센트로 늘어났다. 말하자면 이 기간 동안에 우리
나라는 도시화 사회로 급속하게 구조 변화를 하게 된 것이다.

　도시화와 관련하여 한 가지 더 유의할 것은 이 기간 동안에 나타
난 인구 이동의 특징이다. 성별로 나누어 보면 남성보다 여성들이
도시로 이동한 비율이 높다. 연령별로 분석해 보면 10세에서 24세
의 청년층 이동 인구는 여자들이, 30세부터 49세까지의 중년층에서
는 남자들이, 그리고 50세 이후의 장년층에서는 다시 여자들이 지배
적인 비중을 차지하는 것으로 나타난다.[6]

　한편 이 시기의 산업 구조의 변화 추이에서는 농림수산업인 1차
산업에서 사회 간접 자본 및 기타 산업인 2차 산업으로 옮겨지고
있다는 사실이 명백히 드러난다. 농림수산업이 국민총생산에서 차
지하고 있던 비율은 1954~66년 약 44퍼센트에서, 1967~71년 약 27
퍼센트, 1972~76년 약 26퍼센트로 감소된 것과 달리, 2차 산업의
비율은 같은 기간 동안 약 46퍼센트로 높아진다. 그뿐만 아니라 산
업별 성장기여율도 같은 기간 동안에 1차 산업인 농림어업은 약 37
퍼센트에서 약 10퍼센트로 감소한 반면, 2차 산업인 제조업은 약 22
퍼센트에서 약 52퍼센트로 증가했다.[7]

　이 같은 두 가지 구조 변화는 앞에서 언급한 유신체제의 정치 및
경제 배제와 연관되면서 이 시대 사람들의 삶의 성격을 규정하게
된다. 이를 단순하게 말한다면 두 가지 현상으로 요약할 수 있을 것
이다. 하나는 조상 대대로 살던 고향―지역 공동체를 떠나 도시로
이주한 사람들의 뿌리 뽑힌 삶이다. 고향을 떠난 이들은 경제적 약
자로서 도시에 정착하지 못하고, 익명성이 지배하는 도시에서 원자
화된 상태로 생존을 위한 고달픈 삶을 영위하게 된다. 나머지 하나
는 도시로 이동한 이들이 공장 노동자, 건설 노동자, 영세 자영업자,
서비스업 종사자, 단순 임시 노동자 등으로 산업 사회에 편입되어가
는 현상이다. 이들은 낮은 교육 수준과 비숙련 노동력이라는 특징

때문에 거의 대부분 단순 노동에 종사하게 된다. 보세가공 등 노동 집약적 산업에 종사하게 된 이들은 낮은 임금으로 노동 착취를 감수하면서 최저 생계를 유지하게 된다.

이와 같이 산업화·도시화에 따른 빈곤계층의 증대는 사회의 불평등구조를 더욱 심화시키고, 주택·교육·상수도 공급·의료 등 후생복지의 문제를 더욱 심각하게 제기하도록 만들었다. 경제학자들이 진단한 것처럼, 다른 개발 도상국가들에 견주어 우리의 부의 분배는 상대적으로 잘 이루어지는 편에 속한다는 주장을 받아들인다 할지라도, 이 시대의 '상대적 박탈감'은 점점 더 심화되면서 광범위하게 확산되어갔다. 한편 경제개발에 따라 필요한 자본을 외자 도입으로 충당하고, 금융과 세제 혜택을 베풀며, 공장 건설과 무역 등에 시혜를 주는 등의 과정에서 이권을 둘러싼 부패 구조가 만연되어 갔고, 경제적으로 배제된 노동자·농민의 불만은 점차 고조되었다.

그러나 정부의 언론배제정책으로 말미암아 제도언론으로 길들여진 신문·방송·잡지 등은 부패구조를 고발하는 환경감시자의 구실도 담당하지 못했을 뿐만 아니라, 소외계층의 의견을 반영하거나 그들의 이익을 옹호하는 기능도 수행할 수 없었다. 그들의 최소한의 인권인 생존권에 대한 위협과 후생복지의 문제도 외면해 버렸다. 이러한 상황 속에서 비판적인 지성인들은 산업화와 도시화 과정에서 소외당한 사람들, 정치적·경제적으로 배제된 사람들의 실존에 관심을 갖게 되었고, 이들을 '민중'으로 개념화시켰다.

한편 1970년대에 등장한 일군의 작가들은 뿌리 뽑힌 부초 같은 사람들의 삶을 문학이라는 그릇에 담아내었다. 그들의 작업은 소설 쓰기로써 산업 사회, 도시화의 구조적 문제를 드러내는 것으로, 어떤 면에선 언론의 구실을 대행한 것이었다. 싱클레어 루이스(H. Sinclair Lewis) 류의 폭로 저널리즘 성격을 지닌 문학은 아니었으나, 아무도 드러내지 않는 소외된 삶에서 산업화 과정의 모순과 비리 구조를 문학의 형식으로 그려냈던 것이다. 이 두 가지 작업을 주로 출판이 담당했다는 점에서 1970년대의 출판의 정신사적 변혁운동을 평가할 수 있는 것이다. 이 같은 변혁운동의 중추적 역할을 담당했던 이 시기의 매체로서 손꼽을 만한 것은 앞서 말한 《문학과 지성》, 《창작과 비평》, 《씨알의 소리》, 《뿌리 깊은 나무》 등이다.

그러나 1970년대 비판적 지성인들에게 발견되어 개념화된 '민중'은 외연과 내포가 대단히 모호한 상태였다. 따라서 이 시기의 정신사적 변혁운동은 먼저 '민중'의 개념 정의 논의에서 출발하지 않을 수 없었다. 그러한 논의과정을 거쳐 '민중'에 대한 공통된 합의에 도달한 점은 세 가지로 정리할 수 있을 것이다. 첫째, 민중은 역사의 주체이며 사회적 실체이다. 곧 민중은 역사적 변화 속에서 파악되는 역사의 주체로서, 변화하는 주요 모순에 대응하는 사회적 실체라는 것이다. 이와 같은 관점 속에는 민중이 비록 자각되지 못한 상태에 있더라도 항구히 역사의 기반으로 남는다는 최소한의 존재 근거가 들어있다. 둘째, 민중은 정치적·경제적·문화적 지배관계에서 피지배계층을 뜻한다. 셋째, 민중은 역사적 경험 속에서 각기 다른 모습으로 파악되어야 한다. 다시 말해 민중은 항구적인 종말론적 실체이기는 하나, 역사 속에서 내포와 외연을 달리한다는 것이다.[8]

이러한 관점에서 볼 때 1970년대 출판의 정신사적 변혁운동은 관념적이고 정태적인 것이었으며, 비판적 지성인들이 이끈 민중 의식화 운동이었다고 할 수 있다. 곧 '민중'이 누구인가를 규명하는 작업과, 역사의 주체이면서도 피지배계층으로 배제당하고 있는 '민중'을 자각시키려는 계몽운동이었다고 하겠다.

이에 견주어 이 시기의 문학은 주로 사회과학자나 종교가 또는 신학자·문학비평가들이 수행했던 역할과 달리, '민중'을 직설적으로 표현하거나 계몽하려 하지 않으면서 구체적인 민중의 삶을 드러내준다. 예컨대 박태순의 연작소설인 《정든 땅 언덕 위》에는 '불우한 변두리 인생 지대'를 상징하는 '외촌동', '별촌동', '무촌동' 등의 지명이 등장하는데, 이러한 것으로도 그 같은 문학 속 민중의 삶 드러내기를 잘 짐작할 수 있다.9) 이러한 뿌리 뽑힌 민중들의 실존을 잘 드러내 준 작품 가운데 대표적인 것으로 조세희의 《난장이가 쏘아올린 작은 공》을 들 수 있을 것이다. 이 일련의 연작소설에서 조세희는 '집'의 사회적 의미를 밝히고 그를 통해 이 시대 현실의 구조적 모순의 정체를 보여 주었다. 이와 함께 황석영의 〈삼포 가는 길〉, 조선작의 〈영자의 전성시대〉, 윤흥길의 〈집〉 또한 사회의 틀로부터 밀려나 기존 체제로부터 소외된 민중의 삶의 모습을 드러내준다.10)

이렇게 민중의 실체를 조명한 소설들은 《문학과 지성》, 《창작과 비평》과 같은 잡지 매체에서 발표되었으며, 문학과지성사·창작과 비평사·민음사 등과 같은 출판사에서 출판되어 산업 사회, 도시화 사회에서 소외된 계층에 대한 사회적 인식을 확산시켰다. 그 같은 출판 작업은 출판인들의 의식적인 '운동'은 아니었을지라도, 일면 계획된 의도에 따른 출판 행위였기도 하다는 점에서 출판운동이라 할 수 있을 것이다. 또한 시대를 인식하고 해석하며 개선하려는 정신에 영향을 주었다는 뜻에서 정신사적 변혁운동이라 이름할 수 있을 것이다.

3. 민중의 사회적 전기와 변혁을 위한 이념 모색

정신사적 변혁을 이끌던 출판 산업은 1980년대에 이르러 정부의 출판정책으로 왜곡되었다. 정부는 1980년 7월에 172종의 정기 간행물을 폐간시키고, 8월 19일에는 출판실적의 부재 및 소재 불명 등의 이유로 전국 2,597개 출판사의 약 24퍼센트에 해당하는 617개 출판사의 등록을 취소시켰다. 또한 1987년의 6·29 선언 이전까지 서울에서는 7년 동안 일체의 출판사 신규 등록을 받아주지 않아 등록은 지방 도시에서 하고 영업은 서울에서 하는 비정상적인 출판영업행위가 이루어지기도 했다. 그러나 이 같은 출판영업행위는 출판사 등록 취소의 사유가 되었으며, 1985년 말부터 2년 동안은 지방에서의 신규 등록도 규제되었다.

뿐만 아니라 납본제도를 도서의 유통을 통제하는 데 이용, 납본필증을 교부하지 않아 이것이 없는 도서를 판매하지 않도록 종용했다. 그 예로 1986년 한 해 동안 8개의 인문사회과학 전문 서적 출판사들이 납본한 총 117종의 도서 가운데 80퍼센트에 해당하는 97종에게 납본필증이 발급되지 않았다.[11] 당국은 납본필증을 교부하지 않은 도서를 '시판중지 종용도서'로 규정했다. 곧 출판사 발행인에게 출간된 도서의 초판 전량 회수, 초판에 한해 판매, 또는 내용의 일부 수정 및 삭제의 각서를 쓰게 하고, 만약 이를 거부하면 위와 같은 조치를 취했던 것이다.

또한 1985년 5월부터 관계기관대책회의를 구성, 운영하면서 이른바 '이념도서'를 판금시키고, 문제 출판사 정리 및 출판사와 서점에 대한 압수수색 등을 실시했다. 이 실무대책반은 1985년에 297개소 단속, 395종 11,360부에 대해 압수·판금·시판중지종용을 했으며,

관련자 69명을 연행했다. 1986년에도 213개소 단속, 443종 14,262부
에 대해 같은 조치를 했으며, 관련자 97명을 연행 조사했다.[12) 1985
년 5월 4일, 문공부는 '불온사상서적'과 불법간행물 및 유인물 298종
에 대한 무기한 단속 방침을 발표했으며, 5월 9일에는 '이념서적'과
'불온유인물' 306종을 발표했다. 그리고 출판사, 서점, 복사업소, 인
쇄소 등 28개 업소에 대한 압수수색을 실시하는 것으로 이른바 '금
서사태'가 일어나게 되었다.

　정부의 이 같은 법률적·행정적 통제에도 아랑곳하지 않고 출판
의 정신사적 변혁운동은 좌절했다가도 다시 일어나곤 했다. 이 기간
동안 출판의 변혁운동은 마치 게릴라전을 방불케 했다. 이 시기의
출판은 다음과 같은 특징을 지녔다.

　첫째, 해직 언론인들과 운동권 학생 출신들이 사회과학도서를 출
판하는 일에 적극 참여하게 되었으며, 이들이 출판의 정신사적 변혁
운동을 주도하였다.

　둘째, 출판 사업은 영세자본으로도 신규 참여가 가능했기 때문에,
출판의 변혁운동은 거의 인적 자원만으로도 할 수 있었다.

　셋째, 출판의 정신사적 변혁운동은 그 출판물이 대학가와 노동운
동 현장에서 텍스트로 활용됨으로써 일정한 기반과 시장을 확보할
수 있었다.

　넷째, 변혁운동을 위한 출판물은 정부의 판금조치 등으로 말미암
아 지하 유통망으로 공급되었다.

　다섯째, 복사기가 보편적으로 이용되면서 '불온서적과 유인물' 단
속이 효력을 발휘하는 데 한계가 있었다.

　여섯째, 정기 간행물의 등록을 봉쇄한 까닭에, 출판의 정신사적
변혁운동은 무크지 또는 동인지 형태로 탈출구를 마련했다.

일곱째, 시(詩)의 독자 시장이 형성되었다. 김현의 평(評)처럼 자유를 노래하되 엘뤼아르(Paul Éluard)처럼 자유 그것 자체를 노래하지 않고, 자유를 시적·정치적 이상으로 생각하여 그것의 실현을 불가능하게 만드는 여건들에 대해 노래한 김수영의 《거대한 뿌리》, 또는 김광섭이 '농촌의 상황시'라고 평가한 신경림의 《농무》 등이 1970년대 베스트셀러의 반열에 들었다는 연장선상에서 1980년대 시의 독자 시장 형성의 의미를 이해할 수 있을 것이다. 시도 변혁의 메신저가 된 것이다.

위와 같은 출판 상황은 바로 이 시기 출판의 정신사적 변혁운동의 결과이며 실상이기도 하다. 곧 이 시대의 정신사적 변혁운동은 크게 두 줄기로 파악할 수 있다. 하나는 민중의 전기(傳記)를 통한 것이며, 나머지 하나는 사회과학도서의 출판이 불러온 것이다.

민중의 전기는 1970년 11월 13일에 있었던 평화시장 노동자 전태일의 분신자살에서 비롯되는 노동자 자신들의 노동 현실에 대한 자각과 변혁의지의 성숙에서 시작되었다. 그리고 1970년대 비판적 지성인들이 출판으로써 민중을 의식화시키려는 운동 등과 상호작용한 노동자의 내적 성숙이 변혁의지로 표현된 것이라고도 할 수 있다. 노동자들은 이 시기에 노동 현장의 르포, 노동의 일상을 담은 일기, 그들의 삶을 표출하는 수기, 노동 현실을 고발하거나 노동운동에 대한 글들을 담은 팜플렛 등을 출판 또는 유인(油印)했다.

이런 가운데 1980년대 말에 이르러 박노해의 《노동의 새벽》을 비롯해 한백·정화진·석정남 등의 노동소설이 노동문학으로 자리잡는다. 이 같은 노동문학은 노동 현실을 고발하고 계급의식을 고취하면서 사회 변혁을 꾀하는 동시에, 노동계급에 대한 정신사적 인식의 변혁운동이기도 했다는 점이 중요하다. 말하자면 민중의 전기는

70년대의 '민중을 위한' 출판의 정신사적 변혁운동에서 '민중에 의한' 출판의 변혁운동이 된 셈이다.

한편 사회과학도서의 출판으로 실천된 정신사적 변혁운동은 1980년 5월의 광주 민주화운동으로 말미암은 미국의 역할에 대한 재인식이 일어나면서 새로운 국면을 맞이하게 된다. 70년대 산업화에 따른 제반 구조적 모순을 극복하고자 한 사회과학은 후반기에 이르면서 미국 또는 서구의 사회과학이론과 방법론으로는 우리 사회의 정확한 진단과 변혁이론의 정립 및 대안 제시에 한계가 있음을 인정하고 새로운 패러다임을 모색하기 시작했다. 1980년대부터 활발하게 전개된 사회과학의 한국 사회로의 새로운 접근은 이론과 방법론에서 우선 기능주의와 형태주의적 사회과학 연구방법론을 극복하고자 했다. 그러면서 프랑크푸르트학파 중심의 네오마르크시즘, 종속이론 등에 주목하고 이를 수용하게 되었다.

이러한 사회과학의 연구 성과와 학문 경향이 출판으로 확산되면서 우리의 정신사에 큰 변혁을 불러오게 된다. 반공 이데올로기의 족쇄라는 틀 속에서 안주하던 정신에 일대 변혁이 일어나게 된 것이다. 물론 그 이전에도 사회과학자들 사이에서 네오마르크시즘이나 종속이론이 상아탑 속에서만 은밀하게 수용되기도 했지만, 이 시기에 이르러 출판이 그 같은 금기를 깨고 공개된 장으로 드러낸 것이다.

이러한 추세는 자연스럽게 마르크스─엥겔스의 원전에 접하고자 하는 욕구를 자극하게 되었다. 이에 따라 점차 이를 출판하고자 하는 시도가 나타났다. 정부는 이 같은 현실의 압력을 약화시키고자 1981년과 1982년에 이념도서의 부분적 출판을 허용하는 정책을 채택한다. 그것은 마르크스주의 비판도서의 출판을 허용하는 것이었지만, 비판을 하려면 원전의 일부 또는 전체를 다루지 않을 수 없다는 점에서 마르크스의 부분적 수용은 불가피했다. 이 같은 정부의 정책은 마르크스 비판서의 출판을 넘어 원전 또는 이를 긍정적으로 수용한 도서를 출판하게 하는 틈새로 작용하기도 했다.

그러한 경향이 점차 심화되자 앞에서 언급한 바와 같이 정부는 1985년 같이 금서목록을 작성·공표하고, 이의 출판과 유통을 봉쇄하는 정책을 시행하게 된 것이다. 그러나 한번 터진 봇물은 손으로 막기 어렵듯이, 1980년대 후반에 이르면서 마르크스-레닌주의 사회과학도서의 출판은 더욱 활발해지게 되었다. 이와 같은 추세의 배경은 말할 것도 없이 사회변혁의 대안적 이론과 방법의 모색을 위한 것으로, 당시 노동계급 또는 민중이 역사와 변혁의 주체가 되어야 한다는 인식에 기인한 것이기도 하다.

그러나 한편으로 마르크스-레닌주의의 수용이 체제변혁운동을 위한 실천이론의 성격을 강하게 지니게 되고, 그에 입각한 혁명 전략의 도서 출판으로 이루어짐에 따라, 사회변혁운동이 공산주의 또는 사회주의 혁명으로 진전되는 것을 우려하는 광범위한 계층의 저항에 부딪히게 되었다. 그런 가운데 고르바초프(Mikhail Sergeevich Gorbachev)의 등장으로 소비에트 공산주의 체제 자체가 변혁되고, 그것이 동구 공산주의 체제의 몰락으로 이어지자 마르크스-레닌주의에 대한 관심은 멀어졌으며, 변혁이론으로서의 설득력도 잃고 만다. 이 점에서 1920년대와 30년대 초의 공산주의의 수용이 일제의 탄압으로 말미암아 지하로 잠복한 것과 차별된다.

또한 이 시기의 마르크스-레닌주의의 수용은 두 가지 측면에서 비판받을 수 있을 것이다. 하나는 번역자의 역량이며, 나머지 하나는 일부이기는 하지만 이데올로기에 편승한 상업주의라 할 수 있다.

마르크스-레닌주의의 연구 역량이 그다지 축적되어 있지 못한 상황에서 일시에 수많은 원전이 개인에 의해, 또는 분업의 형태로, 심한 경우에는 익명의 번역자에 의해 출판되었다는 것은 원전의 올바른 수용을 오도하거나 장애가 되었다고 할 수 있다. 그렇다 할지라도 그 같은 출판'운동'이 정신사적 변혁을 가져왔다는 성과는 부인하지 못할 것이다.

4. 통일과 출판의 정신사적 변혁운동

1980년대 후반에 이르면서 사회변혁운동은 궁극적으로 통일을 지향하게 되었다. 이러한 운동 방향은 제6공화국의 북방정책으로써 더욱 보강되었다고 할 수 있다. 노태우 대통령은 1988년 7월 7일 '민족자존과 통일번영을 위한 7 · 7 대통령 특별선언'을 발표했다. 이 선언은 정치인 · 경제인 · 학자 · 예술인 · 학생 · 체육인 등 남북 동포 사이의 상호 교류와 해외 동포의 자유로운 남북 왕래 보장, 이산가족 사이의 서신 왕래와 상호 방문 등의 적극 주선과 지원, 남북 간 교역 문호 개방 등을 약속한 것이다.

이 같은 7 · 7 선언의 정신에 따라 정부는 북한 자료의 개방 방침을 표명하였으며, 1988년 7월 19일에 문화공보부는 이기영 · 한설야 · 조영출 · 홍명희 · 백인준 등 5명을 제외한 월북 작가들이 해방 이전에 발표한 작품과 음악가 · 미술가들의 8 · 15 이전 작품에 대한 전면 해금조치를 취했다. 이러한 북한에 대한 일련의 개방 조치는 북한의 원전을 출판하게 만드는 계기가 되었다. 1980년대 중반 이후 대학서클 등에서 북한 원전이 독서운동의 목록에 올라 지하로 유통되거나, 일부 출판사가 출판을 시도하기도 했지만, 이때가 되어서야 이른바 '북한 바로알기' 운동으로 그러한 도서들이 공개적으로 출판되기 시작한 것이다. 《김일성 전기》, 《주체사상》, 《조선전사》 등 북한 체제와 이데올로기의 핵심을 이루는 도서들이 출판되기 시작했으며, 《꽃 파는 처녀》, 《피바다》 등 북한의 문학작품도 간행되었다.

그러나 이러한 출판 상황을 자유민주주의 체제를 변혁하려는 시도로 판단한 정부는 국가보안법을 적용하여 그러한 도서를 판금·압수하는 한편, 북한도서를 출판한 출판인들을 구속했다. 자유민주주의 체제를 변혁함으로써 통일을 이루려 했거나, 한국의 체제를 북한 체제처럼 변혁하려는 급진좌파세력의 시도가 '북한 바로알기' 출판운동에 상당 부분 가미된 것이다. 이는 이 운동을 오용한 것으로, 오히려 이후의 진전을 방해함으로써 북한에 대한 이해의 문호를 폐쇄시켜 버리는 결과만 불러온 셈이다.

'북한 바로알기' 출판운동 또한 마르크스-레닌주의의 수용에서처럼 급진좌파의 체제변혁수단으로 오용되는 한계를 보였다는 비판과 함께, 상업주의의 일부 개입도 간과할 수 없을 것이다. 그렇다 하더라도 '북한 바로알기' 출판운동은 분단 50년에 이르는 기간 동안 도식화되었던 우리의 북한에 대한 인식과 금기를 바꾸고 깨는 정신사적 변혁을 불러왔다고 할 수 있다.

한편 통일에 대한 열망과 위와 같은 지적 풍토의 변화 또는 개방은 문학에서도 6·25의 비극적 체험을 소재로 한 작품들을 등장하게 했다. 김병익은 6·25 문학이 1960년대의 피해의식의 내면화를 거쳐 1970년대 중반에 이르러 자기화(自己化)로 점차 진화했다고 보았다. 그는 이 진화의 관점에 두 가지 뜻이 있음을 간과할 수 없다고 지적했다. 하나는 시간이 지나면서 6·25라는 유례없는 비극이 점차 객체화되면서 그것의 진정한 뜻을 탐구하기 시작했다는 것이며, 나머지 하나는 이러한 진전이 수행될수록 오늘의 여러 부정적 현상들이 6·25와 그것의 현재적 상황인 분단문제에 근원하고 있다는 사실을 부단히 발견하게 된다는 것이다.13) 이 같은 소설의 본보기로 홍성원의《남과 북》, 김원일의《노을》, 윤흥길의《장마》등을 들 수 있다.

김병익의 의견에 따른다면, 문학의 6·25 '자기화'는 1980년대 후반에 이르러 '타인화'(他人化)로 진화했다고 볼 수 있을지도 모르겠다. 곧 1980년대 후반의 통일지향운동과 북한에 대한 정신사적 인식의 변화 및 분단 현실에 대한 인식 패러다임의 변화에 따라 등장한 빨치산 활동을 소재로 한 소설들이 그 예다. 이태의《남부군》과 조정래의《태백산맥》이 그 본보기이다.

이 같은 분단 현실을 다룬 1970년대와 1980년대의 문학작품들은 모두 정신사적 변혁의 궤적을 보여 주는 것이라 할 수 있다. 더욱이 1980년대 후반의 빨치산 소설들은 분단 현실에 대한 정신사적 변혁을 촉진시킨 것으로 평가할 수 있으며, 그것은 1970년대 '자기화'로부터 진화된 성과일 것이다.

1970년대와 80년대의 출판은 지금까지 살펴본 것처럼 정신사적 변혁운동의 주역 가운데 하나였다.

《오늘의 한국지성, 그 흐름을 읽는다》, 문학과 지성사, 1995

주(註)

1) 유재천, 《한국 언론과 이데올로기》, 서울 : 문학과지성사, 1990, 11~25쪽, 292~
   296쪽, 360~365쪽.
2) Guillermo A. O' Donnel, Reflections on the Patterns of Change in the Bureaucratic
   ―Authoritarian State, *Latin American Research Review,* 13(1), 1978, pp.34~38
3) 유재천, 《한국 언론과 언론 문화》, 서울 : 나남, 1988, 135~160쪽.
4) 유재천, 같은 책, 200~201쪽.
5) 유재천, 〈5공과 언론〉, 《5공 평가 대토론》, 동아일보사, 1993, 1~21쪽.
6) 유의영, 〈인구 이동과 도시화〉, 《한국 사회, 인구와 발전》, 서울대 인구 및 발전
   문제연구소, 1978, 96~120쪽.
7) 조순, 〈경제 성장, 1953~1976〉, 《한국 사회, 인구와 발전》, 1978, 207쪽.
8) 유재천 편, 《민중》, 서울 : 문학과지성사, 1984, 12쪽.
9) 박태순, 《정든 땅 언덕 위》, 서울 : 민음사, 1973.
10) 김병익, 《상황과 상상력》, 서울 : 문학과지성사, 1979, 59~63쪽.
11) 김병희, 〈금서 시대의 출판·문화 운동〉, 《신동아》, 1987년 11월호, 415쪽.
12) 한국출판문화운동협의회, 《출판·문화 운동》 제11호, 1990, 30쪽.
13) 김병익, 《상황과 상상력》, 26쪽.

제2장

남북한 언론의 구조적 특성

북한 언론의 성격과 기능

1. 북한 언론의 기본 개념

1) 북한 언론의 역사적 배경

대한민국에서 간행된 북한 관계 자료나 단행본 또는 논문들에 따르면, 북한은 북한 공산주의 언론의 기원을 1936년 12월 1일에 '조국광복회'의 기관지로 창간된 《3·1월간》으로 삼는다고 밝히고 있다. 그들은 "맑스-레닌주의 신문의 력사는 로동운동의 력사와 불가분리의 관계에 놓여 있다"고 전제하였다. 그러면서 "1930년대 김일성을 선두로 하는 공산주의자들에 의한 항일무장투쟁은 우리나라 로동운동과 민족해방운동 력사에서 새로운 단계를 열어 놓았다"고 주장하고, 《3·1월간》은 우리나라에서 처음으로 주체가 확고히 서고 조선혁명의 전반적 문제들을 전면적이며 체계적이고 조직적으로 반영한 혁명적 대중정치론 잡지로서 그의 창간은 우리나라의 전반적 혁명운동 발전과 혁명적 발전에서 거대한 의의를 가지는 력사적 사변"이라고 평가하고 있다.[1]

이와 관련하여 주목할 점은 김일성이 그의 정치적 지도권을 조국
광복회에 연결시키고 있다는 점이다. 북한의 설명에 따르면 1936년
5월 5일에 결성된 이 조직은 1936년 2월부터 5월에 걸쳐서 만주의
난후토우(南湖頭)에서 둥강(東崗)까지의 장정 동안에 김일성이 창안
해 낸 것이라고 한다.2) 그들은 김일성이 코민테른 제7차 회의에서
제기되었던 통일전선의 문제를 1936년 2월의 난후토우 회의 및 1936
년 5월 1일부터 15일에 걸쳐서 개최되었던 둥강 회의에서 토론했다
고 주장하고 있다. 김일성은 장정 동안에 10개 항목의 강령과 조국
광복회 선언을 썼다고 하며, 1936년 5월 5일에 조국광복회가 창설되
면서 그가 위원장에 선출됐다고 한다.

바로 이때 김일성은 이 조직을 창설하고 그가 만든 10대 강령을
빠른 시일 안에 광범위한 대중 속으로 확산시키는 실천방안의 하나
로 잡지 《3·1월간》을 창간했다는 것이다.3) 곧 마르크스-레닌주의
신문이론을 창조적으로 적용 발전시킨 혁명적 출판물인 《3·1월간》
은 "김일성의 주체사상의 기치 밑에 전 민족이 단합하며 조선 인민
의 주체인 힘에 의하여 일제를 타도하고 조국을 해방하는 성스러운
혁명위업에 복무하는 것을 기본 사명으로 하여 출판"된 것이라는 데
의미를 부여하고 있다.

그러나 김일성이 창간한 출판물은 《3·1월간》이 처음이 아니다.
북한의 《정치사전》에 따르면 "광범한 청소년들과 근로대중을 반일
애국사상으로 교양하고 그 틀 속에서 맑스-레닌주의를 보급선전하기
위해", "수령님의 발기에 의하여 1928년 1월 15일에 《새날》이 창간
되었다"고 기록하고 있다.4) 이 사전은 《새날》을 "혁명의 위대한 수
령 김일성 동지께서 새날소년동맹의 기관지로서 창간 지도하신 우
리나라 최초의 공산주의적 청소년 신문"이라고 소개하고 있다.5) 새

날청소년동맹은 1926년 12월 15일 만주의 푸쑹(撫松)에서 "이미부터 교양해 오시던 소학교 시기의 동창생들과 무송현 안의 광범한 소년들로" 김일성이 조직한 "우리나라에서의 첫 소년 혁명조직"이라고 한다.6) 김일성은 1912년생이므로 새날소년동맹을 창립할 때 그의 나이는 14세였던 셈이며, 주간신문 《새날》은 그가 16세 때 창간한 것이 된다.

한편 《정치사전》이 《새날》에 대해 다음과 같이 밝히고 있는 점에 주목할 필요가 있다. 곧, "위대한 수령 김일성 동지께서는 초기 혁명활동 시기인 1926년 12월 15일 새날소년동맹을 조직하시고 우리나라에서 첫 혁명적 맑스-레닌주의 신문인 새날소년동맹의 신문 《새날》을 발간하시었다. 수령님께서는 신문 《새날》을 창간하심으로써 진정한 로동계급의 혁명적 출판물을 가지기 위한 조선 인민과 공산주의자들의 념원을 빛나게 실현하시었으며 우리나라에서 로동계급의 혁명적 출판물의 새 기원을 열어놓으시었다"7)고 규정하고 있는 것이다. 따라서 지금까지 우리가 알고 있던 바와는 달리 북한은 최초의 공산주의 언론으로 《새날》을 내세우고 있다는 것을 알 수 있다.

위와 같은 북한의 공산주의 언론사는 다음과 같은 문제점을 지니고 있다. 곧 한국 공산주의 운동사를 보면 《새날》이 창간되기 이전에 여러 공산주의 잡지나 신문이 간행되고 있었다는 것을 밝히고 있다. 몇 가지 예를 들면 1921년에 이동휘의 주도로 중국 상해에서 조직되었던 고려공산당은 조선인에게 공산주의를 선전하고자 《공산》(公産), 《신생활》, 《대한독립》, 《서광》(曙光), 《효종》(曉鐘), 《투보》(鬪報)와 같은 6종의 잡지와 신문을 발행했다고 한다.8) 이 간행물들은 모두 짧은 기간 동안 발간되었으나, 많은 경우 폐간 이후 다시 복간되는 등 발행기간이 일정치 않았던 것으로 알려져 있다. 또한 1920년대 초 상해의 이르쿠츠크 파는 《공산》, 《화요보》 등의 좌익 잡지와 당의 기관지인 《적기》(赤旗)를, 치타(Chita)의 공산주의 운동 조직은 《동아공산신문》(東亞共産新聞), 《노농신보》(勞農新報) 등을, 그리고 블라고베셴스크에서는 《적성》(赤星), 《자유보》(自由報)와 같은 신문을 발행했었다.9)

이와 같은 기록으로 볼 때 1920년대 초의 중국, 만주 및 이르쿠츠크, 연해주 등 해외에서 공산주의 운동을 하던 여러 계파와 조직들은 그 나름대로의 공산주의 출판물을 발행하고 있었으며, 이러한 잡지나 신문들은 모두 《새날》보다 창간연대가 앞선다는 데 유의할 필요가 있다. 이것은 북한 공산주의자들이 그들의 언론사를 김일성의 항일투쟁을 중심으로 체계화시켰다는 것을 드러내는 증거인 것이다.

다시 말하자면 북한의 역사는 모두 김일성의 항일투쟁이나 공산주의 운동을 중심으로 재구성했다는 것과 궤를 같이하는 것이며, 김일성 이외의 공산주의 운동사는 북한에서 말살되고 있다는 뜻이다. 이것은 소련의 경우 그들의 공산주의 언론사에서 레닌이 1900년에 창간한 《이스크라》(Iskra; 불꽃)를 효시로 삼는 것이 아니라, 1857년 7월 1일에 알렉산더 헤르젠(Alexander Herzen)이 망명지에서 창간했던 《콜로콜》(Kolokol; 종鍾)을 최초로 마르크스주의가 표방된 공산주의 신문으로 꼽는 것과 대조되는 역사 기술이라 할 수 있다.

1945년 8월 15일 이후 북한에서는 같은 해 10월 14일에 공산당 평남도당 기관지 《봉화》(烽火)가, 10월 15일에 평남인민정치위원회 기관지 《평양민보》가 창간되었다. 11월 1일에는 북조선공산당 기관지인 《정로》(正路)가, 그리고 신민당(新民黨) 기관지 《전진》(前進)이 창간되었다. 그 뒤 1946년 9월 1일에 《정로》와 《전진》을 통합하여

《로동신문》으로 제목을 바꾸어 발행하기 시작하였으며,《평양민보》는 1946년 5월에《민주조선》으로 제호를 바꾸었다. 그리고《로동신문》은 노동당의 기관지이며,《민주조선》은 정부의 공식 기관지로서 오늘에 이르고 있다. 또한 북한 정무원에 직속되어 있는 북한 유일의 통신사인 조선중앙통신사는 1946년 12월 5일에 북조선통신사로 발족하여 1948년 10월 12일에 현재의 이름으로 부르게 되었다.

2) 언론의 개념

북한 언론의 개념을 이해하려면 먼저 소비에트 공산주의의 언론 개념을 살펴볼 필요가 있다. 그 까닭은 북한의 언론도 기본적으로 소비에트 공산주의 언론의 개념에 토대를 두고 있기 때문이며, 북한은 그들의 언론을 주체의 언론으로서 김일성에 의해 새롭게 창안된 것이라는 독자성을 강조하고 있기 때문이다. 따라서 소비에트 공산주의 언론을 살펴보면, 북한의 그것이 지니는 일반적인 공산주의 언론개념과의 차이를 검토해 볼 수 있을 것이다.

소비에트 공산주의의 언론개념은 "신문은 집단적 선전자이며 선동자일 뿐만 아니라 집단적 조직자"라고 갈파한 레닌의 말 속에 적절하게 표현되어 있다.[10] 또한 레닌은 일찍이 그가 주도하여 발행했던《이스크라》의 발간 취지에서 다음과 같이 신문의 사명을 밝혔다.

신문은 주로 선전과 선동을 위해 봉사해야 하며 …… 정치와 당의 문제에 관한 선전은 노동계급 속에 광범위하게 침투되도록 해야 하고 또 노동자의 불만, 노동자의 파업, 무산계급의 투쟁 등에 관한 상황을 정기

적으로 보도하며 이들 사실로부터 명백한 결론을 발견해야 한다.[11]

위와 같은 레닌의 신문에 대한 개념은 '당과 소비에트 신문'이라는 주제를 내걸고 열렸던 제8차 공산당대회에서 재차 확인되었다. 이 대회에서 "신문의 가치는 강력한 선전의 무기라는 점뿐만 아니라 조직과 선동의 도구"라는 데 있다고 결정한다.[12]

이 같은 일련의 어록 속에 담겨 있는 소비에트 공산주의 신문개념은 한마디로 말해서 '신문은 정치사회화의 도구'라는 것이다. 이와 같은 신문의 개념에 비추어 볼 때, 소비에트 공산주의 언론은 ① 인민을 교육하고, ② 당과 정부의 정책을 설명하며, ③ 인민을 공산주의 사회 건설에 동원하고, ④ 비평과 자아비판을 자극하며, ⑤ 전쟁 상인들의 음모를 폭로하는 기능을 수행하는 도구인 것이다.

한편 북한 언론의 개념은 다음과 같은 김일성 어록이나 북한의 각종 출판물에 나타나 있는 언론관에 잘 밝혀져 있다. 김일성은 1945년 10월 17일 북조선공산당 중앙조직위원회 선전부 일꾼들과 한 담화에서 '당보를 창간할 데 대하여'라는 주제를 발표한 바 있다. 그는 여기서 다음과 같이 강조했다.

> 당이 창건된 것만큼 우리는 당의 기관지인 당보를 빨리 발간하여야 하겠습니다. 당보는 당원들과 인민대중을 옳게 교양하며 그들을 혁명투쟁으로 조직 동원하는 데서 매우 중요한 역할을 합니다. 당보는 당의 로선과 정책을 제때에 광범히 선전하는 위력한 선전자이며 당의 로선과 정책을 적극 옹호하고 대중을 그 관철에 불러일으키는 믿음직한 조직자입니다. 당보를 발간하여야 당원들과 인민대중에게 당의 의도를 제때에 정확히 알려 주고 그들을 옳은 길로 인도할 수 있으며 당의 주위에 광범

한 대중을 묶어세워 혁명투쟁을 달해 나갈 수 있습니다. 당보의 이름은 《정로》라고 하는 것이 좋겠습니다. …… 우리 당이 인민대중에게 올바른 로선을 가르쳐 주고 그 길로 대중을 인도한다는 의미에서 당보의 이름 을 《정로》라고 하는 것이 합당할 것입니다.[13]

또한 북한의 신문학 이론서 가운데 하나인 《신문리론》에 따르면 "북한 신문은 구체적으로 선전선동자적 기능, 조직자적 기능, 그리 고 문화교양자적 기능을 수행한다"고 규정하고 있다.[14]

이러한 관점들은 언론에 대한 기본 인식을 언급한 북한의 여러 문건들 가운데 어디서나 나타나고 있는 것이다. 따라서 그들이 자신 들의 언론을 항일무장투쟁 시기의 혁명적 출판물의 전통을 이어받 은 주체의 언론이라고 강조하고 있기는 하지만, 그들의 언론에 대한 개념은 소비에트 공산주의의 언론 개념과 동일하다는 것을 알 수 있다. 곧 언론을 선전선동자이고, 조직자이며, 문화교양자로 규정하 는 것이다. 이 같은 언론에 대한 개념을 더 구체적으로 살펴보면 다 음과 같다.

선전과 선동자로서의 언론의 개념은 아래와 같다.

"선전 일반을 놓고 말할 때 그것은 사람들에게 어떤 사상과 학설, 정 치적 견해 등을 구두 또는 출판물, 라디오 등 각종 수단을 통하여 알려 주며 해설하고 교양하는 것을 의미한다. 구체적으로 우리의 선전은 사람 들을 맑스-레닌주의 원리와 우리 당의 정책으로 교양하는 것을 말한다. 선동이라고 할 때 이것은 담화나 보고 또는 연설 같은 것을 통하여 그리 고 신문, 소책자, 삐라와 격문, 라디오, 영화 같은 것으로 군중에게 사상 적 영향을 주는 것을 말한다. 다시 말하면 이상과 같은 수단과 방법을 통하여 군중의 기세를 돋구고 그들을 혁명과업 수행에로 직접 발동시키는 것을 의미한다."15)

한편 조직자로서 언론의 개념은 "신문이 담당하고 있는 사명은 한갓 정치적 선전이나 선동에 머물러 있지 않으며 혁명과업 수행에로 그들을 직접 이끌어 들이며 끝까지 관철하는 것으로, 당이 제시한 혁명과업 수행을 위하여 당원들과 대중들을 한데 단합시키고 그들의 력량을 조직 동원한다는 것을 의미한다. 바로 여기에 신문의 조직자적 기능이 있다"16)는 것이다.

끝으로 언론의 문화교양자적 개념은 "사회주의, 공산주의를 건설하고 있는 조건하에 있는 신문은 그의 문화교양자적 기능이 근로자들에 대한 맑스-레닌주의 사상의 보급이나 그들의 정치의식수준 제고, 그리고 정치적 동맹자의 흡수에 그치지 않고 근로자들에 대한 공산주의 사상교양 그리고 풍부한 문화적 소양과 높은 기술을 소유한 전면적으로 발전된 근로자들을 육성하는 데 이바지하여야 한다"17)는 요청과 연관된다. 이와 관련하여 김일성은 다음과 같이 강조한 바 있다.

사회주의, 공산주의의 승리를 위하여 우리는 모든 근로자들을 여러 방면으로 발전된 인간으로 교양하여야 합니다. 공산주의는 문자 그대로 물건을 많이 생산하여 노나먹는 사회로만 생각해서는 안 됩니다. 공산주의는 물질적 부도 정신적 부도 모든 것이 다 풍부하여야 이루어질 수 있습니다. 그러므로 우리는 출판물(언론-필자)을 통하여 대중을 높은 공산주의 도덕품성의 소유자로, 문화수준이 높은 전면적으로 발전된 인간으로 교양하도록 하여야 하겠습니다.18)

여기서 말하는 '높은 공산주의 도덕품성' 또는 '문화수준이 높은 전면적으로 발전된 인간'이란 간단히 말해서 김일성 유일사상을 철저히 내면화한 이른바 주체의 인간을 말한다는 것은 의심의 여지가 없다(이에 대해서는 뒤에 자세히 고찰될 것이다).

이렇게 언론을 철저한 '정치사회화의 도구'로 파악하면서, 언론에게 사상성·당성·계급성·인민성 및 대중성을 뚜렷이 지닐 것을 요구한다. 이 같은 성격을 파악하는 것이야말로 북한 언론의 본질을 이해하는 지름길이 될 것이다. 이런 뜻에서 그들의《정치사전》에서 규정하고 있는 그 같은 개념이 무엇을 뜻하는가를 살펴보면 다음과 같다.

> 사상혁명을 강화하여 온 사회를 혁명화, 로동계급화하는 것은 우리 앞에 나서고 있는 가장 중요한 혁명과업입니다. 사회주의 건설의 성과에 만족하여 사상혁명을 소홀히 하여서는 절대로 안 됩니다. 우리는 사회주의 건설이 성과적으로 진척되고 인민들의 물질문화생활이 빨리 높아질수록 사상혁명을 더욱 강화하여 모든 근로자들을 철저히 혁명화, 노동계급화하여야 합니다.[19]

이 같은 김일성의 교시에 대해《정치사전》은 아래와 같은 설명을 달고 있다.

> 사상혁명, 온 사회의 혁명화, 로동계급화에 관한 경애하는 수령 김일성 동지의 사상과 리론은 사회주의, 공산주의 건설과정의 계급적 내용과 사회주의 제도가 선 다음 시기의 프로레타리아독재의 중요 임무에 대한 과학적 분석에 기초한 사상으로서 로동계급과 농민의 계급적 차이를 없

애며 모든 사람들을 교양 개조하여 혁명과 건설의 참된 주인으로, 공산
주의적 인간으로 만드는 가장 어렵고 복잡한 문제를 정확히 풀 수 있는
유일하게 옳은 길을 밝혀 준 위대한 사상이다.[20]

　따라서 북한의 언론은 이 같은 사상 혁명의 도구이어야 한다는
뜻이다.
　김일성은 당과 관련하여 "당은 사회발전법칙에 기초하여 자기의
로선과 정책을 세우며 당원들에게 주체적인 투쟁과업을 줍니다. 맑
스-레닌주의 당의 불패의 위력이 바로 여기에 있습니다"라고 강조
한 바 있다.[21]

> 당성의 원칙을 지킨다는 것은 위대한 수령 김일성 동지의 교시와 그
> 구현인 우리 당의 로선과 정책에 철저히 의지하고 그것을 빠짐없이 구
> 현하며 끝까지 철저히 관찰해 나간다는 것을 의미한다. …… 당성의 원칙
> 을 준수하기 위해서는 첫째로 위대한 수령 김일성 동지의 교시와 그 구
> 현인 우리 당의 정책을 무조건 접수하고 끝까지 관철하겠다는 확고한
> 립장과 태도를 가져야 하며, 둘째로 위대한 수령 김일성 동지의 교시와
> 그 구현인 우리 당 정책을 계획에 정확히 반영하며 그것을 끝까지 철저
> 히 관철하는 혁명적 기풍을 수립하여야 하며, 셋째로 당위원회의 령도에
> 철저히 의지하여야 한다.[22]

　언론도 철저히 그러한 당 사업의 강력한 무기가 되어야 함은 물
론이다.
　또한 계급성에 대해 김일성은 "로동계급은 사회의 어느 계급보다
도 혁명성이 강한 가장 선진적인 계급"임을 갈파했다.[23] 《정치사

전》은 다음과 같이 이를 풀이하고 있다.

> 로동계급은 물질적 생산의 기본 력량이며 사람에 의한 사람의 착취와
> 한 민족에 의한 다른 민족의 압박을 완전히 없애고 지구상에 인류의 최
> 고 리상인 사회주의, 공산주의 사회를 건설하는 것을 자기의 력사적 사
> 명으로 한다. …… 수령의 령도가 없이는 로동계급은 자기 자체를 의식화
> 하고 조직화하고 혁명화할 수 없으며 혁명투쟁의 옳은 전략과 전술을
> 가질 수 없다. 로동계급은 자기의 정치적 수령과 맑스-레닌주의 당의
> 령도 밑에서만 농민을 비롯한 광범한 대중을 전취할 수 있으며 자기의
> 력사적 사명을 다할 수 있다. 로동계급의 사상성과 조직성과 문화성을
> 더욱 높이며 그 대렬을 튼튼히 꾸려야 한다. 그리하여 우리의 로동계급
> 을 참말로 혁명적이고 문화적인 계급으로 만들어야 하며 그들이 령도계
> 급으로서의 자기 역할을 더 잘 수행하도록 해야 한다.[24]

그들의 신문이론에 따르면 이러한 계급적 성격을 신문에 그대로 적용하고 있다는 것을 알게 된다. 곧, "모든 사회적 이데올로기와 마찬가지로 계급사회에서는 신문도 일정한 계급의 리익을 표현하였으며 또 하고 있다. …… 로동계급을 선두로 하는 조선 인민들의 리익에 철저히 복무하며 국제로동운동의 위업에 성실하는 여기에 바로 우리 신문들의 계급성이 있다. 당은 계급의 전위대이며 뇌수이다. 그러므로 신문이 계급성을 띤다는 것은 곧 당성을 띠게 된다는 것을 의미한다"[25]는 것이다.

한편 "인민성의 원칙이란 우리 신문이 철두철미 인민대중의 리익을 옹호하며 그들의 지향을 반영하고 있는 전당의 조직적 의사인 당 정책을 인민대중의 것으로 만들도록 이바지한다는 것을 의미하

고, 대중성의 원칙이란 신문사업에 광범위한 대중을 인입하여 그들의 적극적인 지지와 정치적 연단으로 만든다"[26]는 것을 뜻한다. 여기서 유의할 것은 북한 언론에게 대중성을 제고시키고자 형식과 내용을 인민들의 기호·수준·요구에 맞게 만들 것을 강조한다는 점이다. 예컨대 문체의 간결성·정확성·명료성을 보장하여 출판물들을 인민대중이 읽고 알 수 있는 통속적인 출판물로 만들어야 한다고 강조하고 있는 것이다.[27]

한 가지 유의할 점은 북한에서 말하는 출판물이란 우리의 매스미디어와 같은 개념이라는 것이다. 그들은 신문·잡지·단행본과 같은 인쇄매체는 물론, 라디오·텔레비전·통신 등도 모두 포함해서 출판물이라 부르고 있다.

3) 언론의 자유

이른바 '위대한 수령 김일성 동지'가 작성한 조선민주주의인민공화국 사회주의 헌법 제4장 제53조에는 다음과 같이 밝혀져 있다. "공민은 언론, 출판, 집회, 결사 및 시위의 자유를 가진다. 국가는 민주주의적 정당, 사회단체의 자유로운 활동조건을 보장한다." 이 헌법 조항에 대한 그들의 《력사사전》의 풀이는 아래와 같다.[28]

> 우리나라에서는 근로자들에게 언론, 출판, 집회, 결사의 자유가 철저하게 보장되고 있을 뿐 아니라 그에 필요한 모든 물질적 수단들이 충분히 갖추어져 있는 것으로 하여 실질적으로 보장되고 있다. 언론, 출판의 자유는 공화국 공민들의 국가사회생활에서 자기들의 건설적인 의견들을 직접 말로써 제기하거나 출판물을 통하여 발표할 수 있으며 당과 국가

가 출판보도사업에 필요한 온갖 조건들을 백방으로 보장하여 주는 데서 나타나고 있다. …… 결사의 자유는 공화국 공민들이 우리 당의 령도 밑에 직업동맹, 농업근로자동맹, 사회주의 로동청년동맹, 민주녀성동맹을 비롯하여 과학, 기술, 체육, 문화 등의 각 분야의 단체들을 조직하거나 그에 자유롭게 망라되여 활동할 수 있는 데서 나타나고 있다.

또한 "집회의 자유는 대회, 열성자회의, 협의회 등을 통하여 보장된다"고 한다.[29] 그러나 언론의 자유 등에 대한 입장 또한 당의 노선에 부합할 때 용인된다고 강조한다.

> 언론, 출판, 집회, 결사의 자유는 경애하는 수령 김일성 동지의 교시와 그 구현인 당의 로선과 정책을 해설 선전하며 그것을 철저히 옹호관철하고 프롤레타리아독재를 가일층 강화하며 인민들의 정치사상적 통일과 단결을 강화하여 그들을 당과 수령님의 두리(둘레-필자)에 튼튼히 묶어세우는 데 복무한다. 또한 그것은 국가정치생활에서 인민대중의 창조적 적극성과 지혜를 높이 발양시켜 사회주의 건설을 더욱 힘 있게 다그치는 데 이바지한다. 조국과 인민의 원쑤에 대하여서는 이러한 권리와 자유를 절대로 줄 수 없다.

이로 미루어 볼 때 북한에서 보장하는 언론과 출판의 자유란 한마디로 김일성의 교시와 그것의 구현인 당의 노선과 정책을 선전하고, 이를 교양하며, 인민을 수령의 주위에 단단히 묶어두기 위한 조직자로서의 구실을 수행하는 것을 뜻한다는 점이 명백히 드러나고 있다.

그들은 언론과 출판의 자유를 "인민이 주권을 잡고 있는 나라에서 사회의 민주주의적 발전과 인민들의 사회정치생활에서 자유로운 참가를 보장하기 위한 공민들의 민주주의적 권리의 하나"라고 본다.[30] 이 같은 자유의 보장은 사회제도의 성격에 의존한다. "언론, 출판, 집회, 결사의 자유는 주권이 로동계급을 비롯한 전체 근로인민의 손에 쥐여져 있는 사회에서만 실질적으로 보장될 수 있다"고 보기 때문에, 그렇지 않은 사회, 곧 자본주의 사회에는 참된 언론의 자유가 없다고 한다.[31]

이러한 자유 또한 "혁명의 위대한 수령 김일성 동지께서 작성하신 조국광복회 10대 강령에서 정식화되였으며 그것을 계승한 공화국 헌법에 의하여 확고히 고착되었다"고 역사적으로 서술하고 있다.[32] 여기서 말하는 10대 강령 속에는 "언론, 출판, 집회, 결사의 자유를 전취하고 왜놈의 공포정책 실현과 봉건사상 장려를 반대하며 일체 정치범을 석방할 것"이라는 조항이 포함되어 있으며, 이 조항을 북한은 언론과 출판자유의 원천으로 삼고 있는 것이라 하겠다.[33]

위와 같은 언론자유에 대한 개념은 소비에트 공산주의 언론의 자유에 관한 개념과 동질적이다. 그것은 다음과 같은 소비에트 사회주의 공화국 헌법이 규정하고 있는 언론자유에 대한 조항과 견주어 보면 잘 알 수 있다. 소비에트 사회주의 공화국 헌법 제50조는 다음과 같이 규정한다.

> 인민의 이익에 적합하게 사회주의 제도를 강화하기 위해 소(蘇) 연방 시민에게는 언론, 출판, 집회, 대중집회, 가두행진 및 시위의 자유가 보장된다. 이러한 정치적 실현은 공공건물, 거리 및 광장을 근로자와 그들 단체에게 제공하고 정보의 광범한 보급과 출판물, '텔리비전' 및 '라디

오'를 이용할 기회를 가짐으로써 보장된다.[34]

이러한 소련 헌법의 규정은 북한 헌법에서와 마찬가지로 언론자유를 실현하고자 근로자 및 그 단체에게 인쇄, 용지, 공공건물, 가로(街路), 통신수단 및 기타 그러한 권리를 행사하는 데 필요한 물리적 모든 조건을 제공한다는 점을 명백히 한 것이다.[35]

이런 뜻에서 북한에서 채택하고 있는 언론자유의 개념을 보다 근원적으로 이해하고자 소비에트 공산주의 언론의 자유에 대한 핵심적 관점을 살펴보면 다음과 같다.[36]

첫째, 어느 사회에서나 절대적 자유란 불가능하다. 레닌이 말한 것처럼 "어떤 사회 속에서 생활하고 있으면서 그 사회로부터 자유롭다는 것은 있을 수 없다"고 보기 때문이다. 예컨대 자본주의 사회의 신문은 필연적으로 자본주의의 원리를 따르게 되어 있는 것이다. 이런 뜻에서 소비에트 공산주의 신문은 '자본이나 출세주의 혹은 부르주아적 무정부주의자들의 개인주의로부터 자유롭다는 점에서 자유를 누린다'고 본다.

둘째, 소비에트 공산주의의 관점에서 볼 때 가치 있는 것이란 사람들이 진실이라고 생각하는 것을 말할 수 있는 자유를 뜻한다. 이런 관점에 비추어 볼 때, 개인들이 무엇을 진리라고 생각하는가, 다시 말해서 무엇이 진리라고 생각해야만 되는가가 문제된다. 소비에트 공산주의의 경우 그것은 공산주의 이념일 수밖에 없다.

셋째, 영국이나 미국의 자유주의적 전통에서 볼 때 언론의 자유란 주로 '정부로부터의 자유'를 뜻했다. 그러나 소비에트 공산주의의 관점에서 보면 '정부는 적극적인 선(善)이며 개인에게 더 충실한 삶을 보장해 주는 일대 협동 기업체'와 같다. 따라서 정부로부터의

자유란 대단히 소극적인 자유에 지나지 않는다. 진정한 의미의 자유
란 적극적 선인 국가 안에서 자유를 향하는 길이다. 그러므로 소련
에서는 국가가 반대하는 어떠한 자유도 보장받을 수 없다.

넷째, 소비에트 공산주의에서 언론의 자유는 신문 발행에 필요한
모든 설비를 인민이 이용할 수 있게 국가가 보장하고 있다는 데서
출발한다. 그것은 신문 발행 시설을 소유한 어떤 계급의 통제로부터
도 인민이 자유롭다는 것을 뜻하는 것이다.

다섯째, 소비에트 공산주의 신문이론에서는 언론의 자유와 책임
을 분리해서 생각하지 않는다. 오히려 언론의 책임이 더 강조되는
경향이 있다고 할 수 있다. 왜냐하면 언론의 자유는 '노동자들의 이
익에 적합하고 또한 사회주의 제도를 공고히 할 목적'으로 보장되기
때문이다. 곧 언론은 그와 같은 목적을 달성하는 데 앞장서야 할 책
임이 있다고 보는 것이다. 여기서 무엇이 '노동자의 이익에 적합'할
뿐만 아니라 '사회주의 제도를 공고'히 하는 것인가를 누가 결정하
는지의 문제가 제기된다. 그것은 말할 것도 없이 당과 정부가 결정
하는 것이다. 그러므로 소비에트 공산주의 언론은 더욱 당의 통제
아래에 있을 수밖에 없게 된다.

이 같은 소비에트 공산주의 언론의 자유에 대한 개념은 "신문이
란 뉴스의 유통을 위해 자유로운 것이 아니라 당의 철저한 지도 아
래 명백하게 규정된 목표를 달성하기 위해 근로대중을 교육하고 그
들을 조직하기 위해 자유로운 것"이라고 정의한 레닌의 관점에 바
탕을 두고 있다. 따라서 소비에트 공산주의 언론이론이나 북한의 언
론이론에서 언론의 자유에 대한 개념은 언론이 당의 목표를 달성하
기 위한 선전자이며 선동자인 동시에 조직자이며 교육자의 구실을
한다는 의미에서의 자유라는 것을 알 수 있다.

　이런 이유로 북한 언론은 어떤 경우에도 기본적인 지도 원리인 '위대한 수령 김일성 동지의 교시'에 대한 비판을 할 수 없는 것이다. 오로지 언론이 할 일는 그 같은 교시를 당이 구현하는 데 수단으로서 기능하는 것이며, 그것을 위해서 자유로울 뿐이다. 이 같은 '언론자유'는 전제주의 체제에서 언론이 왕권을 비판할 수 없었던 것이나, 중세 암흑시대에 성경과 신의 존재를 부정하고 비판하는 것을 금기로 삼았던 언론자유의 한계와 다를 것이 없는 것이다.

2. 북한 언론의 기본 성격

1) 주체의 언론, 김일성주의 혁명의 언론

　북한은 언론이라는 용어 대신 '출판보도물'이라는 말을 쓰고 있다는 것은 앞에서 밝힌 바와 같다. 이들의 '출판보도물'에 대한 기본인식은 소비에트 공산주의의 언론이론에 근거하는 것이지만, 언론에 대한 성격 부여는 시대적 요구, 곧 김일성의 지도이념의 변천에 따라 바뀌어 왔다. 더욱이 마르크스–레닌주의를 지도이념으로 삼다가 김일성 주체사상이라는 독자적 이념을 정립하면서 언론의 성격도 그에 따라 달리 부여된 것이다. 그렇기 때문에 북한 언론의 성격을 이해하려면 그 기초로서 북한에서의 이념적 전환의 과정을 먼저 살펴볼 필요가 있다. 이에 관해서는 학자에 따라 분석의 수준이 다를 수 있지만 다음과 같이 이념 전환의 과정을 정리한 것이 참고될 만하다.[37]

1955년 12월 28일 : 김일성 연설 '사상사업에서 교조주의와 형식주의를 퇴치하고 주체를 확립할 데 대하여'에서 처음으로 주체확립의 필요성이 강조된다.

1966년 8월 12일 :《로동신문》 사설 〈자주성을 옹호하자〉에서 최초로 주체의 필요성을 선포한다.

1970년 11월 : 조선노동당 제5차 전당대회에서 채택한 개정 당 규약 전문에서 "조선로동당은 맑스-레닌주의와 우리나라 현실에 맑스-레닌주의를 창조적으로 적용한 김일성 동지의 위대한 주체사상을 자기 활동의 지도적 지침으로 삼는다"고 규정함으로써 최초로 주체사상을 마르크스-레닌주의와 동격으로 내세운다.

1972년 12월 27일 : 개정헌법 제4조에서 "조선민주주의인민공화국은 맑스-레닌주의를 우리나라의 현실에 창조적으로 적용한 조선로동당의 주체사상을 자기활동의 지도적 지침으로 삼는다"고 규정, 본래의 마르크스-레닌주의를 지배 이데올로기에서 제외한다.

1980년 10월 13일 : 조선노동당 제6차 전당대회에서 개정된 당 규약 전문에 "조선로동당은 오직 위대한 수령 김일성 동지의 주체사상, 혁명사상에 의해 지도된다"고 밝힘으로써 마르크스-레닌주의에서 완전히 독립한다.

이와 같은 일련의 과정을 볼 때 북한은 대체로 1970년대부터 마르크스-레닌주의에서 벗어나 김일성 주체사상 시대로 전환되었다는 것을 알 수 있다. 이러한 전환은 북한 언론의 기본 성격에도 영향을 미쳤다. 출판보도사업에 대한 조선노동당의 방침을 보면, 오늘의 북한 언론의 기본 성격을 '주체의 출판보도물'이라고 규정하면서, 그 이전의 북한 언론과의 차별적인 성격을 부여하고 있는 것이다. 조선노동당이 부여한 이 같은 북한 언론의 근본 성격을 구체적으로 살펴보면 다음과 같다.

출판보도사업에 대한 조선노동당의 방침을 해설한 바에 따르면, 북한의 언론은 '위대한 수령님께서 창간하시고 지도하시는 새형의 주체의 출판보도물'이다.38) 하나는 '주체'의 언론이요, 나머지 하나는 '김일성주의 혁명'의 언론이다. 이에 대해 당의 방침 해설은 이렇게 해석을 하고 있다.

첫째, "우리 당 출판보도물은 무엇보다도 위대한 수령님께서 창간하시고 지도하시는 새형의 주체의 출판보도물이다. 이것은 우리 당 출판물이 지난 력사적 시대와는 근본적으로 구별되는 새로운 력사적 시대, 주체시대의 요구를 반영하여 나온 출판보도물이며 주체시대 출판보도물이라는 것을 의미한다"39)고 했다. 곧 북한의 언론은 철두철미하게 주체사상으로 무장되어 있으며, 당과 수령에 대한 충실성을 생명으로 삼고 있다는 것을 뜻한다. 바로 이 점에 오늘의 북한 언론의 과거의 언론과 구별되는 본질적 특성이 있다.

둘째, "우리 당 출판보도물은 다음으로 영광스러운 김일성주의 혁명적 출판보도물이다. 이것은 우리 당 출판보도물이 위대한 김일성주의를 지도적 지침으로 삼고 있으며 김일성주의의 승리를 이룩하기 위하여 투쟁하는 혁명적 출판보도물이라는 것을 의미한다"40)고 했다. 바로 이 말에 북한 언론의 지도이념이 무엇인가는 물론 사명이 밝혀져 있다고 하겠다.

그러면 왜 북한의 언론은 주체의 언론이며 김일성주의 혁명적 언론이 되는 것일까? 그 까닭은 다른 데 있는 것이 아니라 바로 "위대한 수령님께서 주체시대의 요구를 반영하시여 새롭게 창간하신 혁명적 출판보도물이기 때문이다."41) 언론이 어떠한 시대적 요구를 반영하여 누구에 의해 창간되었는가 하는 문제가 곧 그 성격을 밝히는 가장 중요한 표징의 하나라는 것인데, 이는 누구에 의해 출판 보도물이 창간되었는가에 따라 그 면모와 본질적 특성이 규정된다고 보는 것과 같다. 일반적으로 언론은 시대를 대표하는 선진 사상의 옹호자·전파자·관철자로서 시대와 혁명의 발전에 복무하는 것이므로, 시대가 달라지고 시대의 요구를 반영한 새로운 사상이 창시되면 그것을 옹호하고 전파하며 관철할 새로운 언론이 나타나는 것이 필연적이라는 관점이다.

그러나 그것은 아무에 의해서나 이루어질 수 있는 것이 아니라 오직 "로동 혁명의 지도사상을 창시하시고 혁명과 건설을 이끌어 나가는 탁월한 수령에 의하여 창간"될 수 있을 뿐이다. 그리하여 북한의 언론은 "일찌기 혁명의 길에 나서시어 영생불멸의 주체사상을 창시하시고 주체시대를 개척하신 위대한 수령님에 의하여 창간되었다."42) 이 같은 성격의 북한 언론은 이른바 '수령님'께서 이룩한 빛나는 혁명전통을 이어받은 것으로, '수령님'께서 개척한 혁명위업을 대를 이어 끝까지 완성해 나가는 것을 숭고한 목적으로 삼게 된다. 이에 따라 북한 언론은 "위대한 수령님과 친애하는 지도자 동지의 주체적인 출판보도사상을 지도적 지침으로 삼고 있다."43)

위와 같은 북한 언론의 기본적 성격은 전제주의 왕권 시대의 언론이 존재했던 양상과 동일하다. 곧 전제주의 체제에서 진리의 원천은 궁극적으로 제왕이며, 그는 무엇이 진리이며 진리가 아닌가를 가려 줄 뿐만 아니라, 언론은 그가 진리라고 인정하는 것만을 옹호하고 전파할 수 있었다. 북한의 언론은 김일성의 사상을 지침으로 삼을 수 있을 뿐이므로 전제주의 체제의 언론과 다를 바가 없다. 김일성은 바로 진리의 원천이기 때문이다.

2) 북한 언론이 지켜야 할 근본 원칙

앞에서 본 바와 같은 북한 언론의 근본적 성격과 관련하여 조선노동당은 북한의 출판보도물이 지켜야만 할 근본 원칙 세 가지를 규정하고 있다. 이를 요약해 보면 다음과 같다.

첫째, 주체의 원칙이다. 이는 북한의 언론이 주체의 원칙을 자기 활동의 근본 초석으로 삼아야 한다는 것이다. 이것은 언론활동이 주체의 원칙으로부터 출발하고 그것으로 일관되게 수행되어야 함을 뜻한다. 다시 말해서 주체사상과 그 구현인 주체적 출판보도사상을 유일한 지도적 지침으로 삼고, 그에 철저히 의거하여 언론활동을 벌여야 한다는 것이다. "그래야 우리의 출판보도물이 그 어떤 잡(雜)사상에도 오염되지 않고 주체의 혈통을 빛나게 이어 나가며 온 사회를 김일성주의화하는 력사적 사명을 영예롭게 수행해 나갈 수 있다"[44]고 보는 것이다. 이 같은 주체의 원칙은 "우리 당 출판보도물을 위대한 김일성주의로 일색화하고 출판보도활동에서 김일성주의의 요구를 철저히 구현하게 함으로써 대중교양과 발동의 위력한 수단으로서의 출판보도물의 기능과 역할을 백방으로 높일 수 있게 한다."[45]

둘째, 당 중앙의 유일적 지도 밑에 진행하는 원칙이다. 이것은 "모든 출판보도활동에서 당 중앙의 유일관리 제 원칙을 철저히 실현하며 출판보도일군들이 당에 의거하여 모든 사업을 해나가고 당의 의도와 당이 내놓는 방침들을 무조건 접수하고 철저히 관철해 나간다는 것"을 말한다. 또한 "한마디로 말하여 친애하는 지도자 동지의 유일적 지도 밑에 모든 출판보도활동을 진행한다는 것을 말한다"고 밝히고 있다.[46]

우리는 이 원칙에서 두 가지 의미를 발견할 수 있다. 하나는 북한 언론이 철저한 당의 통제 아래에 있다는 사실의 재확인이며, 나머지 하나는 언론을 통한 김정일 후계체제의 공고화 작업이라 하겠다. 이러한 양면성의 의도는 왜 북한 언론이 당 중앙의 유일적 지도 밑에서 진행되어야 하는가에 대한 근거의 제시에서도 명백히 드러나고 있다. 이 원칙은 "위대한 수령님과 친애하는 지도자 동지를 충성으로 높이 모시며 수령님과 지도자 동지께서 의도하시고 바라시는 대로 출판보도사업을 해나갈 수 있게 하는 확고한 담보"이기 때문이다. 그러한 충성도 '대를 이어' 우러러 모신다는 것을 강조하고 있는 것이다.47)

그러면 출판보도활동을 당 중앙의 유일적 지도 밑에서 진행하려면 어떻게 하여야 하는 것일까? 이에 대해 당은 다음과 같이 강조하고 있다. 곧 "우선 모든 출판보도일군들이 친애하는 지도자 동지의 지시대로만 움직이는 강한 규율을 세워야 한다"는 뜻에서 《로동신문》을 당의 지시대로만 편집하는 기풍을 철저히 세워야" 하며, "다른 곳의 말을 듣고 당보를 편집하여서는 안 되겠다"48)고 말한다. 《로동신문》은 조선노동당의 기관지이며, 따라서 모든 북한 언론의 기준이 된다. 이런 점에서 《로동신문》을 강력한 당의 통제력 아래에 장악해 두고자 하는 것이고, 다른 모든 신문들이 이를 따라 제작되도록 의도한 것이다.

셋째, "종자를 바로 쥐고 속도전을 힘 있게 벌이는 원칙"이다. 이 원칙은 무엇을 뜻하는 것일까? "종자를 바로 쥔다는 것은 모든 사업에서 기본 핵을 틀어잡는다는 것을 말하며 속도전을 벌린다는 것은 모든 사업을 전격적으로 밀고 나가 최단기간 내에 양적으로나 질적으로 최상의 성과를 이룩한다는 것을 말한다."49) 여기서 말하는 '종자'란 기사와 편집물의 가치를 규정하는 기본력, 즉 기사와 편집물의 내용적 요소를 이루는 주제와 사상, 소재를 유기적인 연관 속에서 하나로 통일시키는 '사상적 알맹이'인 것이다. 이 '사상적 알맹이'가 바로 주체사상, 김일성주의이며 당의 유일사상체계임은 두말할 필요조차 없다. 이 원칙이야말로 "위대한 수령님과 친애하는 지도자 동지의 의도와 당의 정책적 요구를 글에 가장 정확하게 구현할 수 있게 하며 …… 위대한 수령님과 친애하는 지도자 동지의 의도와 당의 정책적 요구를 글에 제때에 민감하게 반영할 수 있게 한다."[50]

그러면 이 원칙을 지키려면 무엇을 어떻게 해야만 하는 것일까? 기본적으로 '수령'의 교시와 '지도자 동지'의 지시, 그리고 그것의 구현인 당의 노선과 방침을 깊이 연구하여 체득하여야 한다. 곧 주체사상, 김일성 유일사상으로 철저히 무장되어야 한다는 뜻이다. 그리하여 종자를 쥔 다음에는 "무조건 속도전을 벌리는 것이다." 이를 위해서는 정치사업을 앞세워 모든 출판보도일꾼들이 '위대한 수령'과 '친애하는 지도자 동지'에 대한 끝없는 충성심을 가지고 높은 혁명적 열의를 발휘하도록 해야 하며, 이와 함께 출판보도일꾼들의 정치 실무적 자질을 끊임없이 높이며 조직지도사업을 '안(뒷)받침'하여야 한다는 것을 강조하고 있다.

3) 주체언론으로서 각 매체가 갖추어야 할 조건

주체의 언론으로서, 또한 김일성주의의 혁명적 언론으로서 그 궁극적 목표를 구현하고자 북한의 언론매체들이 갖추어야만 할 조건에 대해 노동당은 확고한 지침을 정해 두고 있다. 이를 매체별로 정리 요약해 보기로 한다.

　(1) 신 문

　당은 신문보도사업에서 주체를 철저히 세우며 신문의 전투적 기능과 역할을 높이기 위한 중요한 방도의 하나로써 신문을 '우리 식대로' 만들 것을 강조하고 있다. 이러한 방침은 다음과 같은 김정일 교시에 잘 나타나 있다.

　　　다른 나라의 것을 기계적으로 본딸 필요는 없습니다. 우리는 우리 실정에 맞게 우리 식대로 해야 합니다. 다시 말하여 모든 것을 우리 혁명의 리익에 맞게, 우리 사업에 편리하게 하여야 합니다.[51]

　그러면 왜 신문을 '우리 식대로' 만들 것을 강조하는 것일까? 그까닭은 두 가지로 요약된다. 첫째, "우리의 신문이 새형의 주체의 신문, 영광스러운 김일성주의 신문이기 때문이다."[52] 이것은 신문이 "위대한 수령님께서와 친애하는 지도자 동지께서 의도하고 바라시는 대로 만들어져야 한다"[53]는 것을 뜻한다. 둘째, "우리의 신문이 온 사회의 김일성주의화에 이바지하는 위력한 사상적 무기로서의 사명과 역할을 다하기 위해서이다."[54]

　이러한 이유를 전제로 하고, 과연 어떻게 신문을 만드는 것이 '우리 식대로'라는 형식을 구현하는 것인가에 대해 네 가지 지침을 규정해 놓고 있다. 이 네 가지 지침은 북한 신문의 제작에서 견지해야만 할 기본자세인 것이다.

　첫째, "기자, 편집위원들이 위대한 수령님과 친애하는 지도자 동지의 주체적인 출판보도사상과 방침, 신문보도이론으로 튼튼히 무장하여야 한다."[55] 이러한 요구는 한마디로 말해서 신문이 엄격하게 김일성 사상을 구현하는 수단이어야 함을 강조하는 것이라 하겠다.

둘째, "신문기사를 우리 혁명의 리익과 우리의 실정에 맞게 써야 한다"는 것이다. 곧 "우리의 기자들은 무슨 문제가 제기되면 그것을 우리 혁명의 리익의 견지에서 분석 평가하고 보도사업을 능동적으로 하여야 한다"고 강조하고 있다.[56] 이에 기자들에게 높은 정책적 안목을 갖출 것을 요구한다. 이 지침은 우리에게 북한 언론의 뉴스 개념이 우리의 그것과 상이하다는 사실을 명확하게 드러내 주는 것이라 할 수 있다.

소비에트 공산주의의 언론이론에 따르면, 뉴스란 단순히 사건을 있는 그대로 보도하는 게 아니다.

> 뉴스는 조직된 것이어야 한다. 그렇지 않고 사건을 단순하게 있는 그대로 보도하는 것은 뉴스라고 할 수 없다. …… 뉴스는 이렇고 이런 사실이나 사건을 그대로 보도하는 것이 아니라 명백하게 규정된 목표를 추구하는 것이어야 한다. 뉴스는 사실을 통한 선동이다. …… 뉴스는 교훈적이어야 하고 계몽적이어야 한다.[57]

이 같은 공산주의 언론이론의 뉴스에 대한 개념 때문에 공산주의 국가의 언론인들은 뉴스가 '옳바른(올바른)' 사상과 정치질서의 형성에서 더 강력한 신념을 발전시키는 데 기여할 수 있다는 점에 가치를 부여해 왔던 것이다. 때문에 그들은 당의 선전 주제나 슬로건 또는 당의 정책 캠페인에 뉴스 가치판단의 우선순위를 둔다. 간단히 말해서 공중이 알고자 하는 것이 중요한 것이 아니라, 당의 판단에 따라 공중이 알아야 할 필요가 있다고 생각되는 것에 뉴스 가치판단의 기준을 두는 것이다. 그렇기 때문에 《로동신문》을 비롯한 모든 북한 신문의 뉴스는 김일성의 교시를 해석한 것이나 당의 정책을 교양시키기 위한 것, 또는 공산주의 사회 건설과정에서 추진되는 각종 사업과 연관된 사안들을 주된 항목으로 게재하고 있는 것이다. 요컨대 북한 신문의 뉴스는 객관적 사실보도보다 주관적 평가 내지 의견의 개진을 우선하는 것이다.

셋째, "신문 편집을 우리 인민의 요구와 사상 감정에 맞게 우리 식대로 하여야 한다."[58] 신문의 편집을 우리 식대로 해야 할 것을 강조하는 까닭은 신문 편집은 곧 정치이며 작전이라는 관점 때문이다. 다시 말해 신문에 나가는 모든 것이 정치의 반영이며 정책의 표현이라고 보는 것이다. 그러면 무엇이, 또는 어떻게 하는 것이 편집을 우리 식대로 하는 것일까? 이에 대한 대답은 다음과 같다.

> 그러므로 신문편집일군들은 경애하는 수령님과 친애하는 지도자 동지의 위대성, 위대한 수령님과 친애하는 지도자 동지의 두리(둘레-필자)에 철통같이 뭉친 우리 당과 인민의 불패의 통일 단결, 가장 선진적인 우리나라 사회주의 제도의 우월성, 공화국 북반부에서 사회주의 건설을 다그치고 남조선 혁명과 세계 혁명을 앞당기기 위한 내용을 가지고 우리 식대로 지면을 꾸려야 한다. …… 신문 편집에서 모방은 곧 죽음이다. 그러므로 신문편집일군들은 다른 나라의 신문편집 형식이나 방법, 기성 관례나 낡은 재래식 틀에 포로되지 말고 우리 인민의 다양한 요구와 기호, 우리의 실정에 맞는 편집 형식과 방법을 적극 찾아내며 그것을 편집 실천에 널리 활용하여야 한다.[59]

이 같은 요구는 한마디로 신문 편집에서 김일성 유일사상의 신봉과 김일성·김정일 체제의 공고화 및 남조선 혁명 등을 강조하는 지면 구성을 해야 함을 뜻하는 것이라 할 수 있다. 이 또한 북한 언론의 뉴스에 대한 기본 관점을 잘 드러내 주는 것이라 하겠다.

넷째, "국제문제 취급에서 주체적 력량을 튼튼히 견지하여야 한다."[60] 그렇게 해야만 북한이 추진하는 혁명과 세계 혁명을 다그치는 데 적극 이바지할 수 있기 때문이다. 이러한 요구를 만족시키려면 두 가지 지침에 따라야 한다. 그 하나는 국제 보도자료를 옳게 취사선택하는 것이다. 아무리 국제적으로 파문을 일으키는 '특보감'이라고 하더라도, 그것이 북한이 추진하는 혁명 — 사회주의 건설과 남조선 혁명 — 과 세계 혁명을 촉진하는 데 별로 의의가 없는 것이라면 선택하지 말아야 한다고 강조한다. 나머지 하나는 모든 문제를 자주성의 원칙을 바탕삼아 독자적으로 분석 평가해야 한다는 점이다. 이러한 원칙들은 뉴스에 대한 가치판단의 유일한 기준이 김일성주의에 있다는 것을 반영하는 것이다.

위와 같은 신문에 대한 요구와 갖추어야만 할 조건들을 만족시키면서, "당보를 다른 신문에 비하여 두드러지게 잘 만들어 모든 신문들이 그것을 따라 배우게 하여야 합니다"라고 주장하고 있다. 그것은《로동신문》을 신문의 본보기로 만들고, 다른 신문들에서도 일반화하여 북한의 모든 신문들을 철두철미하게 당적·노동계급적·인민적인 신문이자 김일성주의 출판보도물로 만든다는 뜻이다.[61]

이렇게 해야 하는 까닭은 두 가지로 지적하고 있다. 그 하나는 당보《로동신문》이 당의 목소리를 대변하는 당 중앙위원회 기관지이기 때문이며, 나머지 하나는 당보를 전형으로 내세워 출판보도사업에서 일대 혁명적 전환을 일으키기 위함이다.[62] 다시 말해《로동신문》은 당의 얼굴이며 당의 대변자이기 때문이라 하겠다. 그뿐만 아니라 《로동신문》은 세계 여러 나라 사람들이 우러러보는 세계적인 신문이기에 더욱 그와 같아야 할 절실한 문제가 있다는 주장이다.

그렇다면 이를 위해 무엇을 어떻게 해야만 할 것인가에 대한 지침으로 세 가지를 들고 있다.63)

첫째, "당보에 실리는 모든 기사를 품위 있게 써야 한다"고 말한다. 이와 관련하여 사설을 잘 쓰는 것이 중요하다는 점을 매우 강조하고 있다. 당보의 사설은 당의 지령서와 같으므로, 당보의 사설을 잘 써야 당보가 사상적 기수로서의 역할을 다할 수 있기 때문이다. 이러한 뜻에서 어떤 글보다도 '리론논설'을 깊이 있게 써야 한다는 것, '당보론평'을 권위 있게 써야 된다는 것을 강조하고 있다.

둘째, "당보를 권위 있게 편집해야 한다." 신문의 질은 기사의 질과 함께 편집의 질에 따라서도 좌우된다. 아무리 기사를 품위 있게 쓰더라도, 편집을 잘하지 못하면 신문의 질을 높일 수 없으며 품위도 보장할 수 없게 된다. 그런데 당보를 권위 있게 편집하는 데서 중요한 것은 두 가지라고 지적하고 있다. 그 하나는 김일성과 김정일의 혁명활동과 관련한 자료들, 당의 사상과 의도를 옳게 반영한 무게 있는 '사론설'들을 많이 내는 것이다. 또 하나는 수시로 제기되는 남조선 및 국제 정세와 관련한 당의 입장을 천명한 무게 있는 논평들과, 대중의 이목을 끌고 사회적으로 문제성이 있는 새 소식들을 담은 다양한 종류의 기사와 편집물들을 많이 내는 것이다. "특히 중요한 것은 당보의 권위와 품위를 떨굴 수 있는 일체 자료들은 당보에 내지 않는 것"이라 한다.

셋째, "모든 출판보도기관들에서 당보의 모범을 본받기 위한 투쟁을 줄기차게 벌려야 한다"는 것이다.

이러한 지침들로 미루어 볼 때, 그들이 말하는 편집이란 다만 지면 배정이나 지면 구성을 뜻하는 것이 아니라, 신문 제작 전반의 기획, 기획기사의 취급까지를 포함한 개념임을 알 수 있다.

(2) 방 송

앞에서 본 신문의 경우와 마찬가지로 방송 또한 주체의 방송이 되어야 한다는 점을 천명하고 있다. 이에 대해 김정일은 "방송 부문의 모든 일군들은 방송사업을 우리 식대로 할 데 대한 당의 방침을 철저히 관철하여 방송사업에서 새로운 전환을 가져와야 하겠습니다"[64]라고 지시한 바 있다. 여기서 방송을 '우리 식대로' 한다는 것은 "방송사업을 당의 의도와 인민의 사상 감정에 맞게 진행한다는 것을 말한다. 이것은 방송을 철저히 당에서 세워준 방침과 원칙, 기준에 따라 진행함으로써 방송 내용과 형식에서 우리 식의 특질을 살려 나간다는 것을 의미한다."[65]

그러면서 왜 그렇게 해야만 하는가에 대해 세 가지 이유를 내세우고 있다.[66] 첫째, 그것은 북한 방송의 성격, 사명과 관련된다. 곧 "우리 방송은 위대한 수령님과 친애하는 지도자 동지께서 이끄시는 우리 당의 목소리이며 주체조선의 목소리"이기 때문이다. 이것은 또한 방송이 당원들과 근로자들을 당의 혁명사상으로 튼튼히 무장시키고 주체의 혁명위업수행에 적극 이바지하는 강력한 무기여야 한다는 것을 뜻하는 것이기도 하다. 둘째, "방송중앙위원회 제4기 제15차 전원회의를 계기로 방송사업에 남아 있던 자본주의적 요소와 사대주의, 교조주의, 수정주의를 비롯한 온갖 불건전한 사상 요소를 뿌리 뽑고 주체를 더욱 철저히 세우기 위한 혁명적 조치들을 취한다"는 것이다. 셋째, "혁명발전의 새로운 요구에 맞게 방송사업에서 혁명적 전환을 가져오기 위해서이다."

이와 같이 방송을 '우리 식대로' 하기 위해 무엇을 어떻게 해야만 할 것인가? 이에 대해 당은 세 가지 지침을 마련하고 있다.[67]

첫째, "방송 내용에서 우리 식의 특질을 살려야 한다"는 것이다. 이것은 구체적으로 방송 내용을 어떻게 해야 한다는 것을 뜻하는 것일까? 이 문제에 대해 다음과 같은 구체적 내용을 교시하고 있다.

① 방송 내용에서 우리 식의 특질을 옳게 살리자면 무엇보다도 경애하는 수령님과 친애하는 지도자 동지의 위대성을 내외에 널리 선전하여야 한다.

② 방송 내용에서 우리 식의 특질을 살리자면 또한 위대한 수령님과 친애하는 지도자 동지의 두리에 철통같이 뭉친 우리 당과 인민의 불패의 통일 단결에 대하여 널리 선전하여야 한다.

③ 방송 내용에서 우리 식의 특질을 살리자면 또한 우리나라 사회주의 제도의 우월성에 대하여 널리 선전하여야 한다.

④ 방송 내용에서 우리 식의 특질을 살리기 위하여서는 또한 공화국 북반부에서 사회주의 건설과 남조선 혁명, 세계 혁명과 관련한 내용을 가지고도 널리 선전하여야 한다.

둘째, "방송 형식에서 우리 식의 특질을 살려야 한다"는 것이다. 이를 위해 주로 강조하고 있는 것은 "무엇보다도 방송에서 음악, 무용을 비롯한 문예물을 많이 내보내야 한다"는 것이다. 왜냐하면 "우리 방송은 자본주의 나라 방송처럼 상품광고나 많이 하고 인기를 끌기 위하여 보도경쟁이나 하는 흥미본위주의적인 방송이 아니라 광범한 대중을 교양하기 위한 선전수단"이기 때문이다. 이러한 관점에서 북한 방송에서는 '호소성이 높고 감화력이 크기 때문에 사람들에게 힘과 용기를 북돋아 주고 그들을 혁명투쟁과 건설사업에로 힘있게 고무추동'하는 혁명적인 음악을 많이 방송할 것을 강조하고 있는 점이 주목된다.

셋째, "방송부문일군들의 역할과 책임성을 높여야 한다"는 것이다. 이 같은 요구는 말할 것도 없이 "방송일군들이 친애하는 지도자 동지의 가르치심에 따라 정연하게 세워진 원칙과 준칙, 기준에 맞게 방송사업을 진행하는 혁명적 기풍을 세워야 한다"는 것을 뜻한다.

위와 같은 방송매체의 성격 규정과 그에 따라 방송이 갖추어야만 할 조건들을 살펴볼 때, 북한 방송은 김일성 유일체제의 강력한 선전도구이며, 따라서 당의 철저한 통제 아래에 있다는 것을 명확히 알 수 있다. 방송 또한 신문과 마찬가지로 '남조선 혁명'을 위한 위력한 선전 도구이어야 한다는 점에 유의할 필요가 있다.

(3) 통 신

신문이나 방송과 마찬가지로 통신 또한 주체를 튼튼히 세울 것이 요청되고 있다. 이와 관련하여 김정일은 다음과 같이 교시하고 있다.

> 중앙통신이 우리 당의 위력한 사상적 무기로 되자면 통신보도활동을 수령님의 사상과 의도대로 하여야 하며 보도사업에서 주체를 튼튼히 세우고 당성, 로동 계급성, 인민성을 철저히 구현하여야 합니다.[68]

이와 같이 통신사업에서 주체를 튼튼히 세워야만 할 까닭은 아래와 같은 두 가지 이유 때문이다.[69]

첫째, "우리 통신의 주체적 성격으로부터 흘러나오는 근본 요구이기 때문이다." 곧 통신은 그것 자체가 이미 주체적 성격을 지니고 있다는 관점이다. 그 까닭은 "우리의 통신은 위대한 수령님께서 이룩하신 빛나는 혁명전통을 이어받고 경애하는 수령님과 친애하는 지도자 동지의 주체적 통신보도사상을 유일한 지도적 지침으로 삼고 있으며 수령님께서 개척하신 주체의 혁명위업을 대를 이어 끝까지 완성해 나가는 것을 자기의 숭고한 목적으로 삼고 있는 혁명적 통신"이기 때문이다.

둘째, "우리의 통신이 당의 위력한 사상적 무기로서의 사명과 역할을 다하기 위해서이다." 이러한 사명과 역할은 구체적으로 무엇을 뜻하는지, 곧 통신의 기능은 어떠하다고 생각하는지를 보면 다음과 같다.

① "끊임없이 변화 발전하는 내외정세를 조선 혁명의 리익의 견지에서 예리하게 주시하고 신속히 입수하여 위대한 수령님과 친애하는 지도자 동지께 제때에 보고드린다"는 것.

② "국내외의 새로운 사실과 자료에 대한 우리 당의 립장을 제때에 정확히 알려 주어 광범한 대중이 당의 립장과 의도를 옳게 파악하고 그대로 사고하고 행동할 수 있게" 만드는 일.

③ "국내외의 중요한 문제들에 대한 우리 당과 정부의 립장을 제때에 대변하여 세계 여론을 옳게 선도하고 우리 혁명발전에 유리하게 이끌어 나갈 수 있으며 우리 혁명의 지지자, 동정자 대렬을 끊임없이 늘리는" 일.

④ "특히 원쑤들의 악랄한 모략 책동과 반동적 공세에 대한 선제타격,

충격선전, 역공세를 련속적으로 들이대여 놈들의 음흉한 기도와 추악한 정체를 세계혁명적 인민들 앞에 발가놓을 수 있고 적들을 고립 약화시키고 우리 인민의 조국통일위업 실현에 유리한 국면을 열어 놓는" 일.

이러한 선전 기능을 제대로 수행하기 위해 통신보도사업은 적어도 세 가지 임무를 다해야만 한다.[70]

첫째, "통신보도사업을 위대한 수령님과 친애하는 지도자 동지의 사상과 의도대로 진행해 나가는 것이다." 이를 위해서는 "무엇보다도 혁명과 건설, 특히 통신보도 부문에 주신 위대한 수령님의 교시와 친애하는 지도자 동지의 말씀으로 튼튼히 무장하여야 하고", "또한 매 시기 제시되는 위대한 수령님의 교시와 친애하는 지도자 동지의 말씀, 당 정책을 다 환하게 통달하여야 하며", 나아가 "통신보도사업에서 나서는 중요한 원칙 문제들을 위대한 수령님과 친애하는 지도자 동지의 결론에 의해서만 처리해 나가는 강철 같은 규율을 세워야 한다"고 강조하고 있다.

둘째, "통신보도사업에서 경애하는 수령님과 친애하는 지도자 동지의 위대성 선전을 첫째가는 임무로 틀어쥐고 나가는 것이다." 그리고 "여기서 무엇보다 중요한 것은 경애하는 수령님과 친애하는 지도자 동지의 사상과 리론의 위대성, 령도의 현명성, 풍모와 업적의 위대성을 선전하는 데 모든 통신보도 력량과 수단을 집중시키는 것이다." 이 같은 임무를 수행하는 데 사소한 양보도 있을 수 없다는 철석같은 신념을 가지도록 사상교양사업을 강화할 것을 요구하고 있다.

셋째, "통신보도에서 나서는 모든 문제를 우리 혁명의 리익의 견지에서 분석 평가하고 처리해 나가는 것이다." 이는 무엇보다 중요한 것으로 '우리의 것'을 기본으로 하여 통신을 내보내는 것인 바, 이것은 김일성과 김정일 부자의 영도 밑에 "우리 인민이 혁명과 건설에서 이룩한 자랑찬 성과와 풍부한 경험을 많이 내보내야 한다"는 것을 뜻한다.

지금까지 살펴본 것과 같은 신문, 방송, 통신 등 매체에 대한 당의 요청을 종합해 보면 다음과 같은 몇 가지 공통점을 추출해 낼 수 있다.

첫째, 북한의 언론은 궁극적으로 김일성 유일사상을 나라 안팎에 교양하며, 김일성 유일체제를 보다 공고히 하는 데 앞장서는 도구의 구실을 해야 한다.

둘째, 이를 위해 북한의 언론인은 김일성 유일사상으로 철저히 무장할 것이 요구되고 있다.

셋째, 김일성 유일사상과 유일체제의 구현을 위해 북한 언론은 당의 일사불란한 통제 아래에 있어야만 한다.

넷째, 북한 언론은 김일성·김정일의 세습체제를 공고히 구축하는 데 봉사해야만 한다.

다섯째, 북한 언론은 최고의 지도이념이나 지침으로 김일성의 교시나 김정일의 지시를 받아들여야 하며, 이에 절대 복종해야만 한다.

여섯째, 북한 언론은 김일성주의의 혁명을 세계에 수출하는 선전도구다. 남조선 혁명을 부추기는 구실을 할 것이 더욱 강조되고 있다.

이렇게 볼 때 북한의 모든 매체는 세계에서 유일한 획일적 목표에 봉사하는 교조적 언론이라 하겠다. 그리고 그들이 강조하는 '우리 식대로' 언론활동을 편다는 것은 곧 김일성 유일사상과 유일체제만을 선전하고 교양하며, 그것을 위한 조직자가 되어야만 한다는 것을 뜻하는 것이다.

3. 북한 언론의 사명과 기능

1) 북한 언론의 기본 사명

출판보도사업에 대한 당의 방침 해설에 따르면 김일성주의 출판보도물의 기본 사명은 "모든 사회성원들을 위대한 수령님과 당에 끝없이 충직한 참다운 김일성주의자로 만들며 사회를 김일성주의의 요구대로 철저히 개조하며 나아가서 주체 위업의 세계사적 승리를 이룩해 나가는 데 적극 이바지하는 것이다."[71] 이같이 요약된 기본 사명을 구체적으로 풀어보면 다음과 같은 세 가지로 분류할 수 있을 것이다.[72]

① 우리 당 출판보도물은 무엇보다도 당원들과 근로자들을 위대한 김일성주의를 혁명적 세계관으로 하고 경애하는 수령님과 친애하는 지도자 동지에 대한 충실성을 제1생명으로 하는 주체형의 공산주의 혁명가, 열렬한 김일성주의자로 만드는 데 적극 이바지하는 것을 자기의 기본 사명으로 하고 있다.

② 우리 당 출판보도물은 또한 경제와 문화를 비롯한 사회의 모든 분야에서 자주적이며 창조적인 생활을 마음껏 누릴 수 있는 공산주의의 물질적 요새를 점령하는 데 적극 이바지하는 것을 자기의 기본 사명으로 하고 있다.

③ 우리 당 출판보도물의 기본 사명은 결국 우리나라에서와 전 세계에서 주체위업의 종국적 승리를 이룩해 나가는 데 적극 이바지하는 것이다.

위의 기본 사명을 다하기 위한 북한 언론의 기본 임무를 요약 정리해 보면 다음과 같다.[73]

첫째, "사회주의 모든 성원들을 참다운 김일성주의자로 만드는 데 적극 이바지하는 것이다." 이 같은 첫째가는 임무를 수행하고자 북한 언론이 해야 할 몇 가지 일들이 있다. 그것은 ① 모든 사회 성원들을 "위대한 수령님과 친애하는 지도자 동지에 대한 끝없는 충실성으로 교양하여야 한다." ② 사회의 모든 성원들 속에서 "김일성주의 교양과 당 정책 교양을 강화하여야 한다." 곧 "당원들과 근로자들이 위대한 수령님과 친애하는 지도자 동지의 사상과 의도대로만 사고하고 행동하며 수령님의 교시와 당의 방침을 견결히 옹호하고 무조건 철저히 관철하도록 끊임없이 교양하여야 한다." ③ "당원들과 근로자들 속에서 혁명전통교양을 더욱 폭 넓고 깊이 있게 벌려야 한다." 그렇게 함으로써 "위대한 수령님께서 개척하신 주체의 혁명위업을 대를 이어 빛나게 완성해 나갈 수 있다." ④ "당원들과 근로자들 속에서 혁명교양, 계급교양을 더욱 강화하여야 한다." 그렇게 해야만 당원들과 근로자들이 혁명적 세계관으로 튼튼히 무장하고 온갖 계급적 적대세력들과 착취제도를 반대하여 비타협적으로 투쟁할 수 있기 때문이다.

둘째, "경제와 문화 등 모든 분야에서 사회를 김일성주의의 요구대로 철저히 개조하여 공산주의의 물질적 요새를 점령하는 데 적극 이바지하는 것이다." 이를 위해 북한 언론은 다음과 같은 일들을 해야만 한다고 교시하고 있다. ① "정치선전과 경제선전을 밀접히 결합하며 특히 경제선동을 전격적으로, 집중적으로, 섬멸전의 방법으로 힘 있게 벌려야 한다." ② "위대한 수령님께서 밝히신 기술혁명, 문화혁명 방침을 널리 해설하고 그 관철에로 근로자들을 힘 있게 불러일으켜야 한다."

셋째, "조국통일과 남조선 혁명을 위하여, 주체위업의 세계사적 승리를 위하여 투쟁하는 것이다." 이 같은 임무를 완수하기 위해 북한 언론은 "주체사상과 그 구현인 남조선 혁명에 관한 우리 당의 전략 전술적 방침과 자주적 조국통일 방침을 널리 해설 선전하고 남조선 인민들을 위대한 수령님과 친애하는 지도자 동지의 두리에 굳게 묶어세워야 하며 이 미·일 침략자들과 그 주구들을 반대하는 거족적 투쟁에 전체 인민을 힘차게 불러일으켜야 한다."

이와 같은 북한 언론에 부과된 임무에서 우리는 북한의 남북통일 전략과 전술이 모두 남조선 혁명, 곧 남한에서의 김일성 유일사상과 유일체제로의 혁명에 모아지고 있다는 점을 명백히 알 수 있게 된다. 북한 언론에 부과된 주요 임무의 하나가 바로 김일성주의로 남한 혁명을 부추기는 선전과 선동이라는 점에 유의할 필요가 있다.

2) 북한 언론과 정치 사회화

(1) 영도예술과 언론

북한에는 '영도예술'이라는 개념이 있다. 김일성이 정의한 영도예술이란 다음과 같은 뜻이다.

령도예술이란 한마디로 말하여 사람들을 움직이는 방법입니다. 군중 속에 들어가 그들의 의견을 귀담아듣고 그들이 창발성을 내어 일하도록 적극 고무해 주며 군중을 발동하여 제기된 문제를 풀어 나가는 것이 바로 령도예술입니다.[74]

한마디로 말해서 영도예술이란 인민대중을 움직이는 방법이다. 이는 노동계급의 당이 중심이 되어 대중을 혁명과 건설에 조직 동원하는 방법, 묘술의 총체를 뜻한다. 북한은 이것을 주체의 영도예술이라 부르고 있다. 결국 영도예술의 사명은 주체사상을 세계관적 근거로 삼아 철두철미하게 근로인민대중이 혁명의 주인이라는 입장을 견지하도록 만드는 것이며, 사람 중심의 과학적이며 혁명적인 예술에 초점을 맞추는 것이다. 이와 같은 영도예술은 말할 것도 없이 김일성의 교시와 김정일의 지시에 근거하여 구현되고, 그 근간은 김일성주의이며, 그 구현체는 노동계급의 당이라 할 수 있다.

노동계급의 당은 수령의 유일적 영도를 보장하기 위한 영도체계인 프롤레타리아독재에서 가장 중요한 자리를 차지한다. 곧 당은 노동계급과 근로대중의 다른 모든 조직들을 통일적으로 지도하는 최고 형태의 조직인 것이다.[75] 이렇게 당은 수령의 사상과 영도를 구현하여 노동계급을 비롯한 전체 근로인민대중을 사회주의, 공산주의 위업 실현으로 이끌어 나가는 정치적 영도기관인 것이다. 다시 말해서 노동계급의 당은 근로인민대중을 의식화·조직화하여 사회주의와 공산주의의 위업을 실현하는 투쟁으로 이끌어 나가는 역사적 사명과 임무를 지니고 있다. 그렇기 때문에 당의 영도는 대중에게 투쟁의 앞길을 밝혀 주고 그들이 자기 운명의 주인, 혁명과 건설의 주인으로서의 자각을 가지고 투쟁에 떨쳐나서게 하는 정치적, 정책적 지도를 하지 않으면 안 된다.

바꾸어 말하면 당의 지도는 인민대중에게 투쟁방향을 제시하는 것부터 대중을 교양하고 조직 동원하며 투쟁과정 전반을 장악하고 통제하며 이끌어 나가는 정치적, 정책적 지도라야 한다는 것이다.[76] 이 같은 당의 영도는 다양한 방법으로 구현된다. 예컨대 수령의 혁명사상과 그 구현체인 당의 노선·정책으로 대중을 무장시키고 각성시키는 일, 그 노선과 정책의 관철을 위해 인민을 동원코자 만들어진 정치적 호소인 '투쟁구호'를 제때 적절히 활용하는 일, 그리고 광범한 근로대중 속에서 나타나는 긍정적인 모범상을 제때 찾아내 조장·발전시켜 그것이 전 사회적인 모범으로 전환케 하는 일 등이 그 예라 할 수 있다.[77]

김일성은 일찍이 "각급 당 단체들은 대중 속에서 창조되는 긍정적 모범을 제때에 찾아내고 그것을 적극적으로 지지하며 모범을 전국적으로 일반화하는 사업을 힘 있게 벌려야 하겠다"[78]고 강조한 바 있다. 이른바 당이 수행하는 모든 정치적, 정책적 영도의 도구로서 모든 북한 언론이 복무하지만, 특히 북한 신문이나 방송에서 '모범을 전국적으로 일반화하는 사업'과 관련된 내용을 많이 보게 되는 까닭은 위와 같은 영도예술의 지침에서 비롯되는 것이며, 그것이야말로 북한 언론이 정치사회화의 매개체라는 것을 입증하는 좋은 본보기라 할 수 있다.

(2) 인간 개조와 언론

북한 공산정권은 지금까지 인민대중을 공산주의적 인간으로 만드는 작업을 끊임없이 해왔다. 그들이 말하는 인간 개조란 "사람들을 자주적인 사상의식과 선진과학기술지식, 높은 문화수준을 소유한 전면적으로 발전된 공산주의적 인간으로 만드는 사업이다."[79] 이러한 인간 개조 작업에서 먼저 추구할 목표는 수령에 대한 충실성이다. 그 까닭은 '수령에 대한 충실성은 당성, 노동계급성, 인민성의 최고 표현'이기 때문이다.

당과 수령을 충성으로 받드는 충실성을 지녀야만 당과 혁명의 이익, 노동계급과 인민대중의 이익을 옹호하여 투쟁할 수 있으며, 공산주의 혁명가로서의 혁명적 본분과 사명을 다할 수 있다는 것이다. 곧 혁명적 수령관(首領觀)을 떠나서는 공산주의 혁명가에 대하여 생각할 수 없다고 강조한다. 수령관은 혁명에 대한 관점과 태도를 특징짓는 기본 척도이며 혁명가와 우연분자를 가르는 시금석이라고 본다.[80] 그렇기 때문에 북한 언론은 무엇보다도 수령에 대한 충실성을 노동계급과 인민대중에게 내면화시킬 사회화의 기능을 다하지 않으면 안 되는 것이다.

그 다음으로 "당의 로선과 정책을 깊이 알아야만 당의 의도대로 사고하고 행동할 수 있으며 당 정책을 관철하기 위한 투쟁에서 신심이 생기고 투지와 열정이 올 수 있다"[81]고 본다. 당의 노선과 정책은 곧 김일성주의의 구현이며, 당은 김일성주의의 구현체이므로 이러한 강조는 당연하다. 그것은 바로 김일성주의를 철두철미하게 내면화시킨다는 것을 뜻하는 것이며, 그 임무를 북한 언론이 담당한다는 점은 이미 앞에서 충분히 밝힌 바 있다.

이와 같이 공산주의적 인간형으로 인간을 개조하고자 동원할 방법은 다양하다. 그 첫 걸음은 다음과 같은 김일성의 교시에 잘 나타나 있다.

공산주의 교양에서 또한 중요한 문제는 낡은 사회에서 물려받은 개인주의와 이기주의를 배격하고 근로자들을 나라와 사회의 이익을 귀중히 여기며 서로 돕고 이끌어 주는 집단주의 정신으로 교양하는 것입니다.[82]

여기서 말하는 집단주의 교양이란 사람들로 하여금 개인의 이익보다 조직과 집단의 이익을 더 귀중히 여기며, '하나는 전체를 위하여, 전체는 하나를 위하여'라는 원칙에 따라 서로 돕고 이끌면서 사회와 인민, 당과 혁명을 위하여 모든 것을 다 바쳐 투쟁하는 사상 관점과 태도를 가지도록 하는 교양을 뜻한다.[83] 이 같은 사상 교양의 한 방법으로 김정일은 다음과 같은 방식을 지적했다.

타이르고 깨우쳐 주는 설복과 교양의 방법에 의해서만 사람들을 혁명 사상으로 무장시키고 그들의 혁명적 열의와 무궁무진한 창조적 힘을 남김없이 발양시킬 수 있으며 당과 대중과의 련계도 더욱 튼튼히 다져 나갈 수 있습니다.[84]

이러한 지적은 곧 인간 개조를 위한 교양의 방법으로 해설과 설복을 제시하는 것이다. 해설과 설복이 필요한 이유는 대중 속에 깊이 들어가 구체적인 특성을 옳게 파악하고, 그에 맞게 진행하여야만 각각 다른 특성을 가진 모든 사람들이 혁명의 진리를 깊이 체득할 수 있기 때문이다. 그래야만 사람들의 사상을 개조하는 어렵고 복잡한 사업을 효과적으로 실현해 나갈 수 있게 된다고 보기 때문이다. 이와 관련하여 강조하는 것은 여러 가지 형식과 방법을 옳게 적용하며 진공적(進攻的)으로 기동성 있게 설복과 해설을 진행하는 것이다. 이것은 김일성의 다음과 같은 교시에 따른 전술이다.

　　선전사업과 선동사업을 옳게 결합시키고 여러 가지 선전선동수단들을 잘 배합하여 사상사업을 진공적으로 조직하며 그 기동성을 잘 보장하여야 하겠습니다.[85]

　해설과 설복의 구체적인 형식과 방법에는 여러 가지가 있다. 선전과 선동, 강연과 강습, 담화와 이야기 모임, 예술선전과 직관선동 등은 모두 자기의 독특한 내용과 감화력을 가지고 있는 해설과 설복의 형식과 방법들인 것이다.[86]

　여기서 우리는 공산주의적 인간형으로 인간을 개조하는 데 북한 언론을 활용하는 방식과 그것의 존재 양식에 대해 유의할 필요가 있다. 그 하나는 북한 언론, 그 가운데서도 신문은 인간 개조를 하는 교양교재로 활용된다는 점이다. 직장과 조직에서 《로동신문》 등을 읽고 집단적인 토론을 하는 방식은 인간 개조, 김일성주의 사상을 내면화하는 오래된 관행이다. 이러한 방법은 신문과 대화를 결합한 매우 효과적인 정치사회화의 방식으로, 이로써 해설과 설복이 이루어진다.

　나머지 하나는 신문의 종류별 특성을 살릴 것을 강조하는 언론정책과 같이, 인간 개조를 위한 교양의 도구 언론매체를 교양대상에 따라 차별적 성격을 갖게 하고 있다는 점이다. 이러한 전략은 해설과 설복을 인민대중의 구체적 특성에 따라, 또 그에 맞게 진행해야만 성공적인 성과를 거둘 수 있다는 관점에 근거하는 것이다. 이 같은 전략이 가장 두드러지게 채택되고 있는 부문이 신문 정책이다. 북한은 신문의 종류별 특성을 철두철미하게 강조하고 있다. 이와 같은 그들의 언론 정책을 더 자세히 알아보면 다음과 같다.

　신문의 종류별 특성을 살린다는 것은 모든 신문이 다 자기의 고

유한 얼굴을 가지게 한다는 것이다. 곧 모든 신문이 자기의 성격과 사명, 자기의 독자대상에 맞게 내용과 형식을 특색 있게 꾸린다는 것을 뜻한다. 그렇게 해야 하는 까닭으로 다음과 같은 두 가지 이유를 들고 있다.

첫째, "대중선전수단으로서의 신문의 역할을 높이기 위해서이다." 출판보도물의 특성 문제는 대중선전수단으로서의 그 역할을 높이는 데서 매우 중요한 의의를 지니며, 출판보도물들이 대중의 사랑을 받고 대중과 친숙해지자면 그것을 특색 있게 만들어야 한다는 것이다.[87] 신문의 종류별 특성, 곧 독자대상에 알맞게 내용과 형식을 갖추는 것은 각 신문들이 대중선전수단으로서의 자기의 기능과 역할을 높이려는 원칙적 문제로 제기되는 것이라고 보고 있다. 둘째는 "혁명발전의 요구에 맞게 출판보도선전을 더욱 강화하기 위해서이다."[88]

그러면 어떻게 해야 신문의 종류별 특성을 옳게 살릴 수 있는 것일까? 이 문제와 관련하여 당은 세 가지를 강조하고 있다.

첫째, "신문별 특성을 잘 알아야 한다." 각각의 신문들에는 자기의 고유한 얼굴이 있으며 특성이 있다는 것이다. 각각의 신문들은 총체적 사명과 임무, 혁명적 성격에서 본질상 공통성을 가지지만, 그 구체적 사명과 임무, 위치나 역할, 독자대상 등에서 구별된다는 점을 강조하고 있다.[89] 예컨대 《로동신문》은 당 중앙위원회 기관지로서, 《민주조선》은 정부 기관지로서, 《평양신문》은 수도신문으로서, 《로동청년》은 청년신문으로서, 각 도에서 발행되는 도(道)일보는 지방신문으로서 자기의 특성을 가지고 있다는 것이다.

둘째, "매개 신문의 사명과 임무, 독자대상에 맞게 내용과 형식을 꾸려야 한다."[90] 이와 관련하여 다음과 같이 예시하고 있다.

"당보《로동신문》은 당원들과 근로자들을 위대한 수령님의 교시나
친애하는 지도자 동지의 말씀, 그 구현인 우리 당의 로선과 정책, 방침으
로 튼튼히 무장시키며 대중을 그 관철에로 불러일으키는 것을 자기의
중요한 사명과 임무로 하고 있다."

"《민주조선》은 인민정권기관 일군들과 군중을 인민정권사업과 관련
하여 주신 위대한 수령의 교시와 친애하는 지도자 동지의 말씀, 그 구현
인 국가의 정책과 법령, 규정으로 무장시키며 그들을 그 관철에로 불러
일으키는 것을 자기의 사명과 임무로 하고 있다."

"《평양신문》은 수도 시민들을 기본대상으로 하여 그들에게 위대한
수령님의 교시와 친애하는 지도자 동지의 말씀, 그 구현인 우리 당의 로
선과 정책, 방침으로 튼튼히 무장시키며 대중을 그 관철에로 불러일으키
는 것을 자기의 중요한 사명과 임무로 하고 있다."

"《평양신문》은 수도 시민들을 기본대상으로 하여 그들에게 위대한
수령님의 교시와 친애하는 지도자 동지의 말씀, 그 구현인 우리 당 정책
을 알려 주고 그 관철에서 이룩되고 있는 성과들을 적극 소개 선전하며,
《로동청년》은 모든 청년들을 주체위업의 믿음직한 계승자로 준비시키
고 그들을 온 사회의 주체사상화를 위한 투쟁에 불러일으키며, 도(道)일
보는 도내 전체 당원들과 근로자들을 도 앞에 제시된 과업수행에로 조
직 동원하는 것을 사명과 임무로 하고 있다."[91]

셋째, "모방과 도식에 사로잡혀 신문들을 어슷비슷하게 만드는
현상과 강하게 투쟁하여야 한다."[92]

　이처럼 조선노동당은 신문마다 특성 있는 제작을 강조하고 있으나, 그것은 우리가 생각하는 개성과는 크게 다르다는 것을 알 수 있다. 우리가 생각하는 신문의 개성, 곧 신문의 차별적 성격이란 지향하는 이데올로기의 다양성에 따른 차별성, 정보지향적인가 오락지향적인가에 따른 엘리트신문과 대중신문과의 차별성 등이다. 그러나 북한 신문의 그렇지 않다. 그것은 김일성 유일사상과 김일성 유일체제를 공고히 하려는 독자분할에 토대한 다른 얼굴의 한 목소리일 뿐이다.

　북한의 모든 신문은 《로동신문》의 변형일 뿐이며, 그 변형의 폭은 김일성 유일사상과 김일성 유일체제를 위한 '수령'의 교시와 '친애하는 지도자 동지'의 지시, 그리고 그것의 구현인 당의 노선과 정책 안에서만 가능한 것이다. 한 우물에서 같은 물을 길어 내는 다른 모양의 두레박 정도의 차별성일 뿐이라 할 수 있다.

《북한의 언론》, 을유문화사, 1989

주(註)

1) 국토통일원, 《북한의 언론 출판 분야 사업 총화집, 1949~1970》, 서울 : 국토통일
   원, 1974, 115~116쪽; 김영주, 《언론정책과 언론구조》; 고현욱 외, 《북한 사회와
   구조의 변화》, 경남대 극동문제연구소, 1987, 343쪽; 이상두, 《마르크스–레닌주의
   와 언론》, 서울 : 범우사, 1979, 147쪽 참조.
2) 김경인, 〈조선민족해방투쟁에 있어서 조국광복회의 혁명적인 업적〉, 《근로자》(제
   174호), 1960년 5월호, 28~35쪽; 전석담, 〈조선마르크스–레닌주의 당창건을 위한
   김일성동지를 선두로 하는 견실한 공산주의자들의 투쟁〉, 《력사과학》(제5호),
   1959년 10월, 1~8쪽; 서대숙, 《한국 공산주의 운동사 연구》(번역판), 서울 : 화다,
   1985, 245~246쪽에서 재인용.
3) 서대숙, 앞의 책, 245~246쪽.
4) 《정치사전》, 평양 : 사회과학출판사, 1973, 지양사(복사판), 682쪽.
5) 위의 책, 682쪽.
6) 위의 책, 683쪽.
7) 위의 책, 1203~1204쪽.
8) 《1922年の治安と狀況》, 440~445쪽; 서대숙, 앞의 책, 29쪽.
9) 서대숙, 앞의 책, 57쪽.
10) V. I. Lenin, *Collected Works*, Vol.4, N.Y. : International Publishers, 1927, p.114
11) James W. Markham, *Voices of Red Giants*, Ames : Iowa State University press, 1967,
   p.50
12) 위의 책, 68쪽.
13) 조선로동당중앙위원회 엮음, 《김일성선집》, 서울 : 대동판, 1988, 290~291쪽.
14) 배순재·라두림, 《신문리론》, 동격 : 재일본 조선언론출판인협회, 1967, 4~5쪽, 23
   ~25쪽; 김영주, 앞의 글에서 재인용.
15) 배순재·라두림, 앞의 책, 25~26쪽.

16) 위의 책, 31~34쪽.

17) 위의 책, 36쪽.

18) 《김일성저작집》 16, 235쪽.

19) 김일성, 신년사(1973), 13쪽.

20) 《정치사전》, 522~523쪽.

21) 《김일성저작선집》 6(1965년판), 514쪽.

22) 《정치사전》, 186~187쪽.

23) 《김일성저작선집》 3, 249~250쪽.

24) 《정치사전》, 318~319쪽.

25) 배순재·라두림, 앞의 책, 42~43쪽; 김영주, 앞의 글에서 재인용.

26) 위의 책, 47~49쪽.

27) 《김일성저작선집》 10, 297쪽.

28) 사회과학원 력사연구소, 《력사사전》 1, 사회과학출판사, 1971, 1036~1037쪽.

29) 북한 사회과학원 언어학연구소가 편찬한 《현대조선말사전》에 따르면 공민이란 "한 나라의 국적을 가지고 그 나라의 헌법에 규정된 권리와 의무를 지닌 사람"을 말한다. 북한 인민의 경우 만 17세 이상이 되면 공민이 된다. 《정치사전》에 따르면 "착취와 압박이 없고 사회의 리익과 개인의 리익이 근본적으로 일치하는 우리 나라에서 공민의 권리와 의무는 '하나는 전체를 위하여, 전체는 하나를 위하여'라는 집단주의 원칙에 기초하고 있다"고 한다.

30) 《력사사전》, 1036쪽.

31) 위의 책, 1036쪽.

32) 위의 책, 1036쪽.

33) 스칼라피노·이정식 공저, 《한국 공산주의 운동사》 1, 한홍구 역, 서울 : 돌베개, 1986, 287쪽.

34) 소비에트사회주의공화국 헌법(1977. 10. 7. 개정).

35) 소련의 구헌법 제125조는 이 같은 물적 토대의 보장을 명문화했었다.

36) Fred S. Siebert, Peterson T. and W. Schramm, *Four Theories of the Press*, Urbana : University of Illinois Press, 1956, pp.126~129

37) 이상우 외, 《북한 40년》, 서울 : 을유문화사, 1988, 20쪽.

38) 《출판보도사업에 대한 당의 방침해설》, 평양 : 조선로동당출판사, 1985, 5쪽.

39) 위의 책, 6쪽.

40) 위의 책, 6쪽.

41) 위의 책, 6~7쪽.

42) 위의 책, 7쪽.

43) 위의 책, 9쪽. 여기서 '친애하는 지도자 동지'란 김정일을 가리키는 북한의 통용어다.

44) 위의 책, 22쪽.

45) 위의 책, 23쪽.

46) 위의 책, 25쪽.

47) 위의 책, 27~28쪽.

48) 위의 책, 28쪽.

49) 위의 책, 30쪽.

50) 위의 책, 32쪽.

51) 위의 책, 81쪽.

52) 위의 책, 82쪽.

53) 위의 책, 83쪽.

54) 위의 책, 83쪽.

55) 위의 책, 84쪽.

56) 위의 책, 85쪽.

57) Theodore E. Kruglak, *The Two Faces of TASS*, Minneapolis : University of Minnesota Press, 1962, pp.78~80

58) 《출판보도사업에 대한 당의 방침》, 86쪽.

59) 위의 책, 87쪽.

60) 위의 책, 87쪽.

61) 위의 책, 74쪽.

62) 위의 책, 75~76쪽.

63) 위의 책, 77~81쪽.

64) 위의 책, 118쪽.

65) 위의 책, 118~119쪽.

66) 위의 책, 119~121쪽.

67) 위의 책, 121~126쪽.

68) 위의 책, 104쪽.

69) 위의 책, 104~106쪽.

70) 위의 책, 106~111쪽.

71) 위의 책, 13쪽.

72) 위의 책, 13쪽.

73) 위의 책, 14~20쪽.

74) 《령도예술》, 사회과학출판사 편, 지평, 1989, 11쪽.

75) 위의 책, 110쪽.

76) 위의 책, 138쪽.

77) 위의 책, 18~19쪽.

78) 《김일성저작집》 15, 292쪽.

79) 강운빈, 《인간개조론》, 사회과학출판사, 1985(조국, 1989년 판), 23쪽.

80) 위의 책, 161쪽.

81) 《김일성저작집》 18, 317쪽.

82) 《김일성저작집》 15, 290쪽.

83) 강운빈, 앞의 책, 185쪽.

84) 강운빈, 앞의 책, 71쪽.

85) 《김일성저작집》 25, 350쪽.

86) 강운빈, 앞의 책, 207쪽.

87) 《출판보도사업에 대한 당의 방침해설》, 89쪽.

88) 위의 책, 90쪽.

89) 위의 책, 91~92쪽.

90) 위의 책, 93쪽.

91) 위의 책, 93쪽.

92) 위의 책, 94~95쪽.

남북한 언론의 성격과 통일언론의 과제

1. 서 론

남북한의 언론제도는 8·15 해방과 더불어 북위 38도선 이북에 소련군이, 그리고 이남에 미군이 진주하면서 미·소 양국의 한반도 경영전략과 결부되어 도입된 것이다. 미국이 남한에 자본주의 체제에 입각한 자유민주주의 정부를 수립하려 한 것과 달리, 소련은 북한에 프롤레타리아 독재정부를 세우려는 기본전략을 가지고 있었다. 이에 따라 미·소 양국은 자신들의 제도를 각각 남북한에 이식했다. 언론제도도 물론 예외가 아니었다. 그 결과 남한에는 전통적인 영미국가의 자유주의 언론이론에 뿌리를 둔 언론제도가, 북한에는 소비에트 공산주의 언론이론에 근거한 언론제도가 도입된 것이다. 따라서 현재 남북한의 언론제도는 다 같이 외래의 제도가 이식된 것으로, 쌍방의 주체적 선택으로 정립된 것이 아니다.

이렇게 출발한 남북한의 언론제도는 지난 반세기 동안 두 체제 안에서 각각 변화의 과정을 밟아 왔다. 남한의 경우 언론제도는 정권의 성격에 따라 자유주의 언론에서 권위주의 언론으로 변전(變轉)

을 거듭해 왔으며, 북한의 언론제도는 조선노동당이 자기활동의 지도적 지침을 마르크스–레닌주의에서 주체사상으로 변환시킴에 따라 바뀌기도 했다. 그렇다 할지라도 제도의 본질은 자유주의 언론과 공산주의 언론에서 찾아야 할 것이다. 또한 남북한의 언론은 각기 자신들이 속한 체제와 지배 이데올로기의 수호자이며 전파 매개체로서 존속해 오고 있다.

이 글은 이와 같은 남북한 언론의 성격을 규명하고 서로 상이한 입장에서 어떻게 체제의 이익을 옹호하며 대변하고 있는가를 남북한 관계의 보도를 예로 들어 살펴보고자 한다. 그리고 통일지향의 관점에서 서로 이질적인 언론이 민족의 동질성을 회복하고, 마침내 정치적 통일을 성취하는 데 기여하려면 무엇을 어떻게 해야만 할 것인가에 대한 의견을 제시할 것이다. 물론 이를 위해 남북한 당국의 통일언론정책도 간략하게 살펴보고자 한다.

2. 남북한 언론의 기본성격

1) 남한 언론의 기본성격

앞에서도 언급한 바와 같이 남한의 언론제도는 영미의 자유주의 언론 전통에 입각한 것으로, 구체적으로는 미군정이 미국의 제도를 이식한 것이다. 1945년 9월 11일 조선에 상륙한 하지(John R. Hodge) 중장은 기자회견에서 "미군이 진주해 온 후인 현재, 조선에는 문자 그대로의 절대적인 언론자유가 있는 것이다. 미군은 조선 사람들의 사상과 의사 발표에 간섭도 안 하고 방해도 안 할 것이며 출판에

대하여 검열 같은 것을 하려 하지도 않는다"고 천명함으로써 자유
언론제도를 도입하였다. 이어 같은 해 9월 하순과 10월 초에 걸쳐
미군정 당국은 일제 강점기의 출판법, 치안유지법, 보안법 등을 폐
지하고 바꾸었다.[1]

　해방 이후 대한민국 정부가 수립될 때까지의 기간 동안 좌우 이
념의 갈등과 정파 사이의 투쟁과정에서 신문 또한 특정 정파와 이
념의 도구가 되어 지극히 혼란한 상황이 벌어졌다. 이 때문에 미군
정 당국이 언론의 자유를 제한하는 정책을 시행하여 진정한 자유민
주주의 언론제도가 실시되었다고는 할 수 없지만, 그것은 상황에 대
응하는 일시적 정책이었을 뿐, 언론제도의 근간은 어디까지나 자유
주의 언론이었다. 마찬가지로 대한민국 정부 수립 이후 역대 정권이
자유민주주의적 기본질서를 일탈하거나 또는 헌정을 중단시키는 사
태가 있을 때마다 언론제도는 권위주의적 언론제도로 변질되었다.
그러나 기본적으로 대한민국의 기본질서가 자유민주주의인 한, 남
한의 언론제도는 본질적으로 자유주의 언론제도일 수밖에 없었다.

　자유주의 언론제도는 언론의 자유를 천부의 권리로 파악하는 데
서 비롯된다. 곧 사람은 누구나 말하고자 하는 바를 말할 권리를 가
지고 태어났으므로, 언론의 자유는 제한되거나 침해될 수 없는 기본
권이라는 개념이다. 그러므로 자유주의 언론제도는 누구나 말할 자
유, 알릴 자유, 비판한 자유 등을 보장한다. 곧 인쇄할 자유, 보도할
자유, 비판할 자유가 자유주의 언론제도의 핵심이라 할 수 있다.

　이러한 자유주의의 밑바탕에는 인간이 이성적이며 도덕적인 존재
로서 진리를 추구하는 본성을 지니고 있다는 인간관이 깔려있다. 그
뿐만 아니라 진리를 추구하는 이성적이며 도덕적인 존재인 인간이
자유롭게 말하고, 자유롭게 비판(토론)하는 과정 속에서 진리는 떠

오르고 거짓은 자연히 도태된다는 '사상의 자유시장' 원리가 또 하나의 자유주의 언론제도의 핵심 아이디어이다. 요약한다면, 자유주의 언론제도의 핵심은 언론의 자유를 '천부의 권리'로 보는 관점, 그리고 '사상의 자유시장' 원리라 할 수 있다.

그러나 20세기에 들어와 이와 같은 자유주의 이론에 수정이 가해지기 시작했다. 인간은 진리를 추구하기보다 안락함을 추구하는 본성을 지녔으며, 도덕적이기보다 유혹에 잘 흔들리고, 이성적이기보다 감성적인 면이 강한 존재라고 파악하는 인간관이 나타났기 때문이다. 그뿐만 아니라, 절대적 진리보다 상대적 진리를 신봉하기 시작했으며, 자유의 개념 속에는 복지의 관념이 들어 있다는 시각과, 자유란 개인적인 개념인 동시에 사회적인 개념이기도 하다는 사상도 나타났다. 그리하여 개인의 이익과 사회의 이익을 조화시켜야 한다는 관점이 제도 속에 정착되기 시작했다. 또 애덤 스미스(Adam Smith) 이래로 이어져 온 '자유방임주의' 시장경제는 케인즈(John M. Keynes)의 일반경제이론에 따라 수정되었고, 부분적인 계획경제제도가 도입되었다. 요약한다면 고전적 자유주의의 수정판인 신자유주의가 설득력을 지니고 등장한 것이다.

이에 따라 언론의 자유주의 이론에도 수정이 일어났다. 언론의 자유와 함께 언론의 사회적 책임을 강조하기에 이른 것이다. 최근에 강조되는 '미디어에의 접근권'이라든지 '반론권' 등은 고전적 자유주의 언론이론의 한계를 극복하고자 한 패러다임일 뿐, 신자유주의 언론이론 자체를 고전적 이론의 부정이라고 볼 수 없다. 따라서 남한의 언론제도는 기본적으로 자유주의 언론이론에 입각한 것이 된다.

자유주의 언론은 반드시 추구해야만 할 몇 가지 원칙이 있다. 그 첫째는 사실을 진실하게 보도하는 것이다. 언론의 1차적 기능은 뉴스의 전달이다. 뉴스란 일어난 일 그 자체가 아니라 그것의 재구성이다. 그러므로 사실을 되도록 일어난 일 자체와 가깝게 재구성하여 전달해 주는 일이 요청된다. 만약 사실을 왜곡한다거나 실제와 크게 다르게 구성하여 전달한다면 수용자는 현실을 올바르게 파악할 수 없게 되기 때문이다.

둘째는 객관주의이다. 객관주의는 있는 그대로를 전달하는, 사실에 충실해야 함을 강조하려는 것으로, 언론의 관행에서 사실과 의견의 분리를 요구하는 것이다. 곧 사실은 사실대로, 의견은 의견으로 분리해서 편집해야 한다는 것을 뜻한다.

셋째는 공정성의 확보이다. 공정성이란 편견의 배제를 뜻하는 동시에 편파적인 입장을 탈피해야만 한다는 뜻이다. 그러므로 언론이 공정해지려면 특히 찬·반 양론이 있을 수 있는 논쟁적인 공공의 관심사를 다룰 때 서로 다른 관점이나 의견을 균형 있게 제시해 주어야만 한다.

최소한 이 같은 세 가지 조건에 충실한 언론이어야 자유롭고 책임 있는 언론이라 할 수 있다. 남한의 언론은 바로 그러한 원칙을 존중하고 준수하는 자유언론인 것이다.

한편 남한의 언론은 기본적으로 자본주의와 자유민주주의적 기본 질서를 옹호하며 존속시키는 데 기여하는 성격을 지닌다. 그러한 성격을 지니게 되는 첫 번째 이유는 매체산업과 시장경쟁 이데올로기의 접합에서 찾을 수 있다. 언론매체의 역사를 볼 때 신문과 일반잡지 등은 자유방임주의와 진보주의가 득세하기 훨씬 전에 출현한 것이지만, 새로운 형식의 대중매체들, 예컨대 전파매체인 라디오나 텔레비전 등은 조합식 자본주의(corporative capitalism)가 번창하고 시장경제 이데올로기가 뿌리 내린 새로운 환경 속에서 생겨난 것이다.[2]

뿐만 아니라 신문이나 일반잡지와 같은 매체 또한 시장경제의 경쟁체제 속에서 생존할 수밖에 없는 환경에 직면하게 되었다.

시장경제 속에서 생존하며 이윤을 창출하려면 언론매체는 거대한 자본투자능력을 갖추어야 하며, 팔기 좋은 상품을 만들어 소비자를 확보함으로써 판매이익을 극대화시키는 동시에 광고수익을 최대한 높여야만 한다. 따라서 언론매체는 자본의 논리에 충실하지 않을 수 없게 되며, 그러한 매체산업의 성격은 언론으로 하여금 자본주의 이데올로기를 옹호하고, 자본주의 체제의 이해를 대변하게끔 만드는 것이다.

또한 남한의 언론이 자유민주주의적 기본질서를 옹호하게 되는 까닭은 대한민국 정부 수립 이후로 지금까지 추구되어 온 반공 이데올로기에서 당연히 연유한다. 그러한 성격은 사상의 자유로운 표현에 대한 역대 정권의 탄압으로 더욱 강화된 것이지만, 보다 본질적으로는 자본주의 체제하의 언론매체산업이 불가피하게 받아들일 수밖에 없는 시장경제 이데올로기에서 비롯되는 것이다. 곧 시장경제체제에서 생존해야 하는 언론산업은 그것을 부정하는 공산주의 경제체제를 결코 용납할 수 없는 것이다. 이와 관련하여 자유주의 언론제도의 핵심 아이디어의 하나인 '사상의 자유시장' 원리가 시장제도 원리와 잘 조화된다는 점에 유의할 필요가 있다.

2) 북한 언론의 기본성격

북한 언론의 개념을 이해하기 전에 먼저 소비에트 공산주의의 언론개념을 살펴볼 필요가 있다. 그 까닭은 북한의 언론도 기본적으로 소비에트 공산주의 언론개념에 토대를 두고 있기 때문이다. 또한 북한은 북한 언론이 주체의 언론으로서 김일성이 새롭게 창안한 언론이라는 독자성을 강조하고 있기 때문에, 그것이 지니는 일반적인 공산주의 언론개념과의 차이를 검토해 볼 수도 있다.

소비에트 공산주의의 언론개념은 "신문은 집단적 선전자이며 선동자일 뿐만 아니라 집단적 조직자"라고 갈파한 레닌의 말 속에 적절하게 표현되어 있다.3) 한편 북한 언론의 개념은 다음과 같은 김일성 어록이나 또는 북한의 각종 출판물에 나타나 있는 언론에 관한 관점들에 잘 밝혀져 있다. 김일성은 1945년 10월 17일 북조선공산당 중앙조직위원회 선전부 일꾼들과 한 담화에서 '당보를 창간한데 대하여'라는 주제를 발표한 바 있다. 그는 여기서 다음과 같이 강조했다.

당이 창건된 것만큼 우리는 당의 기관지인 당보를 빨리 발간하여야 하겠습니다. 당보는 당원들과 인민대중을 옳게 교양하며 그들을 혁명투쟁으로 조직 동원하는 데서 매우 중요한 역할을 합니다. 당보는 당의 로선과 정책을 제때에 광범히 선전하는 위력한 선전자이며 당의 로선과 정책을 적극 옹호하고 대중을 그 관철에 불러일으키는 믿음직한 조직자입니다. 당보를 발간하여야 당원들과 인민대중에게 당의 의도를 제때에 정확히 알려 주고 그들을 옳은 길로 인도할 수 있으며 당의 주위에 광범한 대중을 묶어세워 혁명투쟁을 잘해 나갈 수 있습니다. …… 당보의 이름은 《정로》라고 하는 것이 좋겠습니다. …… 우리 당이 인민대중에게 올바른 로선을 가르쳐 주고 그 길로 대중을 인도한다는 의미에서 당보의 이름을 《정로》라고 하는 것이 합당할 것입니다.4)

또한 북한의 신문학 이론서 가운데 하나인 《신문리론》에 따르면

"북한 신문은 구체적으로 선전선동자적 기능, 조직자적 기능, 그리고 문화교양자적 기능을 수행한다"고 규정하고 있다.[5]

이러한 관점들은 언론에 대한 기본 인식을 언급한 북한의 여러 문건들 가운데 어디서나 나타나고 있는 것이다. 그러나 그들이 자신들의 언론을 항일무장투쟁 시기의 혁명적 출판물의 전통을 이어받은 주체의 언론이라고 강조하고 있기는 하지만, 그들의 언론에 대한 개념은 소비에트 공산주의의 언론 개념과 동일하다는 것을 알 수 있다. 곧 언론은 선전선동자이고 조직자이며 문화교양자로 규정하는 것이다.

이러한 언론에 대한 개념을 전제로 공산주의 언론이론에서 이해하고 있는 언론의 자유와 뉴스의 성격은 어떤 것인지를 간략하게 살펴보면 다음과 같다.

첫째, 어느 사회에서나 절대적 자유란 불가능하다. 레닌이 말한 것처럼 "어떤 사회 속에서 생활하고 있으면서 그 사회로부터 자유롭다는 것은 있을 수 없다"고 보기 때문이다. 예컨대 자본주의 사회의 신문은 필연적으로 자본주의의 원리를 따르게 되어 있는 것이다. 이런 뜻에서 소비에트 공산주의 신문은 '자본이나 출세주의 혹은 부르주아적 무정부주의자들의 개인주의로부터 자유롭다는 점에서 자유를 누린다'고 보고 있다.

둘째, 소비에트 공산주의의 관점에서 볼 때 가치 있는 것이란 사람들이 진실이라고 생각하는 것을 말할 수 있는 자유를 뜻한다. 그런데 개인들이 무엇을 진리라고 생각하는가, 다시 말해서 무엇이 진리라고 생각해야만 되는가가 문제된다. 소비에트 공산주의의 경우 그것은 공산주의 이념일 수밖에 없다.

셋째, 영국이나 미국의 자유주의적 전통에서 볼 때 언론의 자유란 '정부로부터의 자유'를 주로 뜻했다. 그러나 소비에트 공산주의의 관점에서 보면 '정부는 적극적인 선이며 개인에게 보다 충실한 삶을 보장해 주는 일대 협동 기업체'와 같다. 따라서 정부로부터의 자유란 대단히 소극적인 자유를 말한다. 그러므로 소련에서는 국가가 반대하는 어떠한 자유도 보장될 수 없다.

넷째, 소비에트 공산주의에서 언론의 자유란 신문 발행에 필요한 모든 설비를 인민이 이용할 수 있게 국가가 보장하고 있다는 데서 출발한다. 그것은 신문 발행 시설을 소유한 어떤 계급의 통제로부터도 인민이 자유롭다는 것을 뜻하는 것이다.

다섯째, 소비에트 공산주의 신문이론에서는 언론의 자유와 책임을 분리해서 생각하지 않는다. 오히려 언론의 책임이 더 강조되는 경향이 있다. 왜냐하면 언론의 자유는 '노동자들의 이익에 적합하고 또한 사회주의 제도를 공고히 할 목적'으로 보장되기 때문이다. 곧 언론은 그와 같은 목적을 달성하는 데 앞장서야 할 책임이 있다고 보는 것이다.

여기서 무엇이 '노동자의 이익에 적합'할 뿐만 아니라 '사회주의 제도를 공고'히 하는 것인가를 누가 결정하는지의 문제가 제기된다. 그것은 말할 것도 없이 당과 정부가 결정하는 것이다. 그러므로 소비에트 공산주의 언론은 더욱 당의 통제 아래에 있을 수밖에 없다.

이 같은 소비에트 공산주의의 언론자유 개념은 "신문이란 뉴스의 유통을 위해 자유로운 것이 아니라 당의 철저한 지도 아래 명백하게 규정된 목표를 달성하기 위해 근로대중을 교육하고 그들을 조직하기 위해 자유로운 것"이라고 정의한 레닌의 관점에 바탕을 둔 것이다. 따라서 소비에트 공산주의 언론이론이나 북한의 언론이론에서 언론의 자유에 대한 개념은 언론이 당의 목표를 달성하기 위한 선전자이며 선동자인 동시에, 조직자이며 교육자의 구실을 한다는 뜻에서의 자유라는 것을 알 수 있다.

그러므로 북한 언론은 어떤 경우에도 기본적인 지도 원리인 '위대한 수령 김일성 동지의 교시'에 대한 어떠한 비판도 할 수 없게 되어 있다. 오로지 언론의 역할은 그 같은 교시를 당이 구현하는 데 수단으로써 기능하는 것이며, 그런 의미에서 자유로울 뿐이다. 이 같은 언론자유에 대한 개념은 전제주의 체제에서 언론이 왕권을 비판할 수 없던 것이나, 또한 중세 암흑시대에 성경이나 신의 존재를 부정·비판하는 것이 금기시되던 언론자유의 한계와 다를 것이 없다고 할 수 있다.

또한 북한 언론이 견지하는 뉴스의 개념은 어떠한가? 조선노동당은 이와 관련하여 다음과 같이 강조하고 있다. 우선 신문기사를 조선노동당 혁명의 이익과 부합되게 써야 한다고 말한다. "우리의 기자들은 무슨 문제가 제기되면 그것을 우리 혁명의 리익의 견지에서 분석 평가하고 보도사업을 능동적으로 하여야 한다"고 강조하고 있다. 때문에 기자들에겐 높은 정책적 안목이 요구된다. 이 지침은 우리에게 북한 언론 뉴스의 개념이 우리의 그것과 상이하다는 것을 명확하게 드러내고 있다.

소비에트 공산주의의 언론이론에 따르면, "뉴스는 조직된 것이어야 한다. 그렇지 않고 사건을 단순하게 있는 그대로 보도하는 것은 뉴스라고 할 수 없다. 뉴스는 이렇고 이런 사실이나 사건을 그대로 보도하는 것이 아니라 명백하게 규정된 목표를 추구하는 것이어야 한다. 뉴스는 사실을 통한 선동이다. 뉴스는 교훈적이어야 하고 계몽적이어야 한다"6)고 본다. 이러한 공산주의 언론이론의 뉴스에 대한 개념에 근거해 공산주의 국가의 언론인들은 뉴스가 '옳바른(올바른)' 사상의 형성과 정치질서에서 더 강력한 신념을 발전시키는 데 기여할 수 있다는 점에 가치를 부여해 왔던 것이다.

때문에 그들은 당의 선전 주제나 슬로건 또는 당의 정책 캠페인에 뉴스 가치판단의 우선순위를 둔다. 간단히 말해서 공중이 알고자 하는 것이 중요한 게 아니라, 당의 판단에 따라 알아야 할 필요가 있다고 생각되는 일에 뉴스 가치판단의 기준을 두는 것이다. 그렇기 때문에 사상교화나 혁명과업 수행과 무관하거나 또는 그것을 방해하는 뉴스들, 예컨대 범죄사건, 사고, 재해, 관광, 사교, 여론조사 결과 등과 같은 뉴스는 배제해 왔다.

최근에 이르러 소련이나 중국 또는 동구 공산 국가들에선 그러한 도식적 뉴스관에 많은 수정이 이루어졌으나, 북한은 아직도 공산주의 혁명 초기의 뉴스 개념을 고수하고 있다. 그렇기 때문에 《로동신문》을 비롯한 모든 북한 신문에서 김일성의 교시를 해석한 것이나 당의 정책을 교양시키기 위한 것, 또는 공산주의 사회 건설과정에서 추진되는 각종 사업과 연관된 사안들이 주된 뉴스로 다루고 있는 것이다. 요컨대 북한 신문의 뉴스는 객관적 사실의 보도보다 주관적 평가 내지 의견의 개진을 우선하는 셈이다.

이러한 공산주의 언론이론을 전제로 하고, 북한이 스스로 정의하고 있는 그들 언론의 기본 성격을 요약해 보면 다음과 같다.

북한은 언론이라는 용어 대신 '출판보도물'이라는 말을 쓰고 있다. 이들의 '출판보도물'에 대한 기본 인식은 소비에트 공산주의의 언론이론에 근거하는 것이지만, 언론에 대한 성격 부여는 시대적 요구, 곧 김일성의 지도이념 변천에 따라 바뀌어 왔다. 더욱이 마르크스-레닌주의에서 김일성 주체사상이라는 독자적 지도이념을 정립하는 과정에 따라 언론의 성격도 달리 부여되어 온 것이다.

북한은 대체로 1970년대에 마르크스-레닌주의에서 벗어나 김일성 주체사상 시대로 전환되었다. 이러한 전환은 북한 언론의 기본 성격에도 영향을 미쳤다. 출판보도사업에 대한 조선노동당의 방침을 보면, 오늘의 북한 언론의 기본 성격을 '주체의 출판보도물'이라고 규정하면서, 그 이전의 북한 언론과 차별화하고 있다. 조선노동당이 부여한 이 같은 북한 언론의 근본 성격을 구체적으로 살펴보면 다음과 같다.

출판보도사업에 대한 조선노동당의 방침을 해설한 내용에 따르면, 북한의 언론은 '위대한 수령님께서 창간하시고 지도하시는 새형의 주체의 출판보도물'이다. 이 정의에 따르면 북한 언론의 근본적 성격은 두 가지로 요약된다. 하나는 '주체'의 언론이요, 나머지 하나는 '김일성주의 혁명'의 언론이다. 당의 방침 해설은 이것을 다음과 같이 해석하고 있다.

첫째, "우리 당 출판보도물은 무엇보다도 위대한 수령님께서 창간하시고 지도하시는 새형의 주체의 출판보도물이다.[7] 이것은 우리 당 출판물이 지난 력사적 시대와는 근본적으로 구별되는 새로운 역사적 시대, 주체시대의 요구를 반영하여 나온 출판보도물이며 주체시대 출판보도물이 지녀야 할 모든 면모를 갖추고 있는 혁명적 출판보도물이라는 것을 의미한다"[8]고 했다. 이는 북한의 언론은 철두철미하게 주체사상으로 무장하고 있으며, 당과 수령에 대한 충실성을 생명으로 삼고 있다는 것을 뜻하는 것이다. 바로 이 점에 오늘의 북한 언론은 과거와 구별되는 본질적 특성이 있다는 것이다.

둘째, "우리 당 출판보도물은 다음으로 영광스러운 김일성주의 혁명적 출판보도물이다. 이것은 우리 당 출판보도물이 위대한 김일성주의를 지도적 지침으로 삼고 있으며 김일성주의의 승리를 이룩하기 위하여 투쟁하는 혁명적 출판보도물이라는 것을 의미한다"고 했다. 바로 이 점에 북한 언론의 지도이념이 무엇인가 하는 사명이 밝혀져 있다.

그러면 왜 북한의 언론은 주체의 언론이며 김일성주의 혁명적 언론이 되는 것일까? 그 까닭은 다른 데 있는 것이 아니라 바로 "위대한 수령님께서 주체시대의 요구를 반영하시여 새롭게 창간하신 혁명적 출판보도물이기 때문이다."9) 북한은 언론이 어떠한 시대적 요구를 반영하여 누구에 의해 창간되었는가 하는 것은 그 성격을 밝히는 가장 중요한 표징의 하나라고 말한다. 그 까닭은 누가 출판 보도물을 창간했는가에 따라 그 면모와 본질적 특성이 규정된다고 보는 데 있다.

일반적으로 언론은 시대를 대표하는 선진사상의 옹호자·전파자·관철자로서 시대와 혁명의 발전에 복무한다. 그러므로 시대가 달라지고 시대의 요구를 반영한 새로운 사상이 창시되면, 그것을 옹호하고 전파하며 관철할 새로운 언론이 나타나는 것이 필연적이라고 본다. 그러나 그것은 아무나 이룰 수 있는 것은 아니며, 오직 "로동계급의 혁명적 출판물은 역사발전과 시대의 요구를 반영하여 새로운 혁명의 지도사상을 창시하시고 혁명과 건설을 이끌어나가는 탁월한 수령에 의하여 창간"될 수 있을 뿐이다.

그리하여 북한의 언론은 "일찌기 혁명의 길에 나서시여 영생불멸의 주체사상을 창시하시고 주체시대를 개척하신 위대한 수령님에 의하여 창간되었다."10) 이러한 성격을 지닌 북한 언론은 이른바 '수령님'께서 이룩한 빛나는 혁명전통을 이어받아, '수령님'께서 개척한 혁명위업을 대를 이어 끝까지 완성해 나가는 것을 숭고한 목적으로 삼게 된다. 이를 위해 북한 언론은 "위대한 수령님과 친애하는 지도자 동지의 주체적인 출판보도사상을 지도적 지침으로 삼고 있다."[11]

이처럼 북한 언론의 기본적 성격은 전제주의 왕권 시대의 언론이 존재했던 양상과 동일하다. 곧 전제주의 체제에서 진리의 원천은 궁극적으로 제왕이며, 그는 무엇이 진리이며 진리가 아닌가를 가려줄 뿐만 아니라, 언론은 그가 진리라고 인정하는 것만을 옹호하고 전파할 수 있었다. 북한의 언론은 김일성의 사상을 지침으로 삼고, 그의 교시만을 찬양하고 전파할 수 있으므로 전제주의 체제의 언론과 같은 위상을 지니는 것이다. 김일성은 바로 진리의 원천이기 때문이다.

3. 통일과 남북한 언론의 과제

1) 남북한의 통일언론정책

일반적으로 정책이란 일정한 활동영역에서 주체 또는 주체체계의 행동을 설계하는 것,[12] 또는 정부가 할 일과 하지 않을 일을 선택하는 것[13]이라고 정의된다. 또한 정책은 주어진 환경이 가지고 있는 기회를 이용하고 장애를 극복하여 목표를 실현하거나 목적을 달성하려는 노력에서 제안된 것이라고 할 수 있다. 그런가하면 정책을 정치적인 개념으로 파악하여 정치체계가 내린 권위적인 결정이라고 정의하기도 한다. 그러나 정책이 통치기관에서 선택한 방향을 가리키기는 하지만, 단지 국가나 정부 등 권력을 장악하고 있는 곳에서만 행사될 수 있는 것은 아니며, 권력을 갖고 있지 않는 정당이나 개인의 정치적 방향에서도 찾아볼 수 있는 것이다.

이에 견주어 언론정책이란, 현실적 의식 내용을 불특정 다수의 대중에게 전파하는 신문이나 방송 등 언론 영역에서 언론의 외면기획에 따라 그것을 조종, 유도, 간섭하는 사회정책적 행위라 할 수 있다. 뢰겔레(Otto B. Roegele)는 언론정책을 언론 영역에 개입하여 언론의 기능과 대사회적 역할 수행에서 특정 목적을 추구하는 가운데, 독점적 이상을 실현시키려는 국가정책의 하나라고 정의한다.[14] 그에 따르면 언론정책이란 신문, 방송 등 대중매체의 조직적 문제·법적지위·기능양식 및 그 인적·물적 장치와 관련된 국가정책이며, 그로 말미암아 특정 이상 추구와 특정 체제의 조건적 목표를 달성하려는 정치행정체계의 권력행위라고 한다. 따라서 거시적으로 볼 때 언론정책은 언론과정에 개입하여 그것을 통제하고 조정하는 국가권력적 조치들의 총체이다. 특히 언론행위들을 가능케 하는 매체조직적·경영적 차원에서의 정치적 조치도 포괄하는 것이라 할 수 있다.

이와 같은 개념에 입각해 볼 때, 통일언론정책이란 분단 상황을 극복하고 통일된 민족국가를 수립하는 과업과 관련된 일체의 관심사에 대한 보도와 논평과정에 개입하고, 이를 조성 또는 조정하거나 통제하는 국가정책이라 할 수 있을 것이다. 여기서 말하는 '일체의 관심사'란 통일정책은 물론, 남북관계 및 어느 일방의 현실 등에 관한 모든 영역의 정보를 포괄한다는 뜻이다.

그러면 언론정책의 근거와 필요 및 문제점은 무엇일까? 누구나 지적하는 바와 같이, 현대의 언론은 사회의 모든 구성원과 사회조직체들을 연결하고 매개해 주는 능력을 가진 상호작용체계이다. 때문에 국가공동체적 동질성을 확보하여 체제를 공고히 유지하려는 정치권력은 언론의 존재와 도움을 필연적으로 요청하게 된다. 따라서 통치체계와 언론체계는 불가분의 관계에 있게 되며, 또 상호 규정적이다.

언론의 입장에서 볼 때, 언론은 정부의 정책결정과 집행과정에 대해 비판·견제의 대안을 끊임없이 제기하고 여론을 조성하며, 그것을 정책에 투입하는 기능을 수행한다. 그럼으로써 권력의 독단을 방지하고 국민통합과 국민총화를 도모하는 정치체계의 궁극적 목적을 달성하는 데 기여하게 된다. 그리고 언론이 이러한 순기능을 제대로 발휘할 수 있도록 제반 조건을 조성해 주는 것이 정치체계의 올바른 언론정책이라고 할 수 있을 것이다.

한편 정치권력의 입장에서 보면, 효과적인 통치는 언론행위의 효과적인 관리에 의해서만 가능하다고 여길 수 있다.15) 그리하여 국가정책 수행의 주체로서 정부는 언론의 중요성을 그 통합정책의 성패가 달린 관건이라는 관점에서 이해하게 되며, 그 결과 사회통합과 국민의 단결, 결집, 동원 목적에 대한 수단으로 언론을 이용하려 한다. 곧 정치권력은 언론의 사회통합적 잠재력을 동원하려 하게 된다. 여기서 정부의 언론정책은 언론통제로 나타나게 된다. 그리하여 정부는 법률적·정치적·경제적 통제 등 다양한 방법을 활용하여 취재·편집·보도 및 논평의 언론활동과정에 간섭하여 자신이 목적하는 바를 언론이 수행하도록 영향력을 행사한다. 이럴 때 언론과 정부 사이의 갈등은 불가피해진다.

위와 같은 상황과 함께 언론정책과 관련하여 우리가 전체적으로 인식해야만 할 점은 엄격한 의미에서 정치적 통제로부터 온전히 자유로울 수 있는 언론이 존재하기 어렵다는 사실이다.16) 이것은 공산주의 국가에서 보는 바와 같이 정치체계의 하부구조로서 언론이 존재하는 경우는 두말할 필요조차 없으며, 자유민주주의 국가에서도 불가피한 조건이다. 자유민주주의 국가의 경우 정부와 언론의 관계, 곧 통제와 자유의 문제는 근원적으로 힘을 바탕으로 한 '조직 사이의 갈등'일 수밖에 없기 때문이다. 또한 언론조직 운영의 필수적 자원인 정보 및 자본 통제를 행사할 수 있는 힘을 가진 정부의 권력 행사를 철저하게 차단할 수 있는 언론을 기대할 수 없는 현실인 까닭에 더욱 그러하다.[17]

더욱이 통일언론의 경우, 그것이 언론활동의 대상으로 삼는 실제(현실)는 곧 체제 자체의 문제와 밀접하게 결부되어 있을 뿐만 아니라, 주요 정보자원을 정부가 소유하고 있기 때문에 정부의 통제로부터 언론이 자유로울 수 없다는 데 문제의 본질이 있다. 정부가 토대로 삼고 있으며 옹호하고 유지하려는 체제를 부정하거나 전복하려는 활동을 통제하지 않을 정권은 있을 수 없으며, 그런 뜻에서 체제로부터 완전히 자유로울 수 있는 언론은 없다고 할 수 있다. 이 점은 바로 통일언론이 직면하는 근원적 도전인 동시에 한계이기도 하다. 따라서 통일언론정책은 통일언론이 직면한 근원적 도전과 한계를 수용한 채 이루어질 수밖에 없으며, 정책의 핵심과제 또한 근원적 문제와 맞물려 제기되고, 그것으로 귀착될 수밖에 없다. 결국 남북한 통일언론정책은 이와 같은 점 때문에 태생적 한계성을 가지게 된다. 이를 각각의 입장에서 살펴보면 다음과 같다.

첫째, 남한의 통일언론정책은 여전히 대한민국 건국 이후 면면히 이어져 왔던 반공 이데올로기에 입각한 통제에서 벗어나지 못하고 있다. 이러한 통일언론정책은 7·7 특별선언 두 달 뒤인 1988년 9월 8일에 발표한 〈북한 및 공산권 국가에 대한 보도요강〉에 잘 나타나 있다.

이 요강 가운데 특히 북한에 관한 보도기준에 몇 가지 문제가 있다. 우선 언론으로 하여금 철저하게 정부의 대북(對北) 정책에 협조하고 동조하도록 요구하고 있다. 또한 국가이익과 국가안보의 개념 기준에 대한 논란의 여지가 남아있고, 국가보안법의 존속을 전제로 삼고 있는 것 등이 여전히 문제다. 이러한 문제점들은 과거 역대 정권의 통일언론정책들에서 공통적으로 발견되는 것들이다. 이런 뜻에서 이 요강은 7·7 특별선언 이후에 예견되는 무분별한 북한 및 공산권 보도를 미연에 방지하려는 선언적 장치라고밖에 받아들일 수 없다. 결국 노태우 정권의 통일언론정책이 개방적인 통일정책에 걸맞지 않는 폐쇄성을 고집하고 있다는 것을 뜻하는 것이라 할 수 있다.

둘째, 북한의 통일언론정책은 다음과 같다. 곧 "조국 통일과 남조선 혁명을 위하여, 주체위업의 세계사적 승리를 위하여 투쟁하는 것이다." 이 같은 임무를 완수하고자 북한 언론은 "주체사상과 그 구현인 남조선 혁명에 관한 우리 당의 전략 전술적 방침과 자주적 조국통일 방침을 널리 해설 선전하고 남조선 인민들을 위대한 수령님과 친애하는 지도자 동지의 두리에 굳게 묶어세워야 하며 미·일 침략자들과 그 주구들을 반대하는 거족적 투쟁에 전체 인민을 힘차게 불러일으켜야 한다"고 말한다.

더욱이 "대남문제 ― 계급적 원쑤들을 취급하는 경우에는 섬멸적인 공격, 불타는 증오, 무자비한 조소, 신랄한 풍자 등 적들의 멸망의 불가피성, 말로의 정론적인 확인에서" 정론성이 발현된다고 《신문리론》은 강조하고 있다.[18]

위와 같은 북한 언론의 성격과 지켜야 할 기본 원칙과 조건들, 그리고 기본 사명 속에서 우리는 북한의 통일언론정책을 충분히 알 수 있다. 곧 북한의 통일정책의 구현을 위해 언론으로 하여금 선전

선동자·조직자·문화교양자적 기능을 충실히 하게끔 만드는 것이
라고 할 수 있다.

　2) 남한 언론의 남북한 관계보도

　앞에서 살펴본 바와 같은 역대 정권의 통일언론정책의 결과를 바
탕으로, 우리 언론의 통일정책 및 남북관계, 또는 북한 소식에 대한
보도와 논평은 어떠한가를 지금까지 연구된 문헌의 내용을 중심으
로 정리해 본다.
　먼저 우리 언론의 통일(대북)보도의 유형은 어떠한가에 대해 이
종수·윤석년 두 사람의 연구는 다음과 같은 네 가지의 유형으로
정리해 주고 있다.[19]
　첫째, 체제우위적 권위주의로, 늘 남과 북, 자본주의와 사회주의
를 비교하는 방법이다. 최근에는 경제적·외교적인 면을 더욱 즐겨
거론하며, 북의 대표단을 협상테이블에서 웃는 낯으로 대하다가도
뒤에서는 북의 민주화를 요구하는 등, 전형적인 대북관이 건국 이래
변함없이 이어지고 있다.
　둘째, 유니폼식 보도방법이다. 예를 들어 북에 관한 부정적 기사
를 어느 날 갑자기 신문과 방송에 동시에 발표하는 방법으로, 내용,
제호까지도 거의 비슷하게 게재되는 형식이다. '북의 형법'과 '금강
산 댐' 등의 보도가 이 범주에 속한다.
　셋째, 희망사항이다. 여기엔 과잉보도와 오보가 따를 수도 있다.
이는 우발적일 수도 있으나 때로는 선동성까지 담고 있어, 나라 안
팎의 독자와 시청자들을 혼란스럽게 만들고, 국익 차원에서 부정적
인 영향을 미칠 때도 있다. 그 예로 '김일성 사망설'을 들 수 있다.

넷째, 북을 우회적으로 비방하는 방법이다. 곧 외신[예를 들어 일본의 《산케이신문》(産經新聞) 등]에 실린 내용을 국내용으로 대서특필하는 형식이다.

한편 우리 언론의 통일에 대한 논의가 어떤 경향을 보이고 있는가를 알아보고자 1981년부터 1988년까지 《서울신문》과 《조선일보》의 통일과 남북관계 사설을 분석해 보았다. 그 분석결과를 요약해 보면 다음과 같다.

① 통일문제 관련사설의 건수에서 각 신문은 연도별로 유사한 빈도의 사설을 게재했다. 이는 언론이 자체적으로 통일 논의를 개진했다기보다는, 정부의 통일정책을 무비판적으로 수용했다는 점과 정부의 언론통제를 간접적으로 시사하는 것이다.

② 통일문제 관련사설 가운데 정치에 관한 내용이 전체의 반이 훨씬 넘는 비율을 차지했다(65.5%). 이는 통일 논의의 창구가 정부에 집중되어 있는데다, 언론이 직·간접적인 연유로 정부를 주된 정보원으로 삼았다는 것을 뜻한다.

③ 사설의 논조는 대부분 정부 입장을 옹호하거나 북한을 비방하는 방향으로 이루어지고, 반이 넘는 경우는 정부의 발표를 그대로 수용하는 입장을 보였다(54.1%). 한편 북한의 통일정책을 소개하거나 그에 대한 긍정적인 검토가 이루어진 경우는 단 한 건도 존재하지 않았다. 달리 말하면 북한의 통일 논의에 관해서는 철저한 정보통제가 이루어진다는 것을 말해 준다.

④ 언론 나름대로의 바람직한 통일정책의 제시, 또는 논평은 전체 건수 가운데 15.5퍼센트에 그쳐, 통일 논의에 관한 한 언론이 제 기능을 다했다고 보기는 어렵다.

이와 함께 1988년 7월을 기점으로 통일 논의는 다양한 집단에서 다발적으로 이루어지기 시작했다. 따라서 그 이후 우리 언론의 통일 논의는 과거와 어떻게 다른 양상으로 나타나고 있는가가 관심사라 할 수 있다. 이를 검증하기 위해 1988년 7월부터 1990년 7월에 이르는 1년 동안의 《서울신문》과 《조선일보》 및 《한겨레신문》의 통일 및 남북관계 사설을 전부 분석해 보았다.

그 결과를 종합해 보면 여전히 정치 부문이 전체의 반에 가까운 (49.9%) 비율을 차지하고 있으나, 이전 시기와 비교할 때 사회, 문화 부분에 대한 언론의 관심이 상대적으로 증가되었다는 것을 볼 수 있다. 한편 통일문제 관련사설의 정보원도 정부 의존 일변도에서 벗어나 다양한 집단의 의견을 폭넓게 수용하려는 경향을 나타내고 있다.

한편 1987년의 6·29 선언을 기점으로 한 정치변동이 남북관계 보도에서 우리나라 언론의 이념적 성향에 어떤 변화를 초래했는가를 연구한 보고서에 따르면, 그 이전에 견주어 우리 언론의 이념적 영역이 확장되었다고 한다.[20]

또한 이강수는 1972년의 7·4 남북공동성명이 발표된 때부터 1988년까지 신문의 남북 관계보도가 어떠했는지를 알아보고자 《동아일보》, 《서울신문》, 《조선일보》의 사설을 분석하였다. 이 분석결과를 토대로 이강수는 다음과 같은 결론을 도출해 냈다.

① 우리나라 신문은 북한에 대한 보도와 북한이 제시한 통일 방안을 무조건 반대하거나 무시해 버린 것과 달리, 우리 정부가 제의한 각종 남북통일안은 적극적으로 지지하였다.

② 그동안 남북통일에 대한 국민적 차원에서의 논의는 금기시되어 왔으며, 지배체제와 다른 통일 방안을 제시하는 것 자체가 반공 이데올로기에 위배된다는 인식 때문에 신문은 여론형성의 주체로서

독자적이고 일관성 있는 통일 방안을 제시하지 못했다.

③ 북한의 통일 제안에 대해 건설적인 비판이나 수용 자세를 전혀 가지고 있지 못했다.

④ 위와 같은 역할을 신문이 담당함으로써, 역대 권위주의 정부의 체제 유지 및 집권 연장에 기여했으며, 지배 이데올로기를 확대 재생산하였다.

⑤ 신문은 재야·야당·학생·기타 단체에서 제기한 통일안에 대해서 비판적인 시각을 고수함으로써, 통일 논의를 국민적 합의 관점으로 이끌어가지 못했다.

3) 북한 언론의 남북한 관계보도

북한 언론은 과연 남북한의 통일정책이나 남북관계 및 남한 실정을 어떻게 보도하며 논평하고 있는지를 알아보고자 1980년대의《로동신문》을 분석대상으로 삼아, 남한 측이 제안한 통일관계 제안들을 어떻게 다루고 있는지 중점적으로 살펴보았다. 그 결과를 간단히 요약해 보면 다음과 같다.

① 1980년대에 남한 측이 제시한 통일 방안이나 대북 제안들 가운데서《로동신문》은 1982년에 남한 정부가 제시한 〈민족화합민주통일방안〉과 1987년의 7·7 특별선언만을 중점적으로 보도하고 논평했을 뿐, 그 밖의 통일 관련정책이나 대북한제의는 묵살했다.

②《로동신문》은 〈민족화합 민주통일방안〉과 7·7 특별선언을 보도하고 논평하면서 똑같은 편집 형식과 반대 논리를 전개하였다. 즉 남한 측의 어떤 통일 방안에 대해서도 판에 박은 듯 정형화된 격렬한 반대 입장을 표명하는 것으로 나타났다.

③ 《로동신문》은 어떤 남한 측의 통일 방안이나 제안에 대해서도 기본적으로 '두 개의 조선'을 조작한다거나 또는 고착화시키려는 '분열주의적 각본'이라는 전제 아래 반대 논리를 전개한다. 그뿐만 아니라 어떤 경우에나 그들이 내세우는 통일의 전제조건인 미군 철수, 군사파쇼정치의 청산(민주정부의 수립)과 반공대결정책의 철폐(국가보안법 철폐)를 되풀이하여 강조하고 있다.

④ 《로동신문》은 남한 측의 통일 방안을 격렬하게 비판하고 매도하는 작업을 함으로써 북한의 통일 방안인 '고려민주연방공화국 창립 방안'의 정당성을 부각시키는 데 역점을 둔다. 말하자면 남한 측의 방안이나 제안을 북한이 추진하는 사회주의 건설과 남조선 혁명을 촉진하기 위한 노동당의 전략전술방침과 자주적 조국통일 방침을 널리 해설 선전하는 데 철두철미하게 이용하고 있는 것이다.

⑤ 이러한 작업을 할 때 《로동신문》은 노동당의 하부조직인 각종 단체의 성명서, 개인의 기고논평, 세계 각국 정부나 단체들의 성명 등을 대거 동원한다.

⑥ 《로동신문》은 또한 북한 사회주의 체제의 우월성을 강조하고 "남조선 인민들을 위대한 수령님과 친애하는 지도자 동지의 두리에 굳게 묶어세우기" 위해 노력하며, 남한 인민들이 위대한 수령과 친애하는 지도자 동지를 흠모하는 것으로 조작하기도 한다. 이 같은 보도방식은 1985년에 있었던 이산가족 방문단 및 예술공연단의 상호 교환을 보도한 기사에서 잘 드러나고 있다.

⑦ 《로동신문》은 남한관계 기사로서 학생·야당·재야단체들의 활동이나 성명 등을 집중적으로 싣고 있으며, 미군의 행패·범죄·질병·빈곤 등 남한 사회의 모순이나 어두운 면만 선택적으로 보도한다.

위와 같은 북한 언론의 통일 관계나 남한 사회에 대한 보도 경향
은 하나의 정형을 이루고 있는 것이다. 1990년 5월 한 달 동안《로
동신문》에 실린 남북관계 및 남한 사회의 뉴스를 분석한《중앙일
보》북한부 유영구 기자의 다음과 같은 논문에서도 그러한 정형화
된 보도태도가 잘 드러나 있다.[21]

"북한 언론의 통일 및 대남 관련보도 자세에서 나타난 특징들을 종합
해 보면 △남한 관련기사의 양이 상당히 많다는 점 △내용면에서 민주
화 투쟁, 반미투쟁, 노동쟁의 등 운동권 성향과 시위소식, 남한 사회의
모순, 남한 내부의 투쟁 선동 등이 압도적으로 비중을 차지한다는 점을
들 수 있다. 또한 단편적인 인용보도기사 못지않게 〈記名논평〉이 중요하
게 취급되는데, 논평을 쓰는 對南전문가가 몇 사람으로 고정되어 있다는
점도 특징적이다. 이들이 바로 북한 주민들에게 읽힐 남한 관련기사를
'걸러서 만드는' 장본인이다. 또 다른 특징은 북한 언론은 통일 및 對南
관련성명, 호소문, 남측에 보내는 북한 당국의 전화통지문을 전문 게재
하고 북한의 입장을 지지하는 해외 소식(논조)을 상세히 보도한다는 점
이다. 이것은 북한의 통일대남정책의 정당성을 북한 주민들에게 선전하
려는 의도를 반영한 것이다. 그밖에 남한 주민들이 김일성과 김정일을
흠모한다는 '북한주민용' 기사도 간혹 1면 상단에 싣고 있다."

그뿐만 아니라 이러한 보도태도는 서울에서 열렸던 남북고위급회
담에 대한 보도에서도 마찬가지로 나타났다. 당시《로동신문》은 남
한 측 강영훈 총리의 기조연설은 싣지 않았다. 다만 회의 스케치에
서 세 단원 정도로 내용을 간략히 소개했을 뿐이다. 강영훈 총리가
주최한 만찬의 경우도 마찬가지였다. 북측 연형묵 총리의 연설 내용

은 거의 다 보도하다시피 하면서 강영훈 총리의 연설 내용은 다만 "그는 우리 대표단을 환영한 다음 쌍방의 거듭되는 만남으로 신뢰를 쌓게 되면 불신의 벽을 녹일 수 있는 기회도 창출할 수 있을 것이라고 말하였다"고 썼을 뿐이다. 이 같은 보도방식은 그 밖의 모든 모임에서 행한 양측 총리의 연설이나 양측 대변인들의 발표 내용 취급에서도 동일했다.

회담이 열리고 있는 기간 동안에도 "대학생들이 '유엔 동시 가입'을 반대하여 시위", "림수경 후원사업회와 '전민련' 등 3단체 경찰의 총기위협사건에 항의", "깡패요원들이 우리 대표단을 만나러 온 연세대학교 학생들을 야수적으로 탄압", "일본인 기업체 고용된 근로자들의 농성", "서울에서 500여 명의 학생들이 시위, 방북인사들의 석방, '국가보안법의 철폐요구'", "'전대협'이 북남 고위급회담에 보내는 공개서한 발표" 등과 같은 제호의 기사들을 실었다. 여기 열거한 기사들은 모두 9월 2일자 《로동신문》에 실린 것들이다(같은 면에 실린 회담 관련기사는 제외).

4. 결 론

지금까지 살펴본 남북한의 통일언론정책과 그것에 영향을 받아 나타난 남북한 언론들의 통일정책이나 남북관계에 대한 보도와 논평의 실상은 자주, 평화, 민주, 민족단결을 바탕으로 한 통일을 지향하는 데 많은 문제점을 만들고 있다. 통일언론정책이 체제로부터 자유로울 수 없다는 기본 전제를 감안한다고 할지라도, 현재까지와 같이 쌍방이 한결같이 철저히 체제우월주의에 입각하고 철두철미한

체제방어적인 폐쇄성을 견지하는 한, 언론이 통일에 기여할 길은 없다. 통일 방안에서나 상호간의 이해, 신뢰의 구축, 민족동질성의 회복을 하는 방안에서 자기방식 중심적인데다, 그것을 상대방에게 강요한다는 점에서 어쩌면 그렇게도 양쪽이 똑같은지 놀라울 뿐이다. 이것은 통일이 아니라 무한체제경쟁의 양상으로 보인다.

따라서 우리가 진정으로 통일된 민족국가의 수립을 원한다면, 남북한의 통일언론정책은 쌍방 모두 크게 개선해야 한다. 그리고 그 관건을 남북한 정부가 쥐고 있다. 더욱이 통일언론활동의 핵심 자원인 정부는 좀 더 개방적인 통일언론정책을 수립하고 실행해야 한다. 보다 자유로운 통일보도와 논의가 이루어질 수 있도록, 통일언론의 자유의 폭을 넓혀야 하며, 남북한 간의 자유로운 취재도 보장되어야 할 것이다. 그와 같은 개방적인 통일언론정책의 구체적인 첫 단계로 자유로운 취재를 위한 기자 교류를 시작할 수 있다. 아니면 서울과 평양에 특파원을 상주시키는 방법도 있을 것이다. 그와 같은 남북한 쌍방이 합의를 이루어야 성취될 수 있는 통일언론정책의 실현이 당장 현실적으로 어렵더라도 양측은 계속 노력하여야 한다.

다음으로 남한 정부 자체의 통일언론정책에도 개선할 점이 많다는 것을 지적하고자 한다. 지금의 남북한 통일언론정책이나 통일언론활동의 실제를 비교해 볼 때 우리 측이 북한보다 더 개방적이고 자유롭다는 것은 부인할 수 없지만 만족할 수준은 아니다. 보다 통일 지향적인 언론활동을 보장하기 위해 다음과 같은 점들이 개선되거나 이루어져야 하리라고 생각된다.

첫째, 국가보안법이 개정되어야 한다. 현재의 국가보안법은 7·7 특별선언이나 민족대교류선언과 같은 획기적 개방정책의 실천이나 그 정신의 구현과 상충된다. 또한 통일정책의 국민적 합의 도출을 위한 자유로운 논의의 보장과 북한에 대한 올바른 이해, 신뢰 구축, 동질성 회복을 위한 언론활동에 근원적인 제약을 가하고 있기 때문이다.

둘째, '북한 및 공산권 국가에 대한 보도요강'은 철폐하여야 한다. 그 까닭은 대체로 국가보안법 개정 필요성의 이유와 동일하다. 이제 국가이익이나 국가안보에 대한 판단은 언론에게 맡겨야 한다. 김일성과 강영훈 총리가 만나 담화를 나누는 장면과 육성까지 있는 그대로 텔레비전으로 방영되는 것이 현실이다. 그런데도 정부 당국이 제공한 이외의 김일성·김정일의 사진이나 영상보도를 공보처와 사전협의를 해야 한다는 조항을 둔 보도요강을 존속케 하는 것은 부끄러운 일이다. 이 요강은 이미 현실성을 상실한 것이다.

셋째, 북한에 관한 정보를 내외통신이나 정부 기관에만 의존하도록 만들고 있는 제도를 개선해야 한다. 《중앙일보》의 국민의식 여론조사에 따르면, 북한의 신문이나 텔레비전을 볼 수 있게 해야 한다는 응답률이 약 82퍼센트에 이르고 있다. 이것은 북한의 실상을 알고자 하는 국민의 요구가 대단히 높은 현실을 반영하는 것이다. 그리고 북한의 실상을 올바로 알게끔 만들고자 하는 것이 정부의 정책방향이기도 하다. 따라서 북한에 관한 정보는 있는 그대로 공개되어야 하며, 정보원도 다양화해야 옳다. 만약 정부가 단일 정보창구로 구실하면서 북한의 실상을 있는 그대로 국민들에게 제공한다고 할지라도, 국민으로부터 신뢰를 얻기는 어려울 것이다.

넷째, 남북한 당국자 사이에 오가는 정보가 기밀사항이거나 공개됨으로써 현저하게 국가이익이나 국가안보에 위험을 불러오는 것이 아닌 한 즉각 공개해야 한다.

다섯째, 국가이익이나 국가안보에 대한 판단을 언론에 맡기는 대신, 정부의 통일 홍보담당 부서나 책임자(또는 대변인)와 북한 담당 기자들 사이에 정례적 또는 비정례적 브리핑 제도를 만드는 것도 바람직할 것이다. 거기서 정부가 언론에 충분한 정보를 제공함과 아울러, 국가이익이나 국가안보에 관한 상호 의견 차이를 조정하는 관행의 정착을 시도해 볼만하다.

이와 같은 정책적 개선과 함께 언론 자체가 지니고 있는 문제점의 극복 또한 이루어져야 바람직한 통일언론활동이 가능하리라고 본다.

첫째, 언론인 자신들에게 내면화된 신념체계의 문제이다. 통일관계와 북한의 실상에 관한 정보 또는 북한이나 남북관계를 취재, 보도할 때 객관성을 유지해야만 한다는 요청이다. 논평이나 해설이 아닌 뉴스를 취재하고 보도할 때 사실을 자신의 신념에 따라 재조직해서는 안 될 것이다.

둘째, 북한 담당기자나 통일문제 담당기자의 전문성의 문제이다. 기자들이 전문성을 확보하지 않는 한, 정확하고 진실한 통일보도나 북한보도를 할 수 없다는 것은 너무나 자명하다. 따라서 북한부 소속 기자들의 전문화를 위한 프로그램이 만들어져야 할 것이다.

《정신문화연구》, 한국정신문화연구원, 1992

1) 최준, 《한국신문사》, 서울 : 일조각, 1979, 341~342쪽.
2) 허버트 J. 알철 지음, 강상현·윤영철 공역, 《지배권력과 제도언론》, 서울 : 나남, 1991, 184쪽.
3) V. I. Lenin, *Collected Works*, Vol .4, N.Y. : International Publishers, 1927, p.114
4) 조선로동당중앙위원회 엮음, 《김일성 선집》, 서울 : 대동판, 1988, 290~291쪽.
5) 배순재·라두림, 《신문리론》, 동경 : 재일본조선언론출판인협회, 1967, 4~5쪽.
6) Theodore E. Kurglak, *The Two Faces of Tass*, Minneapolis : University of Minnesota Press, 1962, pp.78~80
7) 《출판보도사업에 대한 당의 방침해설》, 평양 : 조선로동당출판사, 1985, 5쪽.
8) 위의 책, 6쪽.
9) 위의 책, 6~7쪽.
10) 위의 책, 7쪽.
11) 위의 책, 9쪽. 여기서 '친애하는 지도자 동지'란 김정일을 가리키는 북한의 통용어다.
12) James E. Anderson, *Policy-making*, N.Y. : Praeger, 1975, p.2
13) Thomas R. Dye, *Understanding Public Policy*, Englewood Cliffs : Prentice-Hall, 1972, p.18
14) O. Roegele, *Medienpolitik-und wie sie macht*, Osnbrunck, 1973, p.75
15) C. Offe, *Politishe Herrschafrund Klassen-strrucktur*, in Kress/Senghas(Hrsg), Politik-wissenschaft : Frankfurt, 1989, S.180f.
16) Fernand Terrou & Lucain Sola Pool, *Legislation for Press, Film and Radio*, N.Y. : Columbia U. Press, 1951.
17) William M. Evan, Toward a Theory of Interoraganizational Relations, *Management Science*, vol. 11, August 1965, pp.217~230
18) 배순재·라두림, 같은 책, 70쪽.
19) 이종수·윤석년, 〈통일에 관한 보도경향〉, 《통일문제 보도에 관한 고찰》(제2회

최병우 기자 기념심포지움 주제논문집), 관훈클럽, 1990, 34쪽.
20) 윤영철, 〈한국의 정치변동과 언론이념〉(서강대언론문화연구소 제22회 언론문화연
　　구발표회 발표논문), 1990, 37쪽.
21) 유영구, 〈최근 북한 언론의 대남 관련보도 자세〉,《저널리즘》, 1990년 봄호, 110쪽.

공산권 관련 외신보도의 현황과 과제

1. 서 론

공산권 관련 외신보도의 현황과 문제점을 다루는 작업은 생각처럼 쉽지 않다. 왜냐하면 구(舊) 소련을 비롯한 동구 공산권이라 지칭할 만한 블록이 존재하지 않음은 물론, 중국·베트남 등을 고전적(전통적) 의미의 공산주의 국가라고 정의하기도 어렵기 때문이다. 쿠바와 북한만이 전형적 공산주의(사회주의) 국가라 할 수 있다. 그러나 우리 언론은 쿠바에 대한 관심이 거의 없으므로, 그 나라에 대한 우리 언론의 외신보도를 다루는 것은 별 의미가 없는 일이다.

따라서 자연히 북한만을 다루는 것이 타당하고 실질적이라 생각된다. 그래서 제목은 원래 주어진 대로지만, 이 글의 실제 내용은 북한 관련 외신보도를 다룬 것임을 밝혀 두고자 한다.

2. 북한 관련 외신보도에 영향을 미치는 요인들

뉴스의 현실재구성에 영향을 미치는 요인들을 제시한 여러 모형들 가운데 슈메이커(P. J. Shoemaker)와 리스(S. Reese)의 것을 중심으로 논의해 보고자 한다. 이들은 뉴스의 현실재구성에 미치는 영향력이 큰 요인들을 5개로 나누어 제시하고 있다. 영향력이 큰 순서대로 보면 ① 지배 이데올로기, ② 미디어 외부의 세력, ③ 미디어 조직의 성격, ④ 언론의 보도관행, ⑤ 언론인 개인의 속성 등이다.[1] 이같은 5개의 요인에 따라 뉴스의 내용이 중재된다는 것이다.

이들은 각 요인의 서열에서 상위 위계에 있는 요인들의 영향력이 미약하거나 거의 없는 조건 아래서는 하위 위계의 요인, 예컨대 언론인의 개인적인 속성도 뉴스의 선택과 재구성 과정에 강력한 영향을 미칠 수 있다고 지적하고 있다.

하위 위계의 요인부터 어떤 부수적 요인들이 영향력을 행사하게 되는지 살펴보면 다음과 같다. 언론인 개인의 속성의 경우 전문직업인으로서의 윤리의식이 개인의 가치나 태도보다 위계상 더 큰 영향력을 행사한다고 지적된다. 언론의 보도관행과 관련해서는 수용자의 정보욕구를 고려하는 관행(뉴스가치)과 뉴스 제작의 효율성을 고려한 관행(역피라미드형 기사작성, 출입처 취재체제 운용), 그리고 정보원을 고려한 관행(취재경로, 미디어 이벤트, 정보원의 관료적 관행의 수용, 정보누설 등)으로 나누어 설명하고 있다. 이 가운데 정보원을 고려한 관행이 가장 큰 영향을 미치며, 수용자를 고려하는 관행은 때때로 무시된다고 지적됐다.

미디어 조직의 성격요인에서는 소유권의 성격 및 통제방식, 조직의 편제, 자율권의 범위 등으로 나누어 설명하고 있으나, 소유형태에 따른 편집정책의 목표가 가장 큰 영향을 미치는 것으로 보고 있다. 미디어 외부 세력과의 관계에서는 광고주의 통제에 많은 비중을 두고 있다. 이는 미국의 미디어 환경을 연구대상으로 삼았기 때문일 것이다.

위와 같은 4개의 요인들에 견주어 가장 주목되고 있는 것은 지배 이데올로기다. 슈메이커와 리스는 이데올로기의 개념을 윌리엄스 (R. Williams)의 정의를 차용하여 "세계관 또는 계급관으로 추상화할 수 있는 그런 종류의 비교적 공식적이고 분명한 의미, 가치, 신념체계"로 규정한다. 그러나 이데올로기를 사상 또는 신념체계와 같은 추상적인 수준에서만 파악할 필요는 없다. 언론의 뉴스재구성과 관련해 볼 때 이데올로기의 내면화(內面化)된 상태에 더 주목할 필요가 있다.

곧 이데올로기가 우리들의 생활의식 속에 스며들어, 우리가 자연스럽게 세상을 인식하고 판단하며 규정하고 행동하는 준거의 틀이 되고 있다는 점이 중요하다. 말하자면 이데올로기가 일상화되어 있다는 것이다. 그래서 우리는 그것이 사회를 지배하는 집단의 이해관계가 반영된 이데올로기라고 의식하지 못하고 지나치게 되는 경우가 많다. 이것이 바로 도덕적, 지적인 지배, 다시 말해 헤게모니 (hegemonie)인 것이다. 헤게모니론의 핵심은 '자발적 동의(同意)'를 끌어냄으로써, 이데올로기의 지배를 가능케 한다는 것이다.[2]

여기서 한 가지 유의할 점은 '동의'(consent)는 의식적으로 이루어질 수 있지만, 무의식적으로도 이루어지기도 한다는 것이다. 주로 장기간에 걸친 이데올로기의 내면화 과정이 그렇게 만든다. 예컨대 기자가 어떤 뉴스에 대해 '이것은 가치가 없다'는 결정을 내릴 때, 그는 의식적 판단을 내리고 있지만, 그러한 자신의 판단이 특정한 이데올로기의 테두리 안에서 이루어지고 있다는 것을 의식하지 못할 수가 있다는 것이다.

위와 같은 5개의 요인에 견주어 북한 관련 외신보도에 영향을 미치는 우리의 여건을 살펴보면 다음과 같다.

첫째, 우리 사회의 지배적 이데올로기인 반공 이데올로기를 들 수 있다. 반공 이데올로기는 한국전쟁·제도교육·사회교육 등을 거쳐 앞에서 논의한 바와 같이 우리 사회 구성원들에게 동의의 수준으로 내면화되어 있다. 그것은 인식과 행위의 준거 틀로서, 편집국 안에서의 게이트키핑(gate-keeping)에 영향을 미친다. 그뿐만 아니라 반공 이데올로기는 국가보안법, 형법 등과 같은 실정법에 의해 공식적 규범으로 우리의 사고와 행위를 규제하고 있는 것이다.

둘째, 미디어 외부의 세력으로서 정부를 비롯한 여러 보수세력(반공 이데올로기 세력)이 있다. 지금껏 국가안전기획부(안기부)를 비롯한 각종 정보·사찰기관들이 강력한 영향력을 행사해 왔으며, 강약의 차이는 있겠지만 그 세력은 여전하다. 말하자면 정부(정치권력)가 북한 관련 뉴스의 내용에 압도적인 영향력을 행사하고 있는 것이다. 실정법의 적용은 물론, 〈북한 및 공산권 국가에 관한 보도요강〉과 같은 공식적 지침뿐 아니라, '보도지침'과 같은 비공식적 통제장치를 활용해 영향력을 행사한다.3) 비정부 조직인 각종 반공단체들을 비롯한 반공세력들 또한 뉴스의 내용에 영향력을 미치고 있다.

셋째, 미디어 조직의 성격은 우리의 경우 미디어 자본의 성격과 깊이 연관되어 있는 것으로 보인다. 대기업 자본으로 운영되는 미디어의 경우, 편집정책은 북한 관련 보도에서 반공 이데올로기를 준봉한다. 또한 자본의 성격 이외에 경영층과 편집자들의 이데올로기 성향이 미디어의 북한 관련 뉴스의 편집정책에 영향을 미치고 있다. 우리나라의 경우 공산주의 이데올로기에 관한 한 미디어의 편집정책은 거의 획일적이다. 이데올로기 스펙트럼의 다양성은 찾아볼 수 없고, 반공 이데올로기의 표출에 대한 강약의 정도 차이만 보일 뿐이다. 바로 이 점이 체제〔이데올로기의 정체(政體)〕로부터 완전히 자유로울 수 있는 언론은 존재하기가 어렵다는 현실을 드러내는 것이기도 하다.4)

넷째, 언론의 보도관행과 관련하여 우리의 경우 몇 가지 특수한 조건이 북한 관련 뉴스보도에 영향을 미치고 있다. 반공 이데올로기에 대한 동의의 수준이 높고 생활의식화된 우리의 정치문화 환경이 독자의 정보욕구를 고려하는 뉴스 가치판단에 영향을 미치고 있는 점도 결코 가볍게 넘길 일은 아니다.

그러나 북한 관련 뉴스보도에 크게 영향을 미치는 언론의 보도관행은 정보원과 연관되어 있다고 생각된다. 먼저 북한 관련 뉴스의 정보원 문제를 들 수 있다. 우리 언론은 직접 북한을 취재할 수 없으므로 북한 관련 뉴스는 통일원·안기부·외무부 등 정부기관이 아니면 내외통신에 의존할 수밖에 없다. 이들 정부기관과 내외통신은 1차적(원초적) 게이트키퍼(gate-keeper)의 구실을 한다. 자신들의 정치적, 정책적 편의에 따라 게이트 키핑을 거쳐 뉴스를 제공하는 것이다. 따라서 편의주의에 따라 미리 가공된 뉴스(canned news)를 취재할 수밖에 없다.

뿐만 아니라, 상기한 정보원들이 부처의 이해관계에 따라 가공되고 선택되어진 뉴스를 제공하는 경우 심각한 문제가 야기되기도 한다. 동일한 뉴스임에도 상이한 내용이 전달되기도 하며, 때로는 정책적 필요성에 따라 확대해석이 가능하도록 부풀려져 제공되기도

하기 때문에 정확성을 담지하기 어렵게 만든다. 이는 현실적으로 언론의 직접 취재와 확인이 불가능한 상황을 오용하는 것이다.

북한 관련 외신보도의 경우도 마찬가지다. 국내 언론이 수용하지 않을 것으로 판단하는 경우, 외신에 흘려 거꾸로 국내에 뉴스가 흘러 들어오게 하기도 한다. 이러한 경우를 포함해 국내 언론은 외신의 북한 관련 보도를 확인할 길이 없다. 이 같은 관행들이 북한 관련 뉴스의 취재와 보도에서 일상화됨으로써, 미디어는 매너리즘에 젖어 버리게 되었다.

다섯째, 언론인의 개인적 속성과 관련해서는 무엇보다도 그에게 내면화된 이데올로기가 게이트키핑에 영향을 미칠 것이라고 생각된다. 앞에서 논의한 바와 같이, 우리 언론인의 경우에도 그가 신봉하거나 내면화한 이데올로기의 스펙트럼은 다양하지 못할 것이다. 따라서 언론인들은 대체로 반공 이데올로기에 동의하고 있는 것이 아닌가 한다.

게다가 언론인 개인 가운데 반공 이데올로기에 동의하지 않는 경우가 있다고 할지라도 우리 사회 전체의 높은 동의 수준이 압력으로 작용함으로써 자신이 신봉하는 이데올로기에 준거하여 기사를 쓰기 어려울 것이다. 그뿐만 아니라, 반공 이데올로기 이외의 이데올로기 준거집단을 국내에서 찾기 어렵기 때문에 언론인 개인들은 인지부조화(dissonance) 상태에 빠질 수밖에 없다. 만약 그가 이데올로기의 준거집단을 국외에서 찾는다면 바로 실정법 위반의 가능성이 커질 수밖에 없기 때문이다.

3. 북한 관련 보도의 문제점

어느 연구자들은 우리 언론의 북한 관련 보도유형을 다음과 같은 네 가지로 분류한 바 있다.

첫째, 체제우위적 권위주의로 늘 남과 북, 자본주의와 사회주의를 비교하는 방법이다.

둘째, 유니폼식 보도방법이다. 예를 들어 북한에 관한 부정적 기사를 어느 날 갑자기 신문과 방송에 동시에 발표하는 방법으로, 내용·제호까지도 거의 비슷하게 게재되는 형식이다. '북한의 형법'과 '금강산댐' 등의 보도가 이 유형에 속한다.

셋째, 희망사항이다. 여기엔 과잉보도와 오보가 따를 수 있다. 이는 우발적일 수도 있으나, 어떤 기사의 경우에는 선동성까지 가지고 있어 나라 안팎의 독자와 시청자들을 혼란스럽게 만들고, 때로는 국익 차원에서 부정적인 영향을 미칠 때도 있다.

넷째, 우회적으로 북한을 비방하는 방법이다. 주로 외국 신문에 실린 내용을 국내용으로 대서특필하는 형식이다.[5]

위와 같이 우리 언론의 북한 관련 보도는 단선적 이데올로기의 스펙트럼 위에서 춤을 추고 있었고, 지금도 그런 상황은 끝나지 않았다. 물론 1987년의 6·29 선언을 기점으로 한 정치적 상황의 변동이 남북관계 보도에서 우리 언론의 이념적 영역을 확장시켰다는 측면은 인정할 만하다.[6] 또한 남북문제를 다룬 사설의 경우에도 1988년 7월을 기점으로 볼 때 그 이전에 견주어 사설의 정보원이 정부 의존 일변도에서 탈피하여 다양한 집단의 의견을 폭넓게 수용하려는 경향을 보이고 있다.[7]

그럼에도 우리 언론의 북한 관련 보도는 여전히 이념적 선유경향

(先有傾向)에서 자유롭지 못하다. 북한 관련 외신보도에서도 바로 그런 점들이 문제로 지적되고 있는 것이다. 몇 가지 지적된 사례들을 들어보면 다음과 같다.

북한 관련 보도의 정보원으로 외신도 중요한 소스가 되는데, 북한 관련 소식에서 가장 문제가 많은 것 가운데 하나가 외신이라고 한다. 왜냐하면 대부분의 북한 관련 외신들이 미국 등 강대국의 입장에서 북한을 보기 때문에, 우리의 민족적 이해와는 일치하지 않는 경우가 많다는 것이다.

더욱이 외신기사의 역류현상은 우리 언론이 가장 경계해야 할 부분이기도 하다. 실제로 많은 북한 관련 외신기사들 가운데 우리 신문에 이미 보도된 기사들인데도 외신에서 다루었다는 이유만으로 무조건 키우거나 다시 게재하는 경우가 있었다.[8]

이 사례에서 보듯이, 우리 언론은 북한 관련 외신보도를 게재할 때 정보원의 신빙성을 신중하게 고려하지 않는 경우가 있을뿐더러, 외신 인용보도 자체가 마치 객관성을 담보한다고 독자들이 인식하는 것처럼 짐작하거나, 아니면 그렇게 믿도록 부추기는 경향도 있다.

게다가 기사의 신뢰도에 의심이 가는 경우에도 북한을 부정적으로 다룬 기사이면 싣고 보는 관행이 뿌리 깊게 남아있다. 이 같은 관행 때문에 정부 당국에게 교묘히 이용되는 사례까지 발생하고 있다고 한다. 곧, 내용이 대단히 부정적이어서 국내 신문에 잘 반영되지 않을 만한 북한 관련 소식을 일본이나 미국 언론에 흘려 거꾸로 국내 신문이 이를 받아 싣게 하는 악습이 횡행했던 예전처럼, 아직도 그러한 관행이 완전히 없어지지 않은 것이다.[9]

4. 북한 관련 외신보도의 현황

1) 외신보도의 양적 분석

우리 신문들이 어떤 외신 출처를 많이 인용하거나 게재하고 있는지를 알아보고자, 《조선일보》와 《한겨레신문》이 1997년 1월 1일부터 12월 31일까지 이용한 외신 출처를 분석해 보았다. 자료는 언론연구원 KINDS(Korea Interated News Database System)를 이용하려 했으나, 외신 출처별 검색이 제대로 되지 않아 천리안에 두 신문의 기사를 검색해 얻었다.

그 결과 통신을 인용 보도한 경우 《조선일보》가 270건, 《한겨레신문》이 231건이었다. 이 같은 건수는 내외통신(內外通信)도 포함한 것이다. 내외통신을 포함한 이유는 그것이 내신이 아니라 북한의 소스들, 예컨대 조선중앙통신이나 방송들 및 북한 신문들의 보도를 국내 언론에 공급하기 때문이었다. 만약 내외통신을 제외한 외국 통신만을 보면 《조선일보》가 126건, 《한겨레신문》이 109건이 된다(〈표-1〉참조).

〈표-1〉을 보면 내외통신의 인용은 두 신문이 거의 비슷하며, 그밖의 통신 이용에서도 큰 차이는 보이지 않는다. 《한겨레신문》이 《조선일보》보다 교도통신(共同通信) 게재율이 약간 높은 것으로 나타났다. 그러나 AFP, 로이터(Reuter) 등 유럽 통신사들의 인용보도는 《조선일보》의 경우는 검색되지 않았으며, 《한겨레신문》이 상대적으로 많이 인용 보도한 것으로 나타났다는 점이 특이하다.

한편 두 신문이 인용한 외국 신문을 분석한 것이 〈표-2〉, 〈표-3〉이다. 이 표를 보면 《조선일보》가 《한겨레신문》보다 북한 신문을

신문 \ 통신사	《조선일보》(%)	《한겨레신문》(%)
내외통신	144(53.3)	122(52.8)
중앙통신	62(23.0)	25(10.8)
교토통신	27(10.0)	34(14.7)
신화통신	13(4.8)	8(3.4)
지지통신	9(3.3)	7(3.0)
이타르타스통신	8(3.0)	3(1.2)
MENSA통신	2(0.7)	2(0.8)
조선통신	2(0.7)	1(0.4)
베트남통신	1(0.4)	–
DPA통신	1(0.4)	1(0.4)
대만중앙통신	1(0.4)	–
AFP	–	13(5.6)
로이터	–	3(1.2)
AP	–	3(1.2)
연합통신	–	9(3.8)
라디오프레스	–	1(0.4)
베르라마통신	–	1(0.4)
합계(%)	270(100.0)	231(100.0)

〈표-1〉《조선일보》와 《한겨레신문》가 인용한 통신사

인용한 사례가 많고, 일본 신문의 인용도 상대적으로 많다. 그러나 미국의 《뉴욕타임스》(*New York Times*)나 《워싱턴포스트》(*Washington Post*)의 인용은 《한겨레신문》이 《조선일보》보다 상대적으로 많은 것으로 나타났다. 전반적으로 《조선일보》가 《한겨레신문》보다 상대적으로 더 다양한 신문 출처를 활용한 것으로 집계되었다. 두 신문이 인용·게재한 외국 신문기사 총수는 《조선일보》가 385건, 《한겨레신문》이 262건이었다. 이 표들에서 대만 신문들의 인용이 많은

국가명	신문명	건수(%)
북 한	《로동신문》	77(19.74)
	《민주조선》	34(8.72)
	《청년전위》	17(4.36)
일 본	《산케이》	40(10.26)
	《요미우리》	19(4.87)
	《아사히》	18(4.62)
	《도쿄》	15(3.85)
	《마이니치》	14(3.59)
	《니혼게이자이》	12(3.08)
	《조선신보》	6(1.54)
미 국	《워싱턴포스트》	19(4.87)
	《뉴욕타임스》	11(2.82)
	《LA타임스》	6(1.54)
	《워싱턴타임스》	5(1.28)
	《USA투데이》	5(1.28)
	《월스트리트저널》	3(0.77)
	《제인스 디펜스 위클리》	1(0.26)
	《인사이더 아미》	1(0.26)
독 일	《프랑크푸르터 알게마이네》	9(2.31)
	《디 벨트》	6(1.54)
	《룬트 샤우》	3(0.77)
	《타게스 슈피겔》	3(0.77)
	《쥐트도이체 자이퉁》	2(0.51)
	《노이에스 도이칠란트》	1(0.26)
	《한델스 블라트》	1(0.26)
	《쥐트도이체》	1(0.26)
대 만	《중국시보》	4(1.03)
	《연합보》	3(0.77)
	《공상시보》	3(0.77)
	《연합만보》	2(0.51)
	《자유시보》	2(0.51)
	《자립만보》	2(0.51)
	《차이나뉴스》	1(0.26)

국가	신문	
홍 콩	《사우스차이나 모닝포스트》	8(2.05)
	《스탠더드》	2(0.51)
	《성도일보》	1(0.26)
	《명보일보》	1(0.26)
영 국	《파이낸셜타임스》	8(2.05)
	《데일리 텔레그래프》	1(0.26)
	《선데이 옵저버》	1(0.26)
	《이코노미스트》	1(0.26)
프랑스	《르 피가로》	1(0.26)
	《리베라시옹》	1(0.26)
중 국	《연변일보》	2(0.51)
	《흑룡강신문》	1(0.26)
러시아	《이즈베스티야》	2(0.51)
	《코에르산트 데일리》	1(0.26)
필리핀	《더 필리핀 스타》	3(0.77)
	《인콰이어리》	2(0.51)
이집트	《알하야지》	1(0.26)
포르투갈	《콜레이오 다 마냥지》	2(0.51)
오스트리아	《쿠리어》	1(0.26)
캐나다	《오타와 시티즌》	1(0.26)
태 국	《*Naew Na*》	1(0.26)
불가리아	《*THE 24 CHASSA*》	1(0.26)
	《아시안 월스트리트》	1(0.26)
합 계		390(100.0)

〈표-2〉《조선일보》 인용 국외신문

이유는 대만의 핵폐기물을 북한에 저장하는 문제의 보도 때문이다.

〈표-1〉과 〈표-2〉, 〈표-3〉에 나타난 외신 출처(내외통신 제외)를 인용한 기사를 내용별로 분석해 본 결과 외교 부문이 가장 많았다. 곧 KEDO, 4자회담, 북일·북미·북러관계 등이다. 다음으로 많은

국가명	신문명	건수(%)
북 한	《노동신문》	17(6.49)
	《민주조선》	1(0.38)
	《청년전위》	1(0.38)
일 본	《산케이》	27(10.31)
	《요미우리》	23(8.78)
	《아사히》	18(6.87)
	《도쿄》	22(8.40)
	《마이니치》	9(3.44)
	《니혼게이자이》	9(3.44)
	《조선신보》	4(1.53)
미 국	《워싱턴포스트》	27(10.31)
	《뉴욕타임스》	20(7.63)
	《LA타임스》	8(3.05)
	《워싱턴타임스》	4(1.53)
	《USA투데이》	1(0.38)
	《제인스 디펜스 위클리》	1(0.38)
독 일	《프랑크푸르터 알게마이네》	11(4.20)
	《룬트 샤우》	3(1.15)
	《타게스 슈피겔》	2(0.76)
	《디 자이트》	1(0.38)
대 만	《중국시보》	3(1.15)
	《연합보》	2(0.76)
	《공상시보》	6(2.29)
	《자유시보》	2(0.76)
	《자립만보》	2(0.76)
	《차이나뉴스》	2(0.76)
	《중시만보》	1(0.38)
홍 콩	《사우스차이나 모닝포스트》	7(2.67)
	《성도일보》	2(0.76)
	《명보일보》	1(0.38)
	《차이나타임스》	1(0.38)
	《아주주간》	1(0.38)

영국	《파이낸셜타임스》	1(0.38)
	《선데이옵저버》	4(1.53)
	《선데이타임스》	1(0.38)
프랑스	《르 피가로》	1(0.38)
중국	《인민일보》	1(0.38)
	《광명일보》	1(0.38)
필리핀	《더 필리핀 스타》	1(0.38)
	《인콰이어리》	1(0.38)
	《말라야》	2(0.76)
말레이시아	《스타》	2(0.76)
러시아	《이즈베스티야》	1(0.38)
	《시보드냐》	1(0.38)
	《네자비시마야 가제타》	1(0.38)
이집트	《알하야지》	1(0.38)
포르투갈	《콜레이오 다 마냥지》	1(0.38)
오스트리아	《쿠리어》	1(0.38)
캐나다	《오타와 시티즌》	1(0.38)
이스라엘	《하레츠》	1(0.38)
합계		262(100.0)

〈표-3〉《한겨레신문》 인용 국외신문

것이 북한의 식량, 농업 관련기사였으며, 세 번째가 김정일의 권력 승계에 관한 내용이었다. 네 번째는 북한의 경제를 다룬 것이었으며, 다섯 번째로 많았던 것이 북한의 정치일반에 관한 기사로 나타났다.

그러나 이 기사들에서 두 신문이 외신을 의도적으로 과장·삭제하거나 내용을 첨가한 사례는 발견되지 않았다. 예를 들어 1996년 말 국회에서 노동법 개정안을 심의할 무렵, 모 신문이 한국의 노동법 개정문제를 다룬 어느 외국 신문의 기사를 인용 보도하는 과정에서 기업 측에 유리한 내용만 발췌하여 보도함으로써 국내 여론의 형성을 어느 한 방향으로 유도하려던 식의 기사편집을 한 사례는 없었다는 뜻이다.

2) 내외통신 보도의 문제점

외신 출처의 보도와 국내 신문의 내외통신 인용보도에는 문제점이 있었다. 흔한 경우는 아니지만, 가끔 내외통신을 인용하면서 과장·삭제·첨가 등을 행하는 사례가 나타났다.

1997년 1년 동안 내외통신을 인용한 《조선일보》와 《한겨레신문》의 기사를 기사의 내용별로 분석한 것이 〈표-4〉이다. 여기서 사용

분야		《조선일보》(%)	《한겨레신문》(%)
정치	정치일반	17(12.23)	16(13.79)
	김일성 부자 우상화	18(12.95)	9(7.76)
	정치행사	12(8.63)	7(6.03)
외교	외교일반	17(12.23)	38(32.76)
	대(對)서구·비동맹	3(2.16)	4(3.45)
경제	경제일반	18(12.95)	17(14.66)
	경제계획 및 건설	6(4.32)	2(1.72)
사회문화	사회일반	11(7.91)	4(3.45)
	문화일반	6(4.32)	–
	과학기술	–	–
	자연·교육·체육	10(7.19)	1(0.86)
군사 및 조총련	군사	5(3.60)	–
	조총련	–	1(0.86)
대남관계	남북대화	–	1(0.86)
	대남일반	16(11.51)	16(13.79)
합 계		139(100.0)	116(100.0)

〈표-4〉 신문사 내외통신 분야별 인용빈도

한 분석유목은 내외통신의 기사종류 분석유목을 그대로 원용한 것이다. 〈표-4〉을 보면《조선일보》는《한겨레신문》보다 북한 정치와 사회문화 분야를 많이 보도했으며,《한겨레신문》은《조선일보》보다 외교 분야를 더 많이 다룬 것으로 나타나 있다. 〈표-4〉에서 내외통신 인용 총계가 〈표-1〉과 약간의 차이가 난 까닭은 영역분류가 애매한 사례를 제외했기 때문이라는 점을 밝혀 둔다.

그러나 심각한 문제는 내외통신을 인용 보도하면서 가감첨삭을 행하는 사례가 있다는 점이다. 몇 가지 사례를 내외통신 원문과 신문에 보도된 기사 전문을 비교 제시해 보면 다음과 같다.

〈사례 1〉 1997년 9월 22일자 보도(밑줄은 필자)

내외통신, "4자 예비회담 결렬책임 美측에 전가"

북한은 21일 한반도 평화 4자회담 개최를 위한 2차 예비회담이 주요 쟁점인 본회담 의제에 대한 이견(異見)을 좁히지 못해 결렬된 책임을 미국 측에 전가하면서 "미국은 회담에서 식량을 무기로 우리(北)에게서 정치적 양보를 받아내려 하고 있다"고 비난했다.

북한의 외교부 대변인은 이날 관영 중앙통신과의 회견을 통해 이번 2차 예비회담이 결렬된 이유에 대해 본회담 의제로 북한 측이 제기한 주<u>한미군 철수 및 對美평화협정 체결</u> 등에 대해 미국 측이 외면했기 때문에 "4자회담의 의제토의에서 아무런 진전도 가져올 수 없었다"고 주장하고 "우리는 이번 예비회담 과정을 통해 미국이 4자회담을 통해 바라는 것은 우리를 무장해제시켜 보려는 데 있지 않은가 하는 강한 인상을 갖게 되었다"고 말했다.

북한 외교부는 이어 이번 2차 예비회담 과정에서 미국 측이 실제적인

對北경제제재 완화조치를 보여 주지 않은 것에 대한 강한 불만을 표시하면서 "회담장에서 미국이 들고 나온 것은 우리의 기대와는 너무도 거리가 먼 것이었고 종당에는 4자회담을 열어놓고 내용토의에 들어가 식량을 무기로 우리에게서 정치적 양보나 받아내려고 시도하고 있는 것만 명백히 실증해 주었다"고 주장했다.

외교부는 또 "우리에 대한 미국의 적대시 정책의 집중적 표현으로 되는 경제제재가 지속되고 있는 속에서 우리가 미국과 마주 앉아 평화보장에 대해 논의한다는 것도 어울리지 않는다"면서 "우리는 미국의 차후 행동을 지켜볼 것이다"고 말했다.

《조선일보》, 북한, "미국 대북정책 바꿔야 4자회담"

북한은 21일 미국이 북한에 대한 정책을 바꾸지 않는 한 4자 예비회담은 재개되지 않을 것이라고 경고했다.

이날 서울에서 수신된 북한 관영 중앙통신은 북한 외교부 대변인의 말을 인용, "항국적인 한반도 평화를 위한 회담이 열리고 안 열리고는 미국이 대북정책을 어떻게 수정하느냐에 전적으로 달려 있다"고 보도했다.

이 같은 발언은 지난 19일 뉴욕에서 열린 제2차 4자 예비회담이 주한미군 철수 등 미국이 받아들일 수 없는 것을 북한이 요구, 결렬된 후 나왔다.

북한 외교부 대변인은 "우리는 미국이 북한 무장해제시키기 위해 4자회담을 이용하고 있는 것으로 의심하고 있다"며 미국의 4자회담 참가동기에 의구심을 나타냈다.

대변인은 또 주한미군 철수가 본회담 의제에 포함돼야 한다는 기존의 주장을 되풀이한 뒤 미국에 대해 회담을 재개하기 위한 선의의 표시로 보다 많은 식량을 제공해 줄 것을 촉구했다.

그는 "회담 참가국 간의 관계를 고려해 미국은 북한이 동등한 자격으로 문제를 논의할 수 있도록 최소한의 선의를 보여 주었어야 했다"고 주장했다.

그는 또 "미국이 대북식량지원을 분명히 약속했다면 북한은 이를 미국의 선으로 간주하고 4자회담 의제 논의에서 유연성을 보일 생각이었다"고 밝혔다.

그는 "미국은 대북정책을 바꿀 의지가 있다는 점을 보여 주기 위해 실질적인 (대북)제재 완화조치를 취해야 할 것"이라고 덧붙였다.

《한겨레신문》, "'4자회담' 북 외교부 2차 예비회담 결렬 책임전가 회견"

북한은 21일 한반도 4자회담 개최를 위한 2차 예비회담이 결렬된 책임을 미국에 전가하면서 "미국은 회담에서 식량을 무기로 우리에게서 정치적 양보를 받아내려 하고 있다"고 비난했다.

내외통신에 따르면 북한 외교부 대변인은 이날 북한 중앙통신과의 회견에서 2차 예비회담의 결렬 이유에 대해 북한이 본회담 의제로 제기한 주한미군 철수 및 대미 평화협정체결 등에 대해 미국이 외면했기 때문이라고 주장했다.

대변인은 2차 예비회담에서 미국이 실질적으로 대북경제제재 완화조처를 취하지 않은 것에 대한 강한 불만을 표시하면서 "미국의 경제제재가 지속되고 있는 속에서 우리가 미국과 마주앉아 평화보장에 대해 논의한다는 것도 어울리지 않는다"고 말하고 "미국의 차후 행동을 지켜볼 것"이라고 덧붙였다.

위의 〈사례 1〉에서 신문이 기사를 얼마나 왜곡시키고 있는지를 볼 수 있다. 《조선일보》의 경우 직접인용 부분도 내외통신의 그것과 다를뿐더러, 밑줄 친 부분에 나타났듯이 북한 측이 의제로 제기한 것 가운데 '대미평화협정 체결'이 누락되었으며, '경제제재 완화조처' 대신 '식량지원 약속', '실질적인 대북제재 완화조치'로 바꾸어 놓았다.

〈사례 2〉 1997년 8월 11일자 보도

내외통신, "4자 예비회담 '기대이하' 평가"

북한은 10일 지난 5일부터 7일까지 뉴욕에서 열린 4자회담 예비회담의 결과에 대해 '기대이하'라고 평가했다.

북한 외교부 대변인은 이날 관영 중앙통신과의 회견에서 본회의 의제로 북한이 주장한 美−北 평화협정 체결 및 주한미군 철수문제가 채택되지 못한 점을 들어 "이번 뉴욕에서 진행된 예비회담의 결과는 한마디로 말하여 우리의 기대에 못 미치고 있다"고 주장했다.

외교부 대변인은 "미국의 이러한 입장은 결국 자기의 책임을 회피하면서 우리의 민족내부문제에나 간섭해 보자는 것"이라고 비난했다.

외교부대변인은 또 미국이 이번 예비회담에서 4자회담과 對北식량지원문제를 연계시켰다고 주장하고 "심각한 식량사정을 안고 있는 우리에게 있어서 가장 경계하는 문제가 바로 4자회담에서 우리에 대한 식량지원이 정치적 무기로 이용될 수 있다는 점인데 이번 예비회담 과정에서 미국이 취한 태도는 우리의 이러한 우려를 덜어주기는 커녕 더 깊게 해주었다"고 강조했다.

외교부 대변인은 이어 "그러나 조선반도의 정전상태를 끝장내고 공고한 평화를 수립하자는 우리의 오랜 요구에 미국이 늦게나마 귀를 기울이고 회담테이블에 나온 자체가 다행스러운 일인 만큼 우리는 그들의 태도를 좀 더 주시해 볼 것"이라고 덧붙였다.

《조선일보》, "'북한' 4자 예비회담 '기대이하' 평가"

북한은 10일 지난 5일부터 7일까지 뉴욕에서 열린 4자회담 예비회담의 결과에 대해 "기대이하"라고 평가했다.

내외통신에 따르면 북한 외교부 대변인은 이날 관영 중앙통신과의 회견에서 본회의 의제로 북한이 주장한 미·북 평화협정체결 및 주한미군 철수문제가 채택되지 못한 점을 들어 "이번 뉴욕에서 진행된 예비회담의 결과는 한마디로 말하여 우리의 기대에 못 미치고 있다"고 주장했다.

이 대변인은 "미국의 이러한 입장은 결국 자기의 책임을 회피하면서 우리의 민족내부문제에나 간섭해 보자는 것"이라고 비난했다.

그는 또 미국이 이번 예비회담에서 4자회담과 대북 식량지원문제를 연계시켰다고 주장하고 "심각한 식량사정을 안고 있는 우리에게 있어서 가장 경계하는 문제가 바로 4자회담에서 우리에 대한 식량지원이 정치적 무기로 이용될 수 있다는 점인데 이번 예비회담 과정에서 미국이 취한 태도는 우리의 이러한 우려를 덜어 주기는커녕 더 깊게 해주었다"고 강조했다.

북한 외교부 대변인은 이어 "그러나 조선반도의 정전상태를 끝장내고 공고한 평화를 수립하자는 우리의 오랜 요구에 미국이 늦게나마 귀를 기울이고 회담테이블에 나온 자체가 다행스러운 일인 만큼 우리는 그들의 태도를 주시해 볼 것"이라고 덧붙였다.

《한겨레신문》, "'통일' 북한, 4자회담 기대이하 평가"

북한은 10일 지난 5일부터 사흘간 뉴욕에서 열린 4자회담 예비회담의 결과에 대해 "기대이하"라고 평가했다.

내외통신에 따르면 북한 외교부 대변인은 이날 중앙통신과의 회견을 통해 본회의 의제로 북한이 주장한 북미 평화협정체결 및 주한미군 철수문제가 채택되지 못한 점을 들어 "이번 예비회담의 결과는 한마디로 말하여 우리의 기대에 못 미치고 있다"고 말했다.

위의 〈사례 2〉에서 《한겨레신문》의 경우 북한이 왜 4자회담 예비회담이 '기대이하'라고 평가했는지에 대한 내용을 싣지 않았으며, 북한 당국이 미국 측의 태도에 대해 언급한 부분, 즉 회담개최의 여운을 남겨둔 내용을 보도하지 않았다.

〈사례 3〉 1997년 7월 12일자 보도(《조선일보》는 7월 11일자)

내외통신, "황장엽 씨 회견 '대북선전포고' 간주"

북한은 11일 황장엽 씨의 기자회견(7.10)에 대해 '대북선전포고'라고 규정하고 "4자회담이 공중분해 될 수 있다"고 경고했다.

북한의 평양방송은 이날 '민민전 대변인 성명'을 인용하는 형식을 빌려 황장엽 씨의 기자회견을 "유치한 정치광대극"이라면서 "이것은 또 하나의 위험천만한 對北선전포고로서 의심할 바 없이 파멸의 비싼 대가를 치르게 될 것"이라고 위협했다.

평양방송은 특히 황장엽 씨가 북한의 전쟁준비와 남침기도를 폭로한 것에 대해 "민족의 파멸을 가져올 전쟁의 불씨를 퍼뜨리는 요망한 자의 망발"이라고 격렬히 비난했다.

북한은 이에 앞서 10일 對南흑색선전매체인 '민민전' 방송을 통해서는 황장엽 씨의 기자회견에 대해 "4자회담이 공중분해 될 수 있다"고 경고한 바 있다.

북한은 또 황장엽 씨를 "탈북 도주자로서는 너무도 철면피하다"면서 '정신병자', '인간추물', '민족의 공적'이라고 매도하고 "黃역적을 반드시 황천객으로 만들 것"이라고 협박했다.

《조선일보》, "북한, 황장엽 씨 기자회견 맹비난"

북한은 10일 황장엽 씨의 기자회견과 관련, 중앙평양방송 등에서는 반응을 보이지 않고 대남흑색선전방송인 '민민전'을 통해 "4자회담이 공중분해 될 수 있다"고 경고했다.

내외통신에 따르면 북한은 10일자 민민전방송을 통해 "《조선일보》의 사설사태로 남북관계가 일촉즉발의 전쟁위험 상태에 들어간 이때 남조선 정부가 노망한 정신병자 황가까지 내세워 이북을 자극했다"고 주장하면서 "이제 무슨 참사가 벌어질지 모르며 우선 1년 동안 끌어오다가 모처럼 빛을 보기 시작한 4자회담이 공중분해 될 수 있다"고 경고했다.

민민전방송은 이어 "지금 형편에서는 4자회담이 성사되기는 고사하고 당장 민족적 대재난이 초래될 것 같아 불안과 우려를 금할 수 없다"고 위협했다.

《한겨레신문》, "북한, 황장엽 씨 기자회견 선전포고"

북한은 11일 황장엽 씨 기자회견에 대해 '대북 선전포고'라고 규정하며 맹비난했다.

내외통신에 따르면 북한의 평양방송은 이날 '민민전 대변인 성명' 형식으로 황 씨 기자회견을 '유치한 정치광대극'이라면서 "이것은 또 하나의 위험천만한 대북선전포고로서 의심할 바 없이 파멸의 비싼 대가를 치르게 될 것"이라고 위협했다.

방송은 특히 황 씨를 '정신병자', '인간추물', '민족의 공적'이라고 비난했다.

위 〈사례 3〉에서 《조선일보》 기사 내용은 내외통신과 큰 차이가 난다. 내외통신 발행일은 7월 12일자이며 《조선일보》 기사는 7월 11일자이므로 기사소스에서 비롯된 차이일 수도 있다. 그러나 내외통신 7월 12일자 기사도 민민전방송을 인용한 것이므로 과연 《조선일보》 기사의 밑줄 친 부분이 방송된 내용인지 확인할 필요는 있을 것이다.

5. 결 론

북한 관련 외신보도의 게재는 기사 내용의 신빙성을 확인하기 어려운 여건 때문에 오보의 가능성이 높고, 외신이 자국 이익의 관점에서 보도한 것을 그대로 번역하여 싣기 때문에 여론을 오도할 가능성이 크다는 문제점이 있다는 것은 앞에서 논의한 바와 같다. 더욱이 외신을 언론사나 기자의 편의에 따라 어느 한 측면만을 강조하는 편집을 하는 경우에는 더욱 그러하다. 그러나 과거에 견주어 북한 관련 외신보도를 오용하는 경우는 이제 없는 것으로 보아도 좋을 것이다. 이러한 문제점을 전제로 북한 관련 외신보도를 개선할 방안을 몇 가지 제시하고자 한다.

첫째, 외신 출처에 대한 신뢰도를 검증해 보는 노력이 필요하다. 그 통신이나 신문은 믿을 만한지, 이념적으로 극히 편향된 성격의 것은 아닌지 등이다. 이와 관련하여 외신의 북한 관련기사가 의존하고 있는 정보원에 대해서도 검증하는 절차가 필요하다고 생각된다. 외신의 보도기사 자체에 정보원이 명백히 밝혀져 있지 않다면 게재를 되도록 하지 않는 편이 옳을 것이다.

둘째, 정보원은 정확히 밝혀야 하겠다. '종합' 또는 '외신종합'이라는 바이라인(by-line)은 정도가 아닐 것이다. 인용한 정보원(외신)을 모두 밝혀 주어야 한다.

셋째, 북한 관련 외신을 다루는 기자의 전문성이 요구된다. 가능하면 국제부에 북한 관련 외신만 전담하는 기자를 두는 것이 좋을 것이다.

넷째, 내외통신은 정치부 통일원 출입기자가 다루는 것이 관행이 되어 있지만, 이것도 북한 전문기자가 다루도록 하여야 합당할 것이다.

《외신보도의 현황과 발전방향》, 삼성언론재단, 1998

주(註)

1) P. Shoemaker & S. Reese, *Mediating the Message*, New York : Longman, 1991. 김원용 역, 《미디어 사회학》, 나남, 1992.
2) R. Williams, *Marxism and Literature*, London : Oxford University Press, 1977, pp.55~71
3) 유재천, 〈남북한의 통일언론정책〉, 《분단국의 통일언론정책》, 서강대 언론문화연구소, 1990, 53~64쪽.
4) F. Terrou & L. Sola Pool, *Legislation for Press, Film and Radio*, New York : Columbia University Press, 1951.
5) 이종수·윤석년, 〈통일에 관한 보도 경향〉, 《통일문제 보도에 관한 고찰》(제2회 최병우 기자 기념심포지엄 주제논문집), 관훈클럽, 1990, 34쪽.
6) 윤영철, 〈한국의 정치변동과 언론이념〉, 서강대 언론문화연구소 제22회 언론문화연구 발표회 발표논문, 1990, 37쪽.
7) 유재천, 앞의 글, 43쪽.
8) 정인화, 〈'조지고 보자'는 북한보도〉, 《저널리즘》, 1993년 봄, 41~44쪽.
9) 김성진, 〈북한 관련보도의 현황과 문제〉, 《신문연구》, 1997년 봄.

제3장

방송환경의 변화와 방송정책

방송환경의 변화와 방송평가의 방향 모색

1. 서 론

문화시장의 개방에 대비하여 우리 방송의 경쟁력을 제고하기 위한 프로그램 제작업을 육성해야 하며, 방송의 다원화 시대에 걸맞게 탈규제-자율화가 요청된다는 주장은 정당하다. 그러나 막연히 탈규제-자율화를 강조하기보다는 구체적으로 방송을 육성하기 위해 어떤 규제를 풀어야 하고, 자율화를 위해 무엇을 할 것인지 제시하는 작업이 필요하다.

또한 자율적 경쟁을 통한 방송의 발전에 공익의 추구나 공공성의 강조가 무의미하거나, 오히려 장애가 된다는 발상의 오류는 시정되어야 한다. 모든 제조업이나 서비스업에는 정도의 차이가 있을지 모르나, 사익(私益)과 함께 사회적 이익을 추구할 책임이 부과되어 있을 뿐더러, '경제의 준거'가 주어지기 마련이라는 점을 인식하지 않으면 안 된다.[1)

방송정책의 입안과 집행에서 효율성과 형평성은 상호 배타적 관계가 아니라 보완적 관계에 놓여 있다. 따라서 민간 기업의 활력을 이용하기 위한 최근의 논의들에서는 방송평가와 방송 재허가를 관련지어, 허가 기간 동안의 심의 결과를 재허가에 반영하는 쪽으로 방향을 잡고 있는 것으로 보인다.

그러나 현재의 방송심의는 프로그램 내용 심의에 그치고 있으며, 따라서 이를 점차 방송사의 자율 심의로 이관하는 것이 바람직하다는 주장이 공감대를 형성하고 있다. 이런 상황에서 재허가를 위한 방송평가를 방송심의 결과 반영으로 제한할 경우에 방송 재허가의 실효성을 얻기에는 부족하다고 보인다. 방송평가가 프로그램 내용 심의에 그치는 것이 아니라, 방송제도 운용 전반에 대한 체계적 지표 수립과 이를 통한 방송 운용의 합리화라는 더 높은 목표를 지향해야 할 이유가 여기에 있다.

2. 방송평가와 관련된 최근의 논의

최근의 방송제도 개편과 관련된 연구의 대표적인 예들로, 1989년의 방송제도연구위원회나 1993년 구성된 공영방송발전연구위원회, 2000년대 방송정책연구위원회, 그리고 뒤이어 다시 구성된 선진방송정책자문위원회의 활동을 들 수 있다.

방송제도연구위원회는 1990년도에 발간된 보고서의 머리말에서 제시했듯이, "자유민주주의에 뿌리를 둔 개방사회를 지향하며 기술 발전을 위시한 제반 방송 상황의 변화에 유연하게 대처하고, 전파의 합리적 사용으로 국민의 선택의 폭을 확대하며, 방송매체의 궁극적 사명인 공공성 제고를 위해 독립성을 확보하고, 미래의 새로운 방송 질서를 마련하는"2) 데 목적을 두고 있다. 곧 방송이념, 방송제도와 방송법, 한국방송광고공사와 공익자금, KBS 위상 정립, 독립제작사, 유선텔레비전, 직접위성방송과 고품위 텔레비전, 방송전파 관리, 방송의 미래 등을 포괄적으로 다루면서 정권 교체에도 흔들리지 않는 제도를 확립하고자 노력하였다.

그러나 이 보고서가 담고 있는 수많은 논의와 권고 가운데 유독 민영방송 설립의 필요성 부분만 발췌되어, 당시의 정권이 민영방송을 도입하는 이론적 근거로 사용되었다. 공영방송체제에 최초의 민영방송을 도입하는 과정에서, 공영방송과 같은 허가 기준을 적용하면서도 재허가의 기준을 명확하게 하지 않았고, 결국 '공익적 민영'이라는 이름 아래 주파수 자원이 무상 영구 임대되는 길을 열어주었다.

정권이 바뀐 뒤, 방송제도의 개편에 관한 논의는 공영방송발전연구위원회와 2000년대 방송정책연구위원회가 구성되면서 다시 진행되었다. 공영방송발전연구위원회는 1994년에 발간된 보고서(이하 '공발연보고서')의 머리말에서 "통신기술의 발전에 따른 다매체·다채널 시대의 도래, 방송과 통신의 융합 현상, 방송의 국제화 등 급변하는 방송환경 속에서 우리 방송이 사회의 필요와 시청자들의 다양한 욕구를 만족시킬 수 있는 방송이 되기 위해서 무엇보다도 공공성과 공익성을 구현하는 데 충실한 공영방송의 정립이 선행되어야 할 것이다"[3]라고 인식하고, 공영방송이나 민영방송을 막론하고 공공방송으로서의 기본 이념을 같이한다는 '공공방송체제' 개념을 도입하였다. 민영방송조차도 방송 활동에서는 공공성과 공익성을 외면할 수 없다는 방송규제의 기본 원칙을 수립한 것이다.

공발연보고서에서는 방송허가와 재허가를 결정하는 문제에서 전파법과 동(同) 시행령은 다만 전파기술적인 요인만을 심사하도록 규정하고 있다는 문제점을 지적하였다. 그러므로 공공방송체제 안에서 공·민영방송사들이 공공성을 견지하고, 공익을 위해 봉사하도록 하려면 방송국의 허가와 재허가를 할 때 그 같은 공적 과업을 여하히 실천할 것이며, 또한 실천했는가를 심사하여야 한다고 주장하였다. 또 방송총괄기구가 설립되기 전의 단계적 조치로 현 방송위원회의 심의 결과를 허가 및 재허가에 반영할 것을 제안하였다.

방송제도의 개편 논의에서 방송허가와 재허가, 그리고 방송평가라는 제도적 장치가 필요하다는 제안이 나오게 된 것은 분명 큰 진전임에 틀림없다. 그러나 이 보고서는 단계적 조치이기는 하지만, 방송평가를 현재의 방송심의 결과와 일치시킴으로써 방송의 평가 기준을 현재의 방송심의기준으로 제한하는 것처럼 오해받을 소지가 있다.

공발연보고서와 거의 같은 시기에 발간된 2000년대 방송정책연구위원회의 최종보고서는 신매체 도입과 방송의 국제화·개방화 추세가 방송의 상업화와 산업화를 필연적인 과제로 만들었다는 인식에서 출발하였다. 이 보고서는 "미래의 방송정책은 사회문화적 측면뿐만 아니라 산업적 측면에서 고려하여야" 하며, 국제화와 개방화에 관련해서는 "방송정책의 기본 방향이 방송의 규제라는 측면에서 방송산업의 보호 육성이라는 측면으로 전환되어야 한다"고 주장하였다.[4]

이 보고서는 민간 부문의 자발적 참여를 통하여 방송산업을 육성하려면 정치권력의 의지에 따라 방송정책을 수립하는 전근대성을 극복해야 한다고 말한다. 또 기술적인 측면에만 한정하여 방송무선국을 허가, 재허가하는 현행의 방송허가제를 시정하고, 특성을 고려하여 방송활동에 대한 평가에 바탕을 두고 허가, 재허가하는 제도적

장치가 필요하다고 제안하였다. 곧 이 보고서도 공발연보고서와 마
찬가지로 방송 재허가에 방송심의 결과를 반영할 것을 주장하면서,
다시 방송평가를 프로그램 단위에 국한하는 경향을 보인다.

3. 방송평가제의 성격과 접근 방법

1) 방송평가제의 성격

방송심의와 허가가 분리되어 운용되는 현재의 제도는 허가와 재
허가의 기준이 모호하며, 방송규제의 실효성도 떨어진다. 또한 현재
의 방송심의는 프로그램 내용에 한정되며, 단발적이고 단기적인 제
재에만 그치고 있다. 심의 규정에는 추상적이고 애매한 부분이 남아
있어 해석의 문제가 제기되기도 하며, 심의에 따른 법적 제재는 실
무책임자에 국한된다.

이러한 프로그램 내용 심의를 자율 심의로 과감히 이관하고, 자
율 심의의 한계를 사후적으로 보완할 제도적 장치만 외부에 마련된
다면, 외부 방송기구의 활동은 프로그램 단위가 아닌 편성이나 정책
을 주로 심의하도록 조정할 필요가 있다. 방송운용기구의 구체적인
활동의 중심은 방송활동 규제와 이를 위한 심의 규정의 제정 및 제
재가 아니라, 방송 전반에 걸친 중요한 정책 결정이어야 한다. 방송
심의는 방송평가로 그 개념을 재설정하고, 방송사 자체적인 프로그
램 심의 이외에 개별 방송사의 자체 사업 평가, 외부 시청자 단체의
프로그램 모니터 결과, 방송심의기구의 편성 및 정책 심의, 프로그
램에 대한 수용자의 평가, 방송정책에 대한 여론조사 결과나 연구위

원회 등의 평가, 공청회 결과 등 다양한 수준의 자료들을 수집하여 방송허가와 재허가, 그리고 방송정책 입안과 집행에 반영하여야 할 것이다.

한편 방송평가를 재허가와 결부시키는 방안은 방송평가를 개별 방송사의 활동에 국한하는 결과를 가져올 것이다. 현재의 프로그램 심의보다 심의 범위가 확대된다고 해도 내용 심의가 갖는 한계는 분명하다. 개별 방송사의 방송활동에 대한 평가는 그 방송사의 미래 방송활동에 대한 평가 자료의 하나이기는 하지만, 방송환경의 변화에 따라 새로운 채널을 허가하고, 불필요하게 된 채널을 회수하는 전반적인 방송운용의 근거 자료로는 부족하다. 방송의 공공성, 공익성의 내용과 공적 책임이 환경의 변화에 따라 지속적으로 바뀌므로, 이러한 변화에 능동적으로 대응하고 적응하기 위하여 방송의 재허가와 신규 허가를 통한 부분적 방송개편이 가능하도록 해야 한다. 이러한 정책 결정에서 가장 중요한 부분이 방송평가임은 말할 나위가 없다.

방송평가는 프로그램 내용에 대한 준사법적 심의가 아니라, 방송활동에 대한 심층적 분석과 경향 파악, 방송사업 생산성과 시장 효율성 평가, 다양한 채널 운용의 사회문화적 효과, 시청자들의 반응과 여론의 향배, 방송산업의 자원 동원 능력과 국제 경쟁력 분석 등이 포함되어 있어야 한다. 또한 미시적 분석과 거시적 분석을 통괄하여 방송 전체에 대한 종합적인 시각을 견지해야 한다.

궁극적으로 방송 운용의 전반적인 사항들에 대한 지표를 수립하여, 이런 객관적 측정 결과를 기초 자료로 방송평가가 이루어져야 한다. 이는 비단 방송사의 허가와 재허가에만 관련되는 것이 아니라, 방송제도의 효율성과 형평성에 대한 평가이자 방송제도 개편의 중요한 기초가 되어야 한다.

2) 방송평가의 접근 방법

방송활동의 질적 수준에 대한 평가를 어떻게 할 것인가의 문제는 매체의 사회적 책임 수행 여부를 어떻게 정의하는가의 문제와 결부된다. 사회적 기대 정도를 분명히 하기 위한 평가 기준은 공익과 사회적 기대라는 추상적인 규범을 구체적 기준으로 재구성한 것이며, 방송평가의 기초 자료로서 일관성과 신뢰성을 확보하여야 한다. 데니스 맥퀘일(Denies McQuail)이 주장하듯이, 방송평가의 결과는 정치적·법적 논쟁에 견딜 수 있도록 충분히 '견고하며'(hard), 동시에 일반 시청자, 정치가, 매체 종사자들이 쉽게 이해할 수 있어야 한다.5) 그는 방송평가의 결과가 논쟁에 견디고 쉽게 이해되기 위한 몇 가지 기본 원칙을 제시했다.

첫째, 분명하게 정의된 긍정적 사회 목적에 따라 방송평가의 기준을 선정한다.

둘째, 방송사 자체의 이해와 무관한 하나의 입장과 문제 정의를 받아들인다.

셋째, 주류 사회과학의 연구 특징을 갖는 과학적 연구 전략과 방법을 택한다. 특히 가치중립적 태도와 가치의 분명한 진술, 일반적이고 전형적인 방송활동을 탐구하며, 자료 수집과 분석에서 체계적, 일반적이며 계량적인 방법을 적용한다.

넷째, 방송소유구조나 효과보다는 방송 내용이나 프로그램 또는 관련 서비스의 전반적인 질에 초점을 두고 평가한다.

다섯째, 정보원·제작자·고객·시청자 등 방송활동에 대한 다양

한 시각을 포함한다.6)

결국 다섯 가지 조건, 곧 다양한 공익 기준, 방송사로부터의 독립, 객관적이고 체계적인 연구 방법, 관련증거에 대한 다양한 해석, 방송의 정상적인 운영이 방송평가의 필요조건인 셈이다. 이 글의 방송평가에 대한 여러 주장은 맥퀘일의 주장과 맥을 같이한다.

방송 평가를 위한 지수들은 특정한 규범적 가치에 종속되기보다는, 다양한 규범적 가치에 봉사할 수 있는 '가치중립'인 지수들의 산출과 이에 바탕을 둔 다양한 규범적 가설의 검증을 목표로 한다. 지수들은 '상식적'인 수준에서 고안 및 측정되고, 특정 입장에 치우치거나 구애됨이 없이 다양한 종류와 수준의 가설 검증에 적용 가능한 '기초적'인 자료로서 활용될 수 있어야 한다.

4. 방송평가를 위한 몇 가지 지표들

이 글은 그동안에 개발된 몇 가지 지표들의 이론적 배경과 구체적 사례연구들을 살펴봄으로써 방송평가의 방향을 모색하고자 하는 데 목적을 두었다. 화면상의 방송 내용에 대한 평가는 '편성지표'와 '문화지표'를 포함하며, 화면 앞의 시청자들의 평가는 '수용자지표'로, 화면 뒤의 방송사나 제도에 대한 평가는 '산업지표'로 나눠 볼 수 있다. 가치중립적이고 상식 수준의 어휘를 쓰며, 기초 자료의 성격을 띠는 귀납적인 이들 연구들이 망라적이거나 최종적인 것으로 이해될 필요는 없다.

1) 편성지표

이제까지의 편성 연구는 연구자 개인의 직관에 의존하여 규범적이고 개념적인 문제를 제기하고, 개선 방안의 모색 또한 규범적인 수준에서 이런저런 편성 전략을 나열하는 데 머무르는 경향을 보여 왔다. 무엇을 기준으로 편성문제를 다룰지, 일정한 기준을 마련한 뒤에는 어떤 근거를 수집할지, 또한 이에 근거하여 편성정책의 입안과 집행의 실효성을 어떻게 얻을 수 있을지는 쉽지 않은 과제이다.

다매체·다채널의 기술적 실현은 다양하고 전문화된 채널들을 허가할 수 있는 여건을 조성하고 있으므로 채널 내 다양성보다는 채널 다양성을 평가 기준으로 삼아야 한다고 주장하는 사람들이 있다. 이들의 주장에 따른다면, 어떤 이해 집단에게 채널이 배분되더라도 채널 내 프로그램을 다양화하여 사회 안의 다양한 이해 집단이 참여하고 각각의 이해관계와 취향이 반영될 수 있으면, 결과적으로 채널 배분의 문제는 그다지 중요한 것이 아닐지 모른다.

그러나 채널 간 다양성·외적 다양성이 강조되면 될수록 채널 배분의 공정성은 더욱 중요한 문제가 될 수밖에 없다. 왜냐하면 독과점 상태 아래에서는 사회적 소수계층들이 소유에서 제외되더라도 채널 내 프로그램 다양성을 통하여 자신들의 관점과 이해관계를 반영할 수 있었지만, 채널 소유에서 제외되는 경우 자신들의 이해나 관점을 반영할 수 있는 통로가 더 이상 존재하지 않게 되기 때문이다.

한진만은 방송편성 연구에서 채널 내 다양성과 채널 간 다양화의 문제를 동시에 제기한다.[7] 채널의 수가 극히 제한되어 거의 독점 상태에 있는 경우에는 채널 내에서의 다양화 또는 다원화가 중요한 편성의 기준이지만, 채널 보급이 늘어나면서 채널 내 다양화와 함께 채널 간 다양화도 중요한 편성 기준이 된다는 것이다. 새로운 채널이 보급될 때마다 채널의 특성화, 차별화라는 말이 등장하지만, 허가된 방송사들은 전문성을 살리기보다는 시장 전략에 유리한 종합 편성을 지향하므로 채널 간 다양화는 구호에 그치는 경향이 있다. 결국 채널 내 다양성과 채널 간 다양성은 긴밀하게 연관된다. 채널 내 다양성을 강조하면 채널 간 동질화를 초래하며, 채널 간 다양성의 강조는 채널 내 동질화를 불러온다. 한진만의 이러한 논의는 채널의 다양성이 무조건적인 목표가 되어서는 안 된다는 점을 잘 보여 준다.

기술 진보로 다양하고 전문화된 채널이 늘어나는 현상은 제한된 채널수만 존재할 때의 채널 내 프로그램 다양성(또는 내적 다양성)이라는 평가 기준에서 다수의 전문 채널 간 다양성(또는 외적 다양성)으로 기준을 전환할 수 있는 기회를 제공하였다. 그러나 시장 현실은 이러한 기대와는 다른 결과를 보여 준다. 채널의 다양화가 프로그램의 다양화로 나타나기보다는, 시장의 요구에 따라 프로그램 내용이 오히려 획일화하는 경향이 나타난다.

따라서 논리적으로 채널 다양성이 프로그램 다양성을 대체한다는 주장에는 무리가 있다. 이러한 주장 속의 프로그램 다양성은 프로그램 유형의 다양성을 의미할 뿐, 프로그램 안에서 다루어지는 소재, 곧 이해관계, 취향, 관점들의 다양성을 뜻하지는 않는다. 이러한 프로그램 내 다양성의 관점에서 보면, 채널 다양성은 오히려 전문 채널의 증가와 특정한 이해관계나 취향을 가진 목표공중으로 시청자 집단을 세분화하는 경향을 가속화하므로 프로그램 다양성이 악화되는 결과를 초래한다. 결국 채널 간 시청자의 세분화는 다양한 계층들 사이의 이해나 갈등조정을 위한 보편가치의 창출이나 보급을 저해하고 사회를 분해하는 결과를 불러올 수도 있다. 그러므로 매체 간·채널 간 역할 분담을 명확히 하고, 그에 적합한 방송 편성의 기준을 책정하는 한편, 이를 지수화하는 작업으로 나아가야 할 것이다.

2) 문화지표

문화의 사회적 가치를 대중매체에게 더욱 요구하는 이유로는 다음의 세 가지를 들 수 있다. 첫째, 매체가 문화 텍스트를 생산하고 배포하므로 내재적인 문화가치를 갖는다. 둘째, 매체는 사회의 다른 부문, 그 가운데서도 주로 교육이나 예술 등의 문화 활동을 대중에게 매개하는 중요한 채널이다. 셋째, 매체는 개개인들의 문화적 취향에 막대한 영향력을 행사할 뿐만 아니라, 문화 환경으로서 어떻게 행동하고 생각하여야 할지 결정하게 만드는 고도의 문화적 영향력을 갖는다.

문화와 매체 사이의 복합적인 연관은 매체의 문화적 활동에 대한 다양한 평가 방식을 요구하며, 특정한 단일 척도만으로 그 활동을 재단하기 어렵게 만든다. 오히려 다양한 관계에 대한 개념화와 함께 여러 가지 지표들의 지속적인 개발과 보완이 필요하다.

흔히 보도의 다양성은 객관적인 세계의 사회 다양성을 반영해야 하되, 비례적이어야 한다고 주장한다. 예컨대, 정치보도는 정치에서의 비례대표처럼 원내의석 분포에 따른 비례적 배분에 따라 나눈다는 것이다. 그러나 이러한 다양성 개념은 현상 유지에 지나지 않는다. 현재의 세력 분포에 따른 비례적 배분은 현 체제의 안정과 지속에는 기여하지만, 현실에서의 변화 가능성을 대변할 수 있는 목소리를 막아버리는 결과를 가져온다. 따라서 이러한 기준으로 다양성을 정의하는 경우, 다양한 정보원과 관점을 포함하거나 확인하여야 한다는 본래의 책임을 다하기 어렵다.

대안으로 논의되는 개방적 접근은 사회적으로 중요하다고 인정되는 견해라면, 비록 소수계층에 제한된 것이라도 그 의미를 분명히 드러낼 필요가 있다는 태도다. 비록 현재는 사회적 영향력이 약하더라도, 새로이 등장하는 견해나 양식들에 민감하게 반응할 수 있는 태도가 요구된다. 보도의 다양성이라는 개념은 현실 사회의 다양성에 대응하는 소극적 반영과 함께 사회 다양화 추세에 대한 적극적 파악을 동시에 포함하여야 한다는 것이다. 이러한 논의는 현실의 다양성을 제대로 반영하는지 측정하기 위한 지표와 함께, 그 경향을 전향적(前向的)으로 예고할 수 있는 지표의 개발을 요청한다.[8]

한편 오락 프로그램의 내용에 대한 사회적 관심은 프로그램의 폭력성과 선정성에 집중되는데 이는 오래전부터 학자들의 관심 대상이었다. 그러나 프로그램 내용을 계량화하는 일률적인 잣대는 창작과 예술의 대상이자 표현의 자유가 보장되어야 하는 창조적인 프로그램 제작 작업에 무분별하게 적용될 지도 모르는 위험을 안고 있다. 이런 이유로 전통적으로 프로그램 내용에 대한 규제는 소극적인 방법이 주를 이룬다. 방송문화지표는 기본적으로 프로그램의 폭력성과 선정성을 드라마나 영화 장르 전체에 견주어 측정하는 조지 거브너(George Gerbner) 식의 폭력지수·선정지수를 따른다. 이와 함께 개별 프로그램의 폭력지수와 선정지수를 측정할 수 있도록 하였는데 이는 곧 드라마나 영화의 과도한 폭력이나 성행위의 정도를 지수화한 것이다.

3) 수용자지표

　수용자의 권리가 강조되는 방송환경에서 시청자들의 매체 접촉 행태나 프로그램 행위에 대한 정보는 중요하다. 수용자지표로는 시청률 조사와 프로그램평가지수(AI)를 들 수 있다.

　시청률 정보는 시청자 구성이나 방송 전체의 도달률이라는 2차적인 정보 가공으로 더욱 중요한 정보가 될 수 있다. 시청률이 시청자의 수를 나타내는 단순한 수치인 것과 달리, 시청자 구성은 어떤 시청자 집단이 주로 그 프로그램을 보는지 나타내는 정보이다. 시청자 구분의 기준으로는 거주 지역, 연령, 교육 수준, 성별 등의 요소들이 주로 사용된다. 또한 도달률은 방송사 전체 가운데 한두 개 프로그램이라도 접한 총 시청자의 규모를 나타낸다.

　시청자 구성 도달률을 평균 시청률과 비교하면 더욱 그 의미가 분명해진다. 시청률이 높은 프로그램들이 비슷한 시청자 구성을 보이는 경우, 방송사 전체의 평균 시청률은 높더라도 도달률은 낮게 된다. 이와 달리 개별 프로그램들의 시청률은 낮더라도 이들 프로그램의 시청자 구성이 완전히 이질적이라면, 방송사 전체의 평균 시청률은 낮더라도 도달률은 높은 것이다.

　복합적 경쟁 상황의 방송평가 기준은 다양한 매체들을 일률적으로 평가하기보다는, 각각의 역할에 대한 분명한 정의에 바탕을 두고 개별적으로 평가할 수 있는 방식을 택하는 것이 타당할 것이다.

　한편 수용자들의 개별 프로그램에 대한 시청 평가를 재미와 유익이라는 두 가지 차원을 이용하여 담아내는 AI는 시청률 못지않게 중요한 또 하나의 지수이다. 시청률이 개별 프로그램의 시장 평가를 나타내는 지수인데 견주어, AI는 프로그램에 대한 전체 시청자들의 질적 평가를 나타내는 것이다. 시청률과 AI는 프로그램의 시장성과 품질 수준을 유지하기 위한 보완적인 두 가지 지수이다.

시청률이 프로그램의 시청자수를 나타내고 AI가 시청한 프로그램에 대한 개인적 평가 또는 만족도를 나타내므로, 이 둘을 곱하는 방식으로 시청자 집단 전체의 총체적 만족도를 측정하는 것이 가능하다. 이 측정값으로 시청자 복지의 입장에서 개별 프로그램에 대한 평가는 물론, 방송사나 방송산업 전체에 대한 평가를 얻을 수 있다. 또한 시청률과 AI는 통계적으로 상호 독립적이므로 두 가지 지수의 표준화된 값들을 곱하여 개별 프로그램의 총체적 만족도로 하는 데 방법론상 문제점은 없다. 장르별로, 방송사별로 집계되는 총체적 만족도는 방송 서비스의 질을 나타내는 또 다른 지수로 개발될 수 있을 것이다.[9]

4) 산업지표

시청률이나 AI와 같은 수용자 정보가 개별 프로그램의 시장 활동에 중요하지만, 그에 못지않게 중요한 것이 프로그램 생산과 배급을 담당하고 있는 방송기업과 방송산업 구조에 대한 연구이다. 방송활동의 많은 부분이 경제적 고려 아래서 이루어지며, 방송영역 자체가 고도로 기업화, 산업화되어 가고 있다는 데 대체로 공감한다. 또 프로그램의 제작비가 그 프로그램의 질을 결정짓는 잣대이며, 방송에 대한 기업적, 산업적 투자가 방송문화, 나아가 전체 대중문화의 질과 성격을 부분적으로 결정짓는 요인이라는 점도 부인하기 어렵다.

우리나라 방송이 다매체·다채널 시대로 전화(轉化)하는 지금, 정부가 주도하는 방송정책은 심각한 도전을 받고 있다. 다원화되는 방송환경에서 정부가 방송산업 각 요소 시장의 산업 행위자를 일일이 선정하고, 가능한 한 모든 상황을 통제하고자 하는 것이 애초부터 무리이기 때문이다.

김동규의 논문에서 지적되듯이, 어떤 시장구조를 창출하는 것이 급변하는 방송환경의 변화에 효율적으로 대응하는 방안인가의 문제는 기존 방송산업에 대한 정확한 경제적 평가를 바탕으로 해야만 가능하다.[10] 지금까지 방송산업이 시장구조에서 어떤 특징을 지녀왔으며, 그 구조 안에서 개별 방송기업들은 어떤 경제적 행위를 수행해 왔는지, 그리고 그런 행위가 원래 의도한 바에 따른 경제적 과실을 얻었는지에 대한 체계적이며 실증적인 분석이 필요하다. 이러한 분석을 기반으로 할 때만이 기존의 방송제도나 정책성과를 평가하고, 변화하는 방송 환경에 대응하는 효율적인 전략을 수립할 수 있기 때문이다.

전파의 주인인 국민은 방송사의 경영 실태나 방송산업 전반에 대한 정보를 얻기 어려우며, 감시감독의 의지는 있어도 이를 수행할 능력이 부족하다. 그러므로 일차적으로는 방송사 경영 실태의 공개와 함께 이에 대한 객관적인 평가가 이루어져야 할 것이다. 이러한 기초 자료를 토대로 방송정책의 결정과 정책 집행의 결과에 대한 평가 기준을 구체화할 수 있을 것이다.

5. 방송평가와 방송 재허가

기존의 연구 보고서들이 방송심의와 방송 재허가를 관련지으면서 허가 기간 동안의 공적에 대한 심사가 재허가에 반영되어야 한다는 제안들을 내어놓고 있음을 살펴보았다. 프로그램 내용에 대한 자율 심의가 활성화되어야 한다는 데 공감대가 형성되고 있으므로, 방송 심의의 주요 기능을 편성 심의나 정책 심의로 전환할 필요가 있다. 더불어 심의 자체도 시정·제재하는 일과적(一過的)이거나 단기적인 목표보다는, 방송평가라는 지속적이고 장기적인 목표가 우선되어야 한다.

현재의 방송국 허가제는 주파수(채널) 사용 허가와 방송설비 허가를 일체화하여 방송을 위한 무선국을 허가하는 방식이다(방송국 허가). 그러나 최근의 유선방송이나 위성방송의 허가에서 드러나듯이, 주파수 사용 허가와 방송설비 허가는 분리된다. 유선방송의 경우, 채널은 프로그램 사업자에게 허가되며, 방송설비 허가는 유선 방송국과 망사업자에게 허가된다. 위성방송의 경우, 주파수 사용은 방송사에게 허가되며, 방송설비 허가는 통신 사업자에게 허가된다. 이와 같은 주파수 사용 허가와 방송설비 허가의 분리는 방송을 위한 무선국 허가의 기술적 토대를 없앰으로써 방송국 허가제를 사실상 무의미하게 만든다. 더욱이 앞으로 외국의 방송위성을 이용하는 국내의 방송사가 출현할 경우 주파수 사용 허가 자체가 필요 없게 된다.

우리의 전파법이 모델로 하는 일본에서도 이와 유사한 변화를 경험하고 있고, 그에 대한 전파 행정의 적응 노력을 볼 수 있지만, 국내에서는 아직 방송전파행정의 낙후성을 시정하기는커녕, 민영매체 도입을 둘러싼 논쟁 이상을 보기 어렵다. 그나마 전파법을 도입하면서도 효율성만을 강조하며 형평성에 관한 조항들을 모두 삭제하여 문제가 적지 않은데다, 그마저 전파 행정 당국의 권리와 무선국의 의무만 나열할 뿐이어서 규제 일변도라는 비판을 면하기 어렵다.

　미래 방송환경에 대비하려면 방송용으로 할당된 주파수 자원을 공개하고 다양한 미래 방송형태의 개발을 민간 부문에 맡겨 방송시장의 산업적 활력을 이끌어 내야 할 것이다. 한편, 국민의 자산인 전파의 시장가치를 제대로 평가하고 이를 사회로 환원하는 방안을 모색하며, 주파수 배정의 심사과정을 투명화하는 것이 급선무이다.

　채널 배분은 주파수 사용 허가와 방송사업 영역의 독점 허용이라는 두 가지 측면을 동시에 갖는다. 방송활동이 전파를 이용하므로 주파수 할당과 이와 관련된 국가 개입은 불가피하다. 그러나 방송사업 영역의 독점 허용은 방송 내용에 대한 국가권력의 개입을 뜻할 뿐만 아니라, 사업자 측에서는 시장 활동 이전에 방송사업 영역이 고정됨을 의미한다. 또한 시청자는 독점적 방송사업자의 횡포에 일방적으로 노출될 수밖에 없다. 전파나 독점적 사업 영역의 배정에서 전파의 주인인 시청자가 소외되는 현상을 막기 위해 시청자 주권을 확립할 수 있는 공공성, 공정성의 재확립이 중요해지는 것이다.

《방송연구》, 방송위원회, 1994

주(註)

1) 유재천, 〈방송의 국제화와 지방화〉, 《방송연구》, 1994년 여름호.
2) 방송위원회, 〈방송제도연구보고서 개요〉, 《방송연구》, 1990년 여름호.
3) 공영방송발전연구위원회, 〈공영방송발전방안 연구보고서〉, 방송위원회, 1994. 3.
4) 한국방송개발원, 〈2000년 방송환경의 변화와 한국방송정책 연구보고서〉, 1994.
5) Dennis McQuail, *Media Performance : Mass Communication and the Public Interest*, London: Sage, 1992, p.16
6) Ibid., pp.16~17
7) 한진만, 〈방송평가와 편성지표〉, 《방송연구》, 1994년 겨울호(통권 39호), 15~45쪽.
8) 방송위원회, 〈방송문화지표의 방법론 수립을 위한 제2차 예비조사보고서 ― 뉴스의 공정성을 중심으로〉, 1993. 12.
9) 방송위원회, "방송다채널시대의 시청자복지 문제", 〈'92 방송편성정책 연구위원회 종합보고서〉, 1993.
10) 김동규, 〈방송평가에 대한 산업적 고찰〉, 《방송연구》, 1994년 겨울호(통권 39호), 103~130쪽.

규제와 탈규제
―방송환경의 변화와 규제의 전망―

1. 서 론

텔레커뮤니케이션(telecommunication)과 컴퓨터 테크놀로지의 눈부신 발전, 그리고 두 테크놀로지의 융합으로 방송환경은 급변하고 있다. 이러한 변화를 열거한다면 방송의 다매체·다채널화, 매체 융합과 그에 따른 방송과 통신서비스의 경계 모호, 방송시장의 개방, 지구촌 정보하부구조의 구축, 매체 사이 경쟁의 심화, 매체와 채널의 전문화 및 수용자의 분화와 분극화, 방송의 산업화 등을 들 수 있을 것이다.

이 같은 방송환경의 변화에 따라 제기된 이슈의 하나가 탈규제이다. 이 글은 탈규제가 강력하게 주장되는 배경과 논리를 검토하고, 전통적인 규제에 대한 관점을 수정할 필요성 및 앞으로도 규제가 필요한 이유를 검토한 것이다. 또한 이 글은 학술논문으로 작성된 것이 아니며 토론을 위한 발제에 지나지 않는다는 점을 밝혀 두고자 한다.

2. 탈규제의 논리

먼저 탈규제가 강력하게 요구되는 배경을 지구촌 수준에서 접근할 필요가 있다. 오늘날 국제적으로 중요하게 나타나는 문제들 가운데 하나는 급속히 확대되고 점점 더 복잡해지며 중복되는 텔레커뮤니케이션과 멀티미디어 분야에 적용할 전 세계적인 관리체제이다. 사람들이 일하고, 업무를 보고, 쇼핑을 하며, 배우고, 여행하며, 쉬고, 사적인 관계를 관리하는 방식을 형성하게 될 커뮤니케이션 테크놀로지는 엄청난 속도로 발전하고 있다. 커뮤니케이션 기술은 과거에는 장거리 통신, 텔레비전, 오락, 전산, 우주산업 및 철도와 전신 등으로 분리되어 있던 산업들 사이의 상호 연계로 발달하여 적용되고 있으며, 그들 산업의 뚜렷한 특징은 점차 흐려지고 있다.

그런 가운데 미래 커뮤니케이션 체계의 구도가 점점 분명해지고 있으나, 구체적으로 과연 어떤 형태를 갖추게 될지는 국가적 차원과 전 지구적 차원에서의 시장경쟁 진행과정과 규제구조에 따라 상당히 달라질 것이다. 이러한 새로운 가능성에 대응하여 주요 텔레커뮤니케이션 회사들은 산업 및 지리적 국경을 가로질러 제휴를 하거나, 규모의 경제를 성취하기 위해 역사상 최대 규모의 기업합병 및 인수를 하면서 동분서주하고 있다.[1] 이러한 현상은 세계를 정보고속도로망으로 연결하기 위한 지구촌 정보하부구조를 구축하려는 계획에서도 마찬가지이다. 방송 또한 예외일 수 없어 소수의 기업이 위성방송 채널을 지배하고 있다.

이 같은 상황 속에서 방송시장은 더욱 개방될 것으로 보인다. GATT 체제에서 통신시장이 개방되기 시작했으며, WTO 체제에서 방송시장 개방이 추진될 것으로 예측되기도 한다. 여기서 방송시장의 개방은 주로 프로그램 시장의 개방을 뜻하는 것은 물론이다. 이러한 추세는 방송이 갈수록 국제적인 거래 대상으로 변모되고 있으며, 이에 따라 방송은 '산업'으로, 수용자는 '소비자'로, 프로그램은 응집력과 공격적 마케팅을 필요로 하는 '상품'으로 재규정되고 있다는 사실을 말해 준다.[2]

한마디로 말해서 국제시장과 국내시장에서의 프로그램 경쟁시대가 된 것이다. 이 같은 상황 속에서 선진 문화산업국가들은 막대한 자본력과 막강한 유통망 및 축적된 노하우를 바탕으로 세계 프로그램 시장의 점유율을 증대시키는 경쟁을 치열하게 벌이고 있다. 이에 따라 문화산업의 기반이 취약한 국가들은 프로그램 시장에서 시장실패(market failure)가 필연적으로 일어나게 된다. 그 속성상 규모의 경제와 자연독점(natural monopoly)이 극대화되는 문화산업에서 자유시장 경쟁원리는 경쟁력이 취약한 국가의 문화산업을 도산시키게 될 것이기 때문이다. 이러한 시장구조 속에서 문화산업 선진국은 세계의 프로그램시장의 점유율을 높이고자 시장개방 압력을 지속적으로 행사하는 한편, 이에 대응하여 문화산업 후진국은 자국의 문화산업 보호, 나아가 세계시장으로의 진출을 위해 국가적으로 보호해 온 독과점 체제를 경쟁체제로 전환시키는 것을 당면 과제로 받아들이게 되었다.

이러한 정책전환은 국가들이 국제 방송시장의 개방 압력에 대응하여 문화주권이나 또는 국가의 정체성을 내세워 자국의 방송시장을 더 이상 보호하기 어려워졌다는 현실인식에 기초한 것으로 볼 수 있다. 경쟁체제로의 정책 전환에 따라 자유시장에서의 경쟁력 제고를 위한 탈규제의 필요성이 강력하게 나타난 것이다. 이러한 탈규제 정책을 지향해야 한다는 요청에는 국제광고시장의 개방 압력도 작용하고 있음은 물론이다.

한편 탈규제정책의 필요성은 국내미디어시장의 변화에 기인하는 것이기도 하다. 위성방송, 케이블TV(CATV), 주문형 비디오와 같은 뉴미디어의 도입은 자연스럽게 기존 지상파 방송의 독과점체제에 변화를 일으키게 되었다. 그 변화란 말할 것도 없이 방송시장이 독과점체제에서 자유시장 경쟁체제로 바뀌게 되었다는 것을 뜻한다.

이와 같은 방송환경의 변화는 두 가지 측면에서 탈규제정책을 요구하게 되었다. 하나는 프로그램 전달체계의 다양화에 따라 전파의 희소성에 근거했던 규제 메커니즘이 더 이상 효용성을 지닐 수 없게 되었다는 사실이다. 나머지 하나는 전통적인 지상파 방송과 함께 모든 뉴미디어들이 경쟁하게 됨에 따라 방송의 공탁(trusteeship)개념에 바탕을 둔 공익 추구를 위한 규제의 근거를 약화시켰다는 점이다. 그러므로 '방송이 공익을 추구해야 한다'는 방송에 대한 공적 과업 부과는 전파의 희소성에 근거한 것이기 때문에, 뉴미디어의 발달로 채널의 희소성이 중요한 의미를 상실하게 된 상황에서 더 이상 설득력이 없다는 것이다. 따라서 공공성을 내세워 방송의 이윤추구를 위한 창의적 노력을 규제한다는 것은 결코 바람직하지 않으므로, 이제는 탈규제정책이 요청된다는 논리이다.

끝으로 방송과 통신의 융합현상을 들어 탈규제를 주장하기도 한다. 지금까지 개인과 개인, 또는 점 대 점 사이의 커뮤니케이션 자유를 보장해 온 통신서비스가 방송과 융합함에 따라 전통적인 방송 규제방식이 실효를 얻기 어렵게 되었다는 것이다. 따라서 규제를 없애거나, 규제방식을 대폭 수정하는 일이 불가피하다는 주장이다.

요컨대 탈규제의 논리는 프로그램 전달체계의 다양화에 따른 방송의 산업화와 자유시장에서의 경쟁원리에 근거하고 있는 것이다.

그것은 또한 방송산업의 사유화, 곧 방송 프로그램의 성격이 공공재에서 사유재로 점차 전환되는 데 따른 압력이기도 하다. 그리고 탈규제의 필요성은 매체의 인허가절차에서의 규제와 프로그램 내용에 대한 규제 양자에 모두 제기되고 있는 것이다.

3. 규제정책의 변화 추세

앞에서 본 바와 같이, 탈규제의 요구는 시장개방을 요구하는 국제적 압력과 이에 대응하여 국내외 시장에서 경쟁력을 높이려는 국내 미디어 산업의 압력에서 비롯되고 있다. 특히 산업계의 주장에 응해야 할 필요성이 규제에서보다 더 중요한 요인이 되어왔다. 이같은 요인들의 영향은 국가이익과 공동체의 필요성을 추구하고, 문화의 정체성과 문화적 기준의 균등을 유지하는 데 초점을 두었던 규제정책의 성격을 관료적인 이해, 고객우선주의와 신기업주의가 복합적으로 얽힌 호혜주의와 흥정의 성격으로 바꾸어 놓고 있다. 이러한 추세는 다음과 같이 케네스 다이슨(Kenneth Dyson)이 요약한 서구에서의 규제 변화 유형에도 잘 드러나 있다.3)

① 국내적으로 갈등과 어려움이 없는 것은 아니지만 국가에 따라서 규제정책은 국가문화유산을 보존하고 전승하는 '공탁자'의 개념에서 '국제적 경쟁규칙'을 행사하는 것으로 패러다임의 변화가 일어나고 있다. 규제는 점차 투자와 고용 및 세수증대를 유발하는 수단이 되고 있다. 소유권 제한과 광고규정 및 프로그램 쿼터제 같은 특정 규제정책은 '경제적 치국책(治國策)'의 기술로 대두되고 있다. 물론 규제 현실은 이러한 패러다임 변화를 완벽하게 반영하고 있는

것은 아니다. 그러나 그와 같은 패러다임 변화는 분명하게 일어나고 있으며, 실제적인 결과를 불러오고 있다.

② '탈규제'와 '경쟁'이 공론의 논조와 규제정책의 형성에 분명히 영향을 미친다면, 규제의 실제는 다른 조건들에 따라 결정된다. '고객영합주의'와 '신기업주의'의 양태는 '신자유주의'의 약속들을 심각하게 축소시켜 왔다. 이 같은 추세는 '공탁'의 방식으로 국가이익과 공동이익에 연관된 기준을 시행한다는 방송규제이론과 첨예하게 대립하는 입장에 서는 것이다.

③ 규제정책은 위험부담이 큰 부분에 대한 적절한 국내 투자를 고취하려는 것이든, 정치적 손실을 줄이려는 것이든, 결국 멀티미디어의 다양화를 추구하는 기업 전략을 용인하거나 장려해 왔다.

④ 점증하는 복합성, 갈등 및 뉴미디어 분야의 투자에 대한 기대의 좌절 등에 직면하여 규제입법은 기술사양, 프로그램 쿼터, 저작권 및 광고와 같은 문제들에 대해 자율규제를 확대하는 방향으로 전환하게 되었다. 다시 말해 규제는 보다 더 반응적이며 반사적인 성격을 보이게 된 것이다.

이러한 규제의 성격 변화는 EU국가들의 경우 더욱 뚜렷할 것이지만, 시장개방 압력에 대응하여 자구책을 강구하며 불가피한 시장개방을 기회로 전환시키고자 자국 미디어 산업의 경쟁력을 강화하려는 여타의 중진국들에서도 일어나고 있다고 보아야 할 것이다. 그러나 새로이 형성되는 정보와 커뮤니케이션 세계 질서에서 중심이 되려는 미국이나 거대한 다국적 미디어제국을 제외한 나머지 국가들은 정도의 차이는 있겠으나, 경쟁력 강화와 문화적·경제적 가치의 훼손을 최소화하는 두 마리 토끼를 같이 잡으려는 규제정책을 추구하고 있다고 생각된다.

더욱이 미국 자본의 침투는 미국적 아이디어와 가치와 규범 및 생활양식의 침투를 동반한다는 데 대한 경계가 규제정책에 반영되고 있는 경향도 간과할 수 없다. 또한 '제3의 산업혁명'이 미국적 탈규제와 기업문화와의 동반을 강요하는 데 대한 갈등도 규제정책이 당면한 과제일 것이다. 이러한 맥락에서 미디어 산업기반이 취약하고 투자 능력이 크게 모자라는 국가들의 경우 결과적으로 실패할 것이 예측되지만, 점증하는 국제적인 시장압력에 대응하는 통제 메커니즘을 재정립하는 방향으로 규제정책을 수립하려는 노력도 무시할 수 없다.

4. 제시된 규제정책의 대안들과 그에 대한 논의

탈규제의 요청은 규제정책의 성격을 지금까지의 정태적인 과정에서 동태적인 과정으로 전환할 필요성을 강조하고 있다. 이러한 관점에서 새로운 규제정책의 대안들이 제시되고 있다. 새로운 대안들은 규제정책의 성격을 부정적인 관점에서 긍정적인 관점으로, 제약에서 개방으로, 보호주의에서 자유주의로의 전환을 전제로 하고 있다. 지금까지 제시된 규제정책의 방향과 대안들은 다양하지만, 다이슨이 서구국가들의 경험을 토대로 정리한 것을 참고하기로 한다.[4] 그가 정리해 제시한 규제정책의 방향과 제안들은 여전히 여러 의견들을 포괄하고 있다고 생각되기 때문이다. 잘 알려진 바와 같이, 그는 다음과 같은 네 가지 대안들을 제시하고 있다.

① 공공정책은 네트워크나 방송 서비스에 대한 규제에서 주요 도전과 기회를 이해하는 데서 케이블TV나 위성과 같은 하드웨어에

대한 선입견을 떨쳐버려야만 한다. 교육이나 직업훈련을 위한 쌍방향 비디오와 같은 새로운 형식의 프로그램 제작, 독립제작사들을 위한 새로운 제작센터의 설립을 포함한 새로운 프로그램 제작 방법의 개발, 비디오카세트 복제와 같은 기술적 편이시설의 설비, 보다 더 응집력 있고 목적적인 소프트웨어 마케팅 등을 활성화시킬 수 있는 세제혜택, 재정상의 혜택과 규제조치 등을 활용할 수 있을 것이다.

② 새로운 케이블과 위성 테크놀로지 시대에는 방송이 배타적 영역으로서 운용될 수 없다는 것을 규제기관이 인식해야만 한다. 새로운 미디어 테크놀로지는 TV 프로그램의 규정 밖에서 독자적인 서비스 영역을 가지고 있다. 전통적인 방송규제기관은 이러한 새로운 테크놀로지의 다원적 서비스 기능을 빨리 채택하여야 한다. 그렇지 않으면 방송규제기관의 역할은 의문시될 것이다.

③ 정부는 케이블과 위성채널, 주파수의 배정, 방송과 텔레커뮤니케이션 서비스의 인허가 및 영화와 비디오의 장려 등에 대한 정책들을 보다 더 잘 조정하여야 한다. 1980년대 초의 뉴미디어 정책은 전술적인 배려에 따라 매체별로 분리된 것이었다. 이처럼 따로따로 고안된 정책들은 이후 서로 간섭하여 방해만 초래했다. 그 결과 가장 큰 피해를 입은 것은 시장중심적 전략이었다. 정책기구는 방송, 텔레커뮤니케이션, 영화, 비디오 등에 대한 정책결정이 보다 폭 넓은 정치적, 상업적 평가에서 종합적으로 이루어지도록 좀 더 심사숙고해야 한다.

④ 뉴미디어의 영향 아래 방송의 영역을 확대시키는 일에서 지금까지 서구에서 행해져 온 보이지 않는 방송규제, 곧 전통적인 비밀주의의 방식을 견지하는 것은 민주적 가치들을 큰 위험에 빠지게 할 것이다. 앞으로 규제정책은 '공익'이라는 명분 아래 세세한 간섭

을 피하고 자율규제를 지향해야 한다는 것을 받아들일 필요가 있다. 만약 '부드러운 법규'가 마련된다면, 방송규제조항의 주된 관심사는 방송 테크놀로지와 시장 차원이 되어야 하고, 입헌적인 측면을 다시 주장하려면 책임의 문제를 다시 개념화하는 데서 출발해야 한다. 개정된 법적 전략은 정책결정과정에 영향을 받는 모든 이해관계가 참작될 수 있도록 '적절한 절차'(in due process)와 참여를 보장하는 조항들에 초점을 맞출 필요가 있다. 이 같은 방식이라야 공공의 책임이 보다 효과적으로 이루어질 수 있고, 사회적·정치적 가치들이 다시금 강조될 수 있다. 규제기관은 방송의 문제들과 선택권을 냉정하게 보고, 합리적인 대화와 공개 토론을 권장하며, 방송의 질을 통제할 수 있는 새로운 기술개발을 더 잘 할 수 있도록 고무하여야 할 것이다.

한편 미국의 부통령이었던 앨 고어(Al Gore)는 1994년 3월에 열렸던 국제텔레커뮤니케이션연맹(ITU) 제1차 개발회의에서 지구촌 정보하부구조를 구축하고자 모든 정부들에게 그들의 주권과 국제적 협력을 위한 야심찬 의제를 제시한 바 있다. 그는 지구촌 정보하부구조는 다음과 같은 다섯 가지 기본 원칙에 따라 구축되어야 한다고 제안했다. 곧 민간투자, 시장주도 경쟁, 유연한 구제체계, 차별없는 접근 및 보편적 서비스 등이 그것이다. 이러한 원칙들은 ITU 회의 참석자들에게 채택되었다. 그의 연설 가운데 다음과 같은 내용에 유의할 필요가 있다.5)

"민간투자와 경쟁의 필요성과 함께 권위 있는 규제기관에 의해 마련된 적절하고도 유연한 규제조항들이 필요합니다. 민간부분의 투자와 경쟁을 위한 주도적인 시장개방이 성공적으로 이루어지려면 경쟁과 민간

부문투자를 육성하고 보호할 규제환경을 만드는 것이 필요합니다. 동시에 소비자의 이익도 보호되어야 합니다. 독립된 규제기구의 보호 없이 잠재력을 가진 민간 투자가들은 기득권자들과의 경쟁에서 투자를 꺼리게 될 것입니다. 왜냐하면 가득권자들의 시장 지배력이 적절하게 통제되지 못할 것에 대한 두려움 때문일 것입니다.”

“네 번째 원칙은 공개적 접근입니다. 정부의 정책이 정보시장에 새로이 진출하는 것을 허용하는 한, 직접방송위성과 같은 새로운 테크놀로지와 함께 소수의 네트워크가 당신의 정보접근권을 더 이상 통제할 수 없게 될 것입니다.”

“마지막이자 가장 중요한 원칙은 지구촌 정보하부구조가 우리 사회의 모든 구성원들에게 이용될 수 있도록 보편적 서비스를 보증하는 것입니다. …… 보편적 서비스의 또 다른 차원은 시장경제가 유일하게 정보하부구조의 범위를 결정하는 요인은 아니라는 것입니다. 대통령과 나는 미국에서 20세기 말까지 지구촌 정보하부구조가 모든 학급, 도서관, 병원과 진료소로 확장될 수 있도록 긍정적인 정부시책을 요청했습니다.”

위와 같은 규제의 새로운 방향제시나 대안들은 모두 정부로 하여금 조성자(助成者) 및 조정자(調整者)의 역할을 담당할 것을 요구하고 있다. 이것에는 규제정책을 보는 세 가지 관점 또는 아이디어가 두드러지게 포함되어 있다고 생각된다. 첫째, 자유시장의 원리, 둘째, 기술의 수요유인론(demand-pull theory)과 기술결정론(technological determinism), 셋째, 집합(preponderance)으로서의 공익개념이다. 이 세 가지 관점 또는 아이디어에 대해 간략하게 논의해 보면 다음과 같다.

첫째, 자유시장의 원리는 여타 산업에서와 마찬가지로 미디어 산업에서도 몇 가지 심각한 문제를 야기했다. 그것은 자유방임주의에 뿌리를 둔 문제이기도 하다. 미디어 산업에서 자유시장의 원리가 초래할 가장 심각한 문제는 독과점 체제의 형성일 것이다. 미디어 산업의 독과점 체제는 몇 가지 시장 메커니즘에 의해 형성된다. 미디어 산업은 1차적으로 소비자들의 지불의사(willingness to pay)에 따른 프로그램 구매력에, 2차적으로는 광고시장에 의존하게 된다. 물론 이 두 시장은 중첩되어 작용한다. 이 두 시장에서 생존하고자 동종 매체끼리는 물론, 이종 매체 사이에서도 치열한 경쟁이 벌어진다. 이 경쟁은 결국 모든 매체들 각각 규모의 경제를 실현하기 어렵게 만들고, 자연독점을 발생시킨다. 이 같은 시장 메커니즘은 미디어 산업의 모든 매체에 적용되지만, 특히 뉴미디어에서 더 심각하게 작용한다.

독과점에 따르는 시장실패는 소비자 복지는 물론, 소비자 선택의 권리마저 침해하게 된다. 더 위험한 것은 미디어 산업을 육성하기 위한 명분으로 자연독점이 아닌 인위적 독과점 체제를 정책적으로 뒷받침하는 일이다. 곧 매체 교차소유, 연관산업과의 수직적 통합, 자본의 집중을 산업의 경쟁력 제고라는 명분으로 독과점을 용인하는 정책을 채택하는 것이다. 1995년 8월 4일에 미국 하원이 통과시킨 통신법개정안이 전형적인 사례라 할 수 있다.

이러한 탈규제정책은 《뉴욕 타임스》(*New York Times*)가 주장했듯이, 미디어 산업 육성보다 훨씬 더 큰 가치를 훼손시키는 '불길한' 위험을 창출하는 것이다. 곧 민주주의의 바탕인 세상사를 잘 알고 행동하는 시민을 만드는 데 필요한 뉴스, 의견 및 기타 정보의 자유

로운 흐름을 위협하는 것이다.6) 이러한 미디어 산업의 독과점 체제
가 형성되는 시장 메커니즘은 국제 시장에서도 마찬가지로 작동한
다. 그 결과 새로 형성되는 정보와 커뮤니케이션의 세계 질서에서
자본과 테크놀로지를 지닌 강대국이 중심부가 되고, 나머지 약소국
가들은 주변부나 배후지로 남게 되는 것이다.

자유시장의 독과점 체제가 자연스럽게 프로그램의 다양성을 훼손
하고 획일화를 불러오는 것은 물론이고, 자유시장 자체부터가 광고
시장 점유경쟁을 치열하게 유도하기 때문에 같은 결과를 초래하게
된다. 이것은 매체나 채널의 다양화가 곧 프로그램의 다양화를 보장
하는 것은 아니라는 뜻이다.

둘째, 기술결정론과 기술의 수요유인론이 미디어 산업정책에 직
·간접적으로 영향을 주고 있다.7) 여기서 기술의 수요유인론이란,
사회 또는 시장의 수요에 따라 개발 분야가 합리적으로 선택되고,
여기에 의도적이고 계획적인 투자가 이루어짐으로써 특정한 기술이
개발되어 사회의 변화에 기여한다는 이론이다. 우리가 유의할 바는
세계적인 정보기술의 개발과 활용에 부응해야 한다는 것이 곧 맹목
적으로 산업논리나 시장논리를 따라가야 한다는 것을 뜻함이 아니
라는 점이다. '추세'가 곧 '숙명'을 가리키는 말은 아니다. 정보기술
의 혁명이 불러올 궁극적인 사회의 모습은 특정 사회가 어떤 목적
으로 어떤 기술을 개발하고 채택하며 활용할 것인가를 올바르게 계
획하고 집행하는 사회적 선택에 달려있다.8)

또한 기술은 중립적이지 않다는 데 주목할 필요가 있다. 기술은
사회적·경제적·정치적 합의를 거쳐 만들어지는 것이며, 기술은
사용하는 사람과 그 기술이 지닌 사회적 관계 및 문화적 의미를 연
결시키는 '물질적·상징적 가방'을 들고 오는 것이다. 현재 우리가

체험하고 있는 미디어 산업체계는 점점 더 정교화되고 상호 융합되는 정보기술, 다시 말해 TV 스크린과 인공위성, 광섬유, 컴퓨터를 연결시키는 것이며, 다국적 조직체가 정보 소프트의 생산과 배급을 세계적 규모에서 통제하는 것이다. 또한 프로그램 내용의 국제화로써 문화의 혼혈화를 가져오는 체계인 것이다.[9]

여기서 중요한 것은 미디어는 의미를 생산하고 전달하는 매체라는 점이다. 따라서 기술 결정론이나 수요유인론을 추종하는 산업주의에 앞서, 기술을 무엇을 위해, 어떻게 사용할 것인가를 결정하는 정책이 필요하다. 그렇지 않는 경우 미디어 산업은 오로지 자본의 논리에 귀속될 뿐이며, 상징조작의 수단이 될 뿐이다.

셋째, 공익은 사익의 집합과 다른 것이 아니라는 공리주의에 입각한 공익의 집합이론(preponderance theory)은 자유시장의 원리이기도 하다. 이 같은 관점은 공익을 내세워 시장 메커니즘과 프로그램의 내용을 규제해 온 전통적인 관행을 배제하고자 한다. 또한 전파의 희소성과 공탁의 개념에 근거하여 공익을 추구하던 규제가 다매체·다채널이 실현되면서 합리성을 상실했다는 주장에 힘입어 집합이론은 더욱 설득력을 지니게 되었다. 이러한 배경에서 탈규제정책이 주장되고 있는 것이다.

그렇다고 해서 공익 자체가 무의미하다거나 추구할 바가 아니라는 생각은 잘못된 것이다. 공익의 본질적 내용은 사회와 시대에 따라 바뀔 수 있지만, 어느 시대나 사회든지 공동의 가치나 이익이 있기 마련이며, 이를 추구하고 실현하는 것은 공공정책의 첫 번째 과제가 된다. 이것은 다가오는 지구촌 사회에서도 마찬가지다.

관점을 달리하여, 공익을 다원적 사회에서 필연적으로 요구되는 상충하는 이익의 조정을 거쳐 유지되는 균형 자체로 이해할지라도,

공익을 위한 조정정책은 필요한 것이다. 나아가 소유와 질서의 원칙
인 정의의 구현을 위해서도 그러하다.

5. 규제정책의 전망

앞에서 살펴본 바와 같이 방송환경 또는 매체환경의 변화는 규제
정책의 전환을 요구하고 있다. 더욱이 매체시장에 대한 개방 압력
과, 이에 대응하면서 동시에 이것을 기회로 삼으려는 국가 정책이
규제 대상과 규제 방식에 변화를 불러일으키는 것으로 보인다. 대체
로 정도의 차이는 있겠으나, 각 국가들의 규제정책은 점차 탈규제의
방향으로 전환될 것으로 보인다. 그렇다고 해서 규제의 전무(全無)
를 생각할 수는 없다. 매체 환경의 변화에 대응하고 국내 매체 산업
을 육성하려면 탈규제는 사리에 맞는 일이지만, 소비자 보호를 위한
장치는 여러 면에서 아직도 필요하기 때문이다. 또한 규제의 전무
상태는 시장실패를 방관하는 것이 된다는 점에서 경쟁의 원리에 반
(反)하는 것이며, 다양한 정보의 자유로운 흐름에 장애를 가져온다
는 점에서 반민주적이 되기 때문이기도 하다.

따라서 탈규제는 규제의 개념 재정립과 규제 대상·방식의 전환
을 뜻하는 것으로 받아들여야 할 것이다. 지금까지 규제는 억제와
보호, 또는 폐쇄적인 부정적·소극적 성격을 가진 것으로 인식되어
왔다. 그러나 앞으로 규제에 대한 인식은 촉성과 자유, 그리고 개방
적인 긍정적·적극적 성격의 것으로 전환되어야 하리라고 생각된
다. 말하자면 규제의 개념은 '통제'에서 '관리' 메커니즘으로 바뀌어
야 한다는 뜻이다. 이를 위한 자율적인 규제 장치가 바람직함은 물

론이다. 그러나 먼저 자율규제의 전제조건이 충족될 필요가 있다. 곧 미디어 산업에 종사하는 사람들이 '공공의 소명의식'을 가지고 사익보다 공익에 봉사하는 책임에 충실할 것이 요구되는 것이다.[10] 그러나 이러한 조건은 산업 논리나 자본의 논리에 의해 보장되기 어려운 것이 자유시장의 현실이기도 하다.

그러나 자율규제가 활성화된다고 할지라도 그것은 어디까지나 프로그램 내용의 규제에 한정될 수밖에 없다. 따라서 '정보에 대한 평등한 접근의 권리'를 보장하고, 시장실패를 방지하기 위한 시장 메커니즘의 조정정책과 미디어 산업을 육성하기 위한 조성정책 등은 여전히 정부의 관여, 곧 규제정책으로 남을 수밖에 없다. 이런 뜻에서 규제의 개념은 조정과 조성정책으로 정의되어야 하리라고 본다. 이러한 규제에 대한 인식의 전환과 개념의 재정의를 전제로 국제 미디어 환경과 관련해 규제정책을 전망해 보면 다음과 같다.

첫째, 세계적 수준에서 볼 때, 몇몇 커뮤니케이션 미디어의 영향력이 미치는 범위는 눈부시게 확장되었지만, 여전히 정보에의 접근은 물론, 가장 기본적인 기술의 보급에서조차 심각한 불균형이 존재한다. 세계 인구의 3분의 1에 달하는 20억의 인구가 아직도 전기의 혜택을 제대로 누리지 못하고 있다. 1990년 방글라데시, 중국, 이집트, 인도, 인도네시아 및 나이지리아를 모두 합친 전화회선의 수는 인구가 2,700만에 불과한 캐나다보다 적었다. 이런 격차는 미디어 세계화의 관건이 되는 커뮤니케이션 위성의 소유에서도 그대로 되풀이되고 있다.[11] 가난한 국가는 개인용 컴퓨터, 전화, 모뎀 등의 장비와 그것들을 다루는 데 필요한 교육과 기술을 결여하고 있으므로 정보고속도로에 접근할 방법이 없는 것이다.[12]

이러한 상황에서 미디어 시장을 개방하고 국제적인 협력에 참여하라는 요구는 일방적인 시장 지배를 선언하는 것이자, 새로운 세계의 정보·커뮤니케이션 질서에 대한 패권주의와 다를 바 없는 것이다. 따라서 시장을 개방하고자 개별 국가에게 탈규제를 강조하기 이전에, 많은 국가들이 소외되거나 착취되지 않고 지구촌 정보하부구조 구축에 참여토록 해야 한다. 그러기 위해서는 자본과 기술이 부족하고 낙후된 국가들을 고려하여, 효과적이고 공평한 규제구조를 형성할 수 있을 국제협력이 필요하다. 여기에는 기술과 자본의 원조가 고려될 수 있을 것이다.

둘째, 미디어로 외국 문화와 생활방식에 접하게 되는 것은 자극이 되기도 하고, 한편 안정을 해치기도 한다. 국경을 초월한 미디어가 지배하게 되면 문화의 동질화가 이루어져 토착문화를 훼손할 수도 있다는 우려는 비(非)서방국가들에만 한정된 것이 아니다. 세계 뉴스가 주로 서양의 프리즘으로만 걸러지는 데 따른 왜곡과 불균형의 문제가 있고, 또 개발도상국에 대한 정보의 흐름이 국내외적으로 부적절하다는 불만이 있다. 그렇다고 해서 정보산업 약소국들이 물리적으로나 법적으로 이를 통제할 적절한 수단을 가지고 있는 것도 아니다. 따라서 정보 약소국들은 프로그램 쿼터제의 적용, 광고시장의 보호 내지 점진적 개방과 같은 규제정책을 지속적으로 시행할 것으로 보인다.

셋째, 별로 바람직하지 못한 상품의 거래와 관련된 문제가 있다. 이미 인터넷을 통한 정보의 흐름이 컴퓨터 포르노에 오염되고 있는 것이 한 예다. 정부가 이를 막으려 해도 이와 같은 새로운 통신의 채널을 과연 얼마나 효과적으로 차단할 수 있을지는 의문이다. 그러나 국제적 차원에서 무엇을 통제할 수 있고, 또한 통제하여야만 하는지에 대한 공통된 이해가 절실히 요구된다.13) 이 문제와 관련하여 각 국가들은 존중하여야 할 자국의 가치와 규범을 훼손할 가능성이 있는 소프트웨어의 수입은 계속 통제할 것으로 예측된다. 나아가 세계 각국은 국내 소비자뿐 아니라 세계의 소비자를 위해서도 인류 공통의 가치를 훼손하는 문화상품, 예컨대 마약, 폭력, 포르노, 인종차별주의, 종교적 적대주의, 여성차별 등을 부추기는 내용의 상품을 규제할 필요가 있다. 자국의 소비자를 보호하고자 그러한 상품의 유통을 규제하면서, 같은 것을 해외 시장에 판매하는 행위를 용인하는 정책은 비도덕적인 것이며, 국제적으로 규탄되어야 한다. 아울러 세계는 다국적 미디어 산업의 불량한 상품생산과 유통을 규제할 방안을 강구해야만 한다.

넷째, 탈규제정책이 고전적 자유주의의 이상에 바탕을 두고 있다면, 긍정적이며 적극적인 개념으로서의 규제정책은 신자유주의의 관점에서 비롯되는 것이다. 신자유주의의 관점에 따르면, 자유는 개인적 개념인 동시에 사회적 개념이다. 따라서 자유주의 철학의 중심에는 모든 사람이 향유할 수 있고 공통적인 인간복지의 관념이 존재한다. 그러므로 자유주의 정책은 본질적으로 많은 사람들에게 인간답게 생활하는 길을 열어주고자 하는 노력이다. 현대국가가 추구하고 있는 사회복지 또는 사회적 서비스는 이 같은 자유주의 철학의 중심 개념을 실현하는 것이 된다.

사회복지 또는 사회적 서비스란 전 국민이 물질적·정신적·사회적 최저생활을 확보할 수 있도록 제공되는 공사(公私)의 사회적 제반 서비스라 할 수 있다. 다시 말해 '삶의 질'을 향상시키고 '삶의 기회'를 확대하여 모든 사회구성원이 인간답게 살 수 있는 제반 조건을 조성하고 제공하는 것이 사회복지인 것이다. 이를 구현하기 위한 사회복지정책은 모든 형태의 국가적·사회적 개입을 포괄하게 된다.

우리는 신자유주의 철학과 사회복지의 구현이라는 맥락에서 '정보복지사회' 또는 '미디어 복지사회'라는 개념을 정립할 수 있지 않을까 생각된다. 정보사회에서 '삶의 질'을 향상시키고 '삶의 기회'를 확대하는 데 필수조건인 '정보에 평등하게 접근할 수 있는 권리'의 보장, '정보를 활용할 수 있는 능력'의 함양이야말로 사회복지의 중심 과제라 할 수 있다. 새로운 공익의 개념도 여기서 도출될 수 있을 것이다. 이를 실현하기 위한 정책, 다시 말해서 정보복지정책이 필요한 것이다. 그러므로 정보복지정책은 이 같은 목표를 성취하기 위해 제반 정보조건을 조정하고 조성하는 것이 된다. 이러한 정보복지정책은 국내에서는 물론, 지구촌 사회에서도 시행되어야 한다. 특히 지구촌 사회에서의 정보복지 실현을 위한 정보관리체계의 정립이 필요하다. 규제는 바로 정보복지를 구현하려는 것이며, 규제정책은 곧 정보복지정책이어야 한다.

6. 결 론

앞에서 말한 바와 같이, 규제에 대한 인식은 억제와 보호, 그리고 폐쇄적인 부정적·소극적 성격에서 촉성과 자유, 개방적인 긍정적·적극적 성격으로 전환되어야 한다. 또한 규제의 개념은 '정보에 대한 평등한 접근의 권리'를 보장하기 위한 '조정'과 '조성'으로 재정립할 필요가 있다.

우리는 정보사회에서의 사회복지구현을 위해 '정보복지사회'라는 개념을 도입할 수 있을 것이다. '정보복지'야말로 새로운 공익개념

이 될 수 있으며, '정보복지정책'이 곧 규제정책이 될 것이다. 규제
는 바로 '정보복지' 구현을 위한 조정과 조성이 된다.

　이러한 관점에서 규제정책이란 신자유주의 철학에 입각한 것이
다. 자유란 수행할 가치가 있는 것을 수행하거나 향유하는 적극적인
힘 또는 능력이다. 정부는 법률(규제)로서 국민을 도덕적으로 만들
지는 못하나 국민이 도덕적으로 발전하는 과정에 놓여있는 많은 장
애물을 제거할 수 있다고 보는 것이 신자유주의의 관점이다. 그리하
여 정부가 입법을 회피하고, 입법을 하지 않는 것만으로 자유주의적
일 수 있다고 볼 수는 없는 것이다.

《Regulation and Deregulation》, **한국방송학회**, 1995

주(註)

1) The Commission on Global Governance, *Our Global Neighbourhood : The Report of the Commission on Global Governance*, London : Oxford University Press, 1995, pp.174~176

2) Dyson, K. & Humphreys, P., *Broadcasting and New Media Politics in Western Europe*, London : Routledge, 1988, p.306

3) Dyson & Humphreys, op. cit., pp.308~309

4) Dyson & Humphreys, op. cit.

5) Al Gore, "Remarks prepared for delivery", International Communicaitons Union – World Telecommunication Development Conference, Buenos Aires, 1994.
(http://cyber.eserver.org/al_gore.txt)

6) Editorial, 《New York Times》, 1995. 7. 31.

7) Freeman, C., "The Case for Technological Determinism" in R. Finnegan, G. Galman and K. Thompson(eds.), *Information Technology : Social Issue*, Boston : Hodder Arnold H&S, 1987, pp.5~18

8) Nora, S. & Minc. A., *Computerization of Society*, Cambridge, MA : MIT Press, 1980, pp.34~35

9) Silverstone, R., *Television and Everyday Life*, London : Routledge, 1994, pp.78~103

10) McQuail, D., *Media Performance*, London : Sage, 1992, p.21

11) The Commission on Global Governance, op. cit., pp.31~32

12) The Commission on Global Governance, op. cit., p.177

13) The Commission on Global Governance, op. cit., p.177

공영방송체제의 당위성

1. 서 론

1987년 새 방송법이 제정되었으나, 우리나라 방송제도의 개선에 대한 필요성과 그 요구는 어느 때보다 더욱 강력하게 대두되고 있다. 그뿐만 아니라 그 같은 필요와 요구에 따라 다시 방송법을 개정하려는 작업을 야당이 진행하고 있다. 이러한 현실은 말할 것도 없이 우리나라 방송의 존재양식에 관한 필요하고도 충분한 검토 없이, 다만 기존의 방송제도를 부분적 양식으로만 보완하는 데 그친 방송법을 만든 데 말미암은 것이다. 따라서 요즘의 방송제도 개선을 전제로 한 방송법 개정의지는 공감을 얻기에 충분하다..

그러나 최근의 방송제도 개선 논의 또는 방송법 개정을 추진하는 과정을 볼 때 걱정이 앞선다. 그 까닭은 역시 우리나라 방송의 존재양식에 관한 필요하고도 충분한 연구검토가 이루어졌다고 생각되지 않기 때문이다. 그렇게 판단하는 근거의 하나는 지금까지 전개되고 있는 방송제도의 개선에 대한 논의에 '과연 어떤 방송체계를 정립하는 것이 우리나라의 정치·경제·사회·문화적 특성에 견주어 가장 적합한 것일까'에 대한 고뇌에 찬 천착은 없고, 주로 방송위원회의 구성이나 자율성의 문제, 또는 방송사의 자율성 문제나 방송광고공사의 위상 등과 같은 실정법적·기구적 관심사에 매달려 있다는 데서 찾을 수 있을 것이다.

또 다른 이유는 방송의 민주화 작업이 다른 이슈로 변질될 가능성이 있다는 우려다. 1980년 언론통폐합 이전의 상태를 회복하는 것에서 출발해야만 할 것이라는 명분을 내세운다거나, 제5공화국에서 공영방송이 정권의 이익을 위해 봉사했다거나, 또는 공영방송이면서도 상업방송의 병폐를 배제하지 못했다는 이유로 공영방송체계 자체에 대한 불신이 있어 민영방송의 도입이 불가피하다는 논리가 전개되고 있다. 이러한 심정적 분위기는 정치적으로 이용될 소지가 크다. 실정법적·기구적 개선의 필요성이나 상황논리에 입각하여 방송법 개정에 대한 논의가 이루어지고 방송체제를 정립한다면, 그것은 또다시 근시안적이며 조급한 정책결정이 초래하는 졸속을 면치 못하여 계속 시행착오를 거듭하게 될 것이 분명하다.

이런 뜻에서 성급한 방송법의 개정에 앞서, 비록 시간이 걸릴지라도 바람직한 우리의 방송체계는 어떤 것이어야만 할 것인가에 대한 진지한 검토가 이루어져야만 하리라고 생각된다. 그러나 작업의 출발 이전에 우리의 방송체계가 왜 공영방송체계이어야 할 것인가에 대한 의견을 제시하고자 한다.

2. 방송체계의 정립을 위한 보편적 전제들

1) 방송의 이념적 전제

어느 나라에서나 방송은 정보나 문화적 가치와 지식을 그대로 기계적으로 전달하는 것 이상의 가치 창조 메커니즘으로 이해된다. 때문에 정치적·경제적·사회적·문화적 특수성에 입각한 필요를 충족시키도록 존재양식이 결정된다. 다시 말해서 나라마다 방송이 추구해야 할 이념에 따라 그것을 구현하는 방송체계가 정립되는 것이다. 따라서 우리의 경우에도 방송체계를 개선하기 전에 먼저 방송이념의 정립이 선행되어야 한다. 이를 위해 몇 나라의 방송이념들을 살펴볼 필요가 있다.

(1) 영 국

영국은 방송을 '공공이익의 수탁자'로 보아왔다. 이 같은 관점에 따라 BBC의 초대 회장이었던 리스(John Reith)는 "공중에게 지금 좋다고 생각되는 것보다 조금 더 훌륭한 것을 제공한다"는 입장을 취했고, 이러한 온정주의(paternalism)가 영국 방송의 이념적 전제로서 전통을 지니게 되었다. 그는 방송매체를 문화매체로 보고, 방송으로 높은 덕성과 문화를 국민들에게 널리 전파시키고 교육시키는 것을 방송의 원초적인 구실로 생각했다. 이와 같은 이념적 전제는 그 뒤 계속 강조되면서 '방송의 공공성'이 곧 영국의 방송이념으로 확고하게 자리 잡게 된 것이다. 영국 방송의 공공소유 및 공공에 의한 독점권이 정당화될 수 있었던 것은 이러한 방송이념 때문이었음은 물론이다.

영국은 순수 광고수입에 그 운영재정을 의존하는 민영상업방송채널인 IBA를 설립하여 BBC와 병행 운영하는 이원방송체계를 채택하고 있다. 그러나 IBA는 순수한 의미의 사기업이 아니라, 민영 프로그램 회사들을 관리 감독하는 업무를 수행하는 공법인체로서, 사실상 영국의 공영방송체계에 포함된다. 이것도 영국의 방송이념을 구현하기 위한 제도적 장치라 할 수 있다.

(2) 서 독

1982년에 제정된 새 방송법은 방송이 국민 정신문화의 중요 매체기구로서 기능하도록 하여 전체 공익, 곧 정신적 삶을 질적으로 개선할 수 있도록 방송을 경영하게 규정했다. 이러한 방송의 성격에 대한 규정은 방송사업을 국가가 행해야 할 공행정(公行政)의 과업이라고 보는 서독 특유의 관헌국가적 사고가 강력히 작용한 결과라 할 수 있다.

서독은 자유민주주의적 다원주의 사회를 표방하고 있고, 그러한 사회적 가치를 방송으로써 실현하는 데 필요한 조직 원리를 정립한 것이다. 이 같은 방송의 공적 과업이라는 이념은 자본가에 종속되고 정치권력과 타협하는 상업방송이나 나치 시대의 국영방송 모델로서는 절대 구현될 수 없다는 역사적 경험에 바탕을 두고 있으며, 이를 근거로 공영방송체계를 도입하게 되었다.

(3) 미 국

미국의 방송이념은 방송이 '공공의 이익과 편의 및 필요'를 위해 봉사하는 데 있다. 곧 방송은 공공의 이익을 위해 존재한다는 점을 명백히 한 것이다. 따라서 상업방송체계를 정립한 미국은, 방송들이 그 같은 이념을 실현하도록 여러 가지 법적 장치를 마련해 두고 있으며, 또한 방송이념을 구현하고자 상업방송체계의 보완으로 PBS라는 공영방송을 도입하고 있다.

(4) 캐나다

캐나다는 지리적·역사적·경제적·문화적으로 특수한 조건에 처해 있다. 그러한 조건들에서 파생되는 국가 정체성의 위기를 극복해야 할뿐더러, 문화적 통합을 바탕으로 전 국민의 통합을 이루어야만 할 과제에 당면해 있는 것이다. 따라서 캐나다의 방송제도는 이와 같은 국가의 요청을 반영할 수 있도록 정립되었다. 이에 따라 캐나다 방송은 국가정체성의 확립과 보존이라는 국가적 요청을 수행하는 메커니즘으로서 강력한 민족주의 이념을 추구하게 되었다. 이러한 이념을 구현하기 위해 캐나다는 단일한 국민적 방송체계를 정립했다.

캐나다의 방송체계는 상업주의 민간방송도 허용하는 등 방송의 다원주의를 실행하고 있지만, 상기한 바와 같은 국가적 요청에 부응하기 위한 온정주의적 성향(paternal orientation)이 지배하는 단일방송체계인 것이다.

(5) 일 본

일본은 공영방송과 상업방송의 이원체제를 채택하고 있으나, 방송의 이념은 NHK의 설립목적인 "공공의 복지 증진과 문화 향상에 최선을 다한다"는 점에 집약되고 있다. 이 같은 NHK의 이념은 다음와 같이 구체적으로 설명할 수 있다. "세계평화의 이상 실현에 기여하고 인류의 행복에 공헌한다. 기본적 인권을 존중하고 민주주의 정신의 철저를 기하며, 교양·정서·도덕에 의한 인격의 향상을 도모한다. 또한 합리적 정신을 함양하는 데 도움이 되도록 하며, 일본의 과거의 뛰어난 문화의 보존과 새로운 문화의 육성·보급에 공헌한다." 일본의 방송체계는 이런 이념적 목표를 가장 잘 추구하기 위한 장치라 할 수 있을 것이다.

이와 같이 한 나라의 방송체계는 국가와 국민적 필요에 입각해 설정된 이념을 실현하는 데 가장 적합하다고 판단한 제도적 장치임을 알 수 있다. 따라서 우리의 경우에도 먼저 방송의 이념을 설정하고, 그것을 구현하는 데 어떤 방송체계가 최선인가를 결정할 필요가 있다. 그 뒤에 그러한 방송체계의 원활한 운영을 위한 제도적 장치들을 마련하는 작업을 해야 할 것이다.

그러나 유감스럽게도 우리는 방송체계를 도입하면서 많은 시행착오를 거듭해 왔으나, 위와 같은 순서에 따른 정지(整地) 작업도 없이 시의에 따라 편의대로, 즉 제도를 거의 즉흥적으로 채택해 왔다. 게다가 지금도 여전히 그러한 전철에서 벗어나지 못하고 방송제도의 개선을 논의하는 실정에 있다. 통일된 민주적 민족국가의 수립이라는 목표를 우리 방송의 이념으로 채택할 것인가, 또는 자유민주주의적 기본질서나 사회민주주의적 기본질서를 추구할 것인가, 또는 문화주의를 좇을 것인가 등 방송이념의 설정부터 시작해야 할 것이다. 명확하고 구체적으로 추구할 목표 없이 어떻게 제도화가 가능하단 말인가. 제도란 목표를 추구하고자 합의된 장치이므로 목표 없는 제도란 있을 수 없는 것이다.

2) 방송이 갖추어야만 할 전제들

비록 나라마다 방송의 이념은 다를지라도 방송이 공익을 추구해야만 한다는 점만은 공통된 합의라 하겠다. 이념을 목표가치라고 한다면 그것을 달성하기 위한 수단가치가 있을 것이다. 이들 목표가치와 수단가치가 공익의 구체적 내용이 된다고 볼 수 있다. 이와 같이 생각할 때 나라마다 공익을 구성하는 가치들은 다를지라도 적어도 방송이 공익을 추구해야 한다는 요청은 보편적일 수밖에 없다. 그렇기 때문에 방송이 공익을 추구하고자 갖추어야만 할 보편적인 전제들—독립성, 다양성, 공정성, 공공의 참여—을 제기하는 것이다. 이를 보다 구체적으로 논의해 보면 다음과 같다.

첫째, 방송은 독립성을 확보해야 한다. 자유롭고 다양한 의견 형성과 표현은 여론정치를 기본으로 삼는 민주적 정치질서의 요체이다. 따라서 방송의 운영이나 편성은 정부나 기타 어떤 집단, 세력의 간섭으로부터도 자유로워야만 된다. 그러므로 방송은 독립된 법인의 성격을 가지고 방송의 편성과 운영 및 직업적 활동과 재정운영에서 자율성을 지닐 수 있도록 제도화되어야 할 것이다.

둘째, 다양성을 추구해야만 한다. 다양한 사회집단이나 계층의 의견이 공평하게 표출되어야 함은 물론, 다양한 문화적 취향에 따라

문화의 영역별 선택의 폭이 최대로 확대, 제공되어야 하고, 문화 형식과 내용의 질적 수준도 다원화되어야 옳다. 더욱이 방송의 문화적 기능과 관련하여 소수자의 취향이 존중되어야 한다는 점이 강조되는 까닭이 여기에 있다. 이런 취향의 방송을 소수의 시청자 집단을 위한 대상방송쯤으로 여기고 무시하는 시청률 위주의 편성 관행은 방송의 미덕을 근본적으로 무시하는 행위가 된다는 점을 깊이 인식할 필요가 있다. 이러한 방송의 다양성 원칙이 구현되도록 할 제도적 장치의 출발점은 방송의 독점을 지양하는 데 있을 것이다.

셋째, 방송은 중립적이고 공정해야만 한다. 방송의 중립성 또는 공정성은 불편부당을 뜻하는 것이라 할 수 있다. 따라서 방송의 운영권은 국가권력이나 특정 사회집단 및 이익에게 장악되어서는 안 되며, 편성에서도 특정한 사상 및 이익을 옹호해서는 안 된다. 방송의 중립성이나 공정성의 추구는 방송국에 부과된 의무인 것이다. 곧, 중립성의 원칙은 독립성의 원칙과 밀접한 연관을 갖는 것이지만, 독립성의 원칙이 방송에 대한 외부의 영향으로부터 자유로워야 한다는 것을 뜻하는 것이라면, 중립성의 원칙은 방송국 자체에 부과된 의무이며 책임이 되는 셈이다.

넷째, 방송은 공공의 참여를 원칙으로 한다. 방송이 국민의 방송이어야 한다는 요구를 가장 강력하게 나타내는 것이 공공의 참여 원칙이라 할 수 있다. 모든 국가의 공영방송제도에서 방송의 운영을 국민의 대표로 구성되는 합의제 기관에 맡기는 까닭은 그 점에 근거하는 것이다.

민주주의 정치체계가 주권재민에서 출발하기 때문에 국민의 정치 참여가 제도화되듯이, 국민에게 위탁받아 이루어지는 방송에 공공이 참여하는 것은 당연한 귀결이라 하겠다.

3. 방송제도의 정립을 위해 고려해야 할 특수조건들

1) 우리 사회의 구조적 조건과 요구들

앞에서도 강조한 바와 같이, 한 국가의 방송체계는 그 나라의 필요를 최선의 방책으로 충족시킬 수 있는 체계로 정립되어야만 한다. 따라서 방송체계의 정립에 앞서 고려되어야 할 것은 '우리의 필요가 무엇인가'를 정리하는 작업일 것이다. 그것은 우리 방송의 이념을 세우는 일이 될 것이며, 또한 우리 방송이 추구할 공익의 내용을 규정하는 과업이라 할 수 있다. 이를 알아보고자 우리 사회의 구조적 특성을 정치·경제·사회·문화 등의 각 영역에 걸쳐 살펴보면 다음과 같이 요약할 수 있을 것이다.

첫째, 우리 국가와 민족이 추구할 지상 과제는 통일된 민주적 민족국가의 수립이다. 통일된 민주적 민족국가의 수립이라는 과업은 분단 이후 우리의 존재 양식을 규정한 가장 중요한 조건이 되었다. 그러므로 우리 헌법이 추구하는 평화적 통일의 원칙은 우리 민족 최대의 목표가 되며, 나아가 세계평화에 기여하는 전제 조건이 된다. 이 목표를 성취하려면 우리에게는 통일 지향적인 국민의지의 통합이 절실하다.

다시 말해, 평화통일의 기본 원칙에 대한 민족 합의를 이루어야 하고, 그것을 실현할 전략과 전술에 대해서도 합의를 도출해야 할 것이다. 이러한 국가적·민족적 과업을 성취하는 데 특히 방송이 기여할 역할이 매우 크다. 따라서 이러한 요구에 부응할 방송체계는 과연 무엇이어야 할지를 결정해야 한다. 상대방인 북한 방송은 하나의 목소리로 그들의 통일원칙과 그에 따른 통일전략과 전술을 인민들에게 끊임없이 들려줌으로써 통일에 대한 합의를 단단하게 다지고 있다는 점을 고려해야 한다. 그것은 교조적이며 획일적인 통일이념과 정책을 되풀이하는 획일적 북한 방송체계에 상응하는 것을 우리도 정립할 필요가 있다는 이야기가 결코 아니다. 우리의 통일이념과 통일정책에 대한 국민적 합의를 이루는 데 방송의 구실이 실로 중요하므로, 방송체계의 선택에서도 그러한 상대방의 존재를 감안하여 신중하게 고려해야 한다는 뜻이다.

둘째, 우리는 사회의 모든 영역에서 민주화를 성취하려는 목표를 추구하고 있다. 그러나 우리의 정치문화는 식민지 시대의 유산과 권위주의 정치권력의 지배에 따른 영향으로 비민주적 요소를 강하게 지니고 있다. 따라서 민주화를 정착시키고 발전시키려면 민주적 기본질서의 바탕이 되는 규범체계를 굳건히 마련하지 않으면 안 될 것이다. 이를 위해 민주적 가치와 규범을 우리 사회의 구성원들에게 내면화시키는 문화전승의 기능을 방송매체가 앞장서서 수행할 책임이 있는 것이다. 자유와 평등과 주권재민의 규범체계를 확고히 뿌리내리게 하여 국민주권주의, 기본권존중주의, 권력분립주의와 같은 민주적 기본질서가 정착된다고 할 때, 그 같은 사회화의 기능을 방송이 수행하는 것이야말로 방송이 공익에 봉사하게끔 만드는 첩경이 되는 것이다.

셋째, 우리의 경제는 고도성장을 지속해 왔으며, 그에 따라 절대빈곤에서 국민들이 해방되었다. 그리고 이제 우리 경제가 당면한 최대 과제는 분배의 정의를 실현하는 일이다. 말하자면 사회적 시장경제주의와 함께 복지국가주의를 추구해야 한다는 뜻이다. 이러한 목표를 성취해 나가는 데 방송이 어떻게 기여할 수 있는가의 문제 또한 방송의 공익 추구와 직결된다고 하겠다. 이와 관련하여 방

송은 사회적 약자 ─ 힘없고 가난한 사람들 ─ 의 의견을 반영하고,
그들의 이익을 옹호하는 민주주의의 미덕을 실천해야 한다.

넷째, 우리 사회는 현재 세 가지의 큰 과제에 당면해 있다고 생각
된다. 가치와 규범의 혼란을 극복하는 일, 족벌주의의 지양, 그리고
지역감정을 순화하는 작업이다. 오늘 우리가 마주한 세대 사이의 갈
등이나, 유교적 규범체계와 서구적 규범체계 사이의 마찰은 매우 심
각한 상황에 이르고 있다. 인간의 본성, 인간과 자연과의 관계, 인간
과 인간과의 관계, 시간에 대한 관념, 행동의 지향점 등 기본적인
가치정향에서 편차가 심할 뿐만 아니라, 신념체계와 행위의 규범 등
이 혼란 속에 빠진 상태다.

이러한 혼란과 갈등은 다원주의 사회를 지향하는 목표를 파괴할
만큼 우리를 분열시키고 있는 것이다. 족벌주의는 권력과 부의 편재
를 심화시킴으로써 민족 분열의 죄악을 범하고 있으며, 지역감정은
국민통합과 민족역량의 결집을 근본적으로 흔들어 놓고 있다. 따라
서 새로운 규범체계의 정립이 절실히 요청되는 동시에, 족벌주의를
타파하고 지역감정을 해소함으로써 사회적 통합을 바탕으로 하는
다원사회를 만드는 과업을 성취하지 않으면 안 된다. 이러한 요청
또한 방송이 추구해야만 할 공익의 성격을 규정하는 것이라 하겠다.

다섯째, 우리는 우리의 빼어난 문화유산을 보존하고 새로운 문화
를 꽃피울 문화국가주의를 추구할 것을 국가의 기본 목표의 하나로
삼고 있다. 지금까지 우리의 문화는 무분별한 외래문화의 이식으로
전통문화와의 단절이 일어났으며, 문화유산의 보존과 그것의 창조
적 계승에 소홀한 한편, 외래문화의 모방에 급급해 왔다. 또한 폐쇄
적인 문화정책과 표현의 자유에 대한 제약은 문화의 미학적·도덕
적 수준을 저하시키고, 각 장르마다 기형적으로 명맥을 유지하는 결

과를 불러왔다. 따라서 개방과 더불어 문화다원주의로써 문화의 부흥을 도모해야 한다는 요청에 마주하게 된 것이다. 방송이 담당해야할 문화매체로서의 구실이 이 같은 필요를 충족시키는 데 모아진다고 할 수 있다.

2) 상업방송의 속성과 그 한계

상업방송이 지니는 속성은 다양하다. 그러나 상업방송의 속성과 그것의 한계를 규정하는 가장 근원적인 요인은 방송이 이윤이라는 동기에 따라 운영된다는 점이다. 자본가가 막대한 자본을 방송에 투자한다는 것은 이윤의 창출과 정치적 효과라는 두 가지 이익을 추구하려는 동기 때문일 것임은 두말할 필요조차 없다.

문화의 발전이나 공적 과업을 수행함으로써 자본이 사회에 봉사한다는 대의명분을 내세우기도 하나, 그것은 어디까지나 이윤의 창출과 정치적 동기를 위장하는 수사에 지나지 않는다. 또한 언론매체를 확보함으로써 자본은 방패막이를 마련하고, 기업의 이익을 옹호하는 여론 조작 수단을 획득할 뿐만 아니라, 특정 정치권력과의 동반관계를 유지하는 매개물로 이용하려는 방송매체 운영의 정치적 동기 모두 궁극적으로는 이윤창출에 귀결되는 것이다. 이 같은 자본의 논리가 방송의 성격을 어떻게 규정하게 되는지를 방송이 갖추어야만 할 조건들과 관련하여 살펴보면 다음과 같다.

첫째, 상업방송은 자본으로부터 독립성을 유지할 수 없다. 이윤창출이라는 자본의 궁극적 생리에서 벗어날 수 없기 때문에 상업방송은 자본의 논리에서 해방될 수 없는 것이다. 그 때문에 상업방송은 자본가나 그 자본이 경영하는 기업집단의 이익에 봉사하지 않을 수 없다. 나아가 자본과 정치권력이 유착할 수밖에 없는 자본주의 체제의 정치제도에서 특정 자본과 이해관계를 같이하는 정치권력에게 헌신하게 된다. 따라서 방송이 갖추어야 할 첫 번째 조건인 독립성의 확보가 이루어지지 않는다.

둘째, 상업방송은 정치적 의견의 다양성이나 문화의 다원화를 추구하지 못한다. 거대한 자본이 운영하는 방송은 자본가 및 그들과 이해관계를 같이하는 계층의 의견을 반영하고 이익을 옹호한다. 그러므로 다양한 계층과 집단의 의견 및 이익이 고르게 대변되거나 옹호되지 못하는 결과를 낳는다. 결국 방송은 사회적 요청과 필요에 역행하는 지배계층의 현상유지용 무기로 전락하게 된다.

또한 상업방송은 보다 많은 시청자를 확보함으로써 광고수입을 극대화 할 수 있기 때문에, 시청자의 흥미에 영합하는 방송을 하지 않을 수 없게 되는 것이다. 그리하여 방송이라는 문화매체에서 폭력·섹스·모험주의 및 대중의 우상을 상품으로 팔게 되고 저질의 대중문화를 양산하여 사회 전반의 문화수준을 저하시키고, 문화의 획일화를 초래하게 된다. 좋은 본보기가 미국의 상업 텔레비전이 될 것이다. 상업방송체계를 일찍부터 도입했던 미국이 왜 문화적으로나 정치적으로 소수자의 이익을 옹호하고자 공영방송인 PBS를 도입해야 했는지를 교훈으로 삼아야 한다. 다양한 채널의 상업방송을 두게 되면 상호 경쟁을 통해 방송이 정치적·문화적 다양성을 추구하게 될 것이라는 관점이나 주장은 자본의 논리를 무시한 환상이거나 허구에 지나지 않는다.

현실적으로 보더라도 여러 채널의 상업방송국을 설립케 하는 경우 방송국 자체가 생산할 수 있는 프로그램 제작능력의 한계로 말미암아 공급이 수요를 충족시키지 못해, 결국 값싼 저질 오락물을

양산하여 편성하거나, 아니면 외국의 저질 대중문화를 수입하게 된
다. 이런 현상은 문화의 주체성에 위기를 가져오게 되고, 문화종속
이 심화될 가능성을 매우 크게 만든다. 상업방송이 이윤창출의 동기
에 따라 시청률 경쟁을 하지 않을 수 없는 한, 방송에 의한 문화의
다양성 추구는 결코 기대할 수 없으며, 자본가의 이익에 봉사하지
않을 수 없기에 정치적 다양성의 보장도 기대하기 어렵다.

　셋째, 방송이 갖추어야만 할 또 하나의 조건인 중립성의 원칙, 곧
공정성의 원칙은 상업방송이 자본으로부터 독립성을 유지할 수 없
고 정치적으로 다양성을 지향할 수 없는 한 결코 지켜질 수 없는
것이다. 방송의 중립성이나 공정성은 단지 정치권력의 방송통제로
만 훼손되는 것이 아니다. 상업방송자본 그 자체의 이익에 봉사하거
나 또는 방송자본과 결탁한 지배엘리트의 이익에 방송이 헌신하는
것은, 아마도 정치권력의 공정성 침해보다 더욱 체제본질적인 공정
성 저해의 원인이 될 것이다.

　넷째, 상업방송에서 공공이 방송에 참여한다는 것은 기대하기 어
렵다. 상업방송의 경우 방송정책 결정과정에서부터 방송이 실제에
이르기까지 공공이 참여할 여지는 거의 없다. 사람에 따라서는 법적
제도를 마련함으로써 간접적으로나마 공공이 참여하는 바와 다를
것이 없는 효과를 얻을 수 있다고 생각할지 모르겠으나, 정치·경
제·문화엘리트가 족벌주의에 따라 하나의 공통된 이해관계로 결속
되어 있는 우리 사회의 구조적 특성에 견주어 볼 때, 그 같은 구상
은 형식논리가 지니는 함정에 빠질 뿐이라 할 수 있다.

　위와 같이 볼 때, 상업방송은 본질적으로 방송이 갖추어야만 할
기본적 전제들을 어느 하나도 만족시키기 어렵다는 것을 알 수 있
다. 그렇기 때문에 상업방송은 우리 방송이 추구해야 할 이념이나

공익을 구성하는 목표들, 예컨대 평화통일주의로 대변되는 통일된 민주적 민족국가의 수립, 국민주권주의와 기본권존중주의 및 권력분립주의로 볼 수 있는 민주화의 성취, 경제 정의의 실현을 위한 사회적 시장경제주의와 복지국가주의, 빛나는 민족문화유산의 보존과 그것의 창조적 계승을 위한 문화국가주의, 그리고 세계평화주의 등을 성실하게 추구할 수 없는 한계를 스스로 지니는 것이다.

4. 공영방송체계를 위하여

지난 우리의 정치사를 돌이켜보면, 민주주의를 위장한 정치제도와 그것을 유지하고자 좋은 정치적 상징들을 오·남용함으로써 제도와 개념들을 크게 오염시켰다는 것을 알 수 있다. 그 결과 우리들이 현재 사용하고 있는 제도와 상징들이 본래의 뜻을 잃고, 신선함을 지니지 못하게 되었다. 공영방송에 대한 우리의 이미지도 그 가운데 하나라 할 수 있다.

그러나 그간 위장된 민주주의를 존속해 왔다는 이유로 민주주의를 포기할 수 없듯이, 공영방송의 허울을 쓴 국영방송을 지속해 왔다는 까닭으로 공영방송체계를 거부할 정당성은 없다. 우리의 방송제도에 대한 논의는 이 같은 인식의 토대 위에서 전개되어야 하리라고 본다. 이러한 관점에서 공영방송체계가 지닐 수 있는 유익한 면과 불리한 면에 대해 방송이 갖추어야만 할 기본 조건들을 중심으로 논의해 보고자 한다.

첫째, 공영방송체계가 방송을 독점하는 경우, 정치권력에게 방송의 독립성을 침해당할 가능성이 상존한다는 점을 지적하지 않을 수 없다. 더욱이 우리의 경우, 정치권력의 속성이 지배논리에 집착하여 모든 사회제도를 정치에 예속시키려는 본성이 강하기 때문에, 그 같은 가능성이 더욱 크다. 그렇다 할지라도 이러한 위험은 공공에 의해 방송정책이 결정되고 집행되는 제도적 장치의 마련으로 방지할 수 있으며, 민주주의가 정착됨에 따라 정치권력의 속성이 변모할 것이 예측되는 한 낙관적인 설계를 해도 좋을 것으로 생각된다.

또한 국민의 참여로 공영방송체계가 운영되는 한, 정치권력으로부터 방송의 독립은 국민적 지지와 감시로 유지될 수 있을 것이다. 독립된 특수 공법인으로 방송사의 조직을 규정하여 예산과 인사권의 자율성이 보장되게끔 하는 일이 더욱 필요하다고 하겠다. 이렇게 볼 때 상업방송보다 공영방송이 방송의 독립성을 더 잘 확보할 수 있다는 점을 알 수 있다.

둘째, 공영방송체계는 단일방송체계이므로 방송의 다양성을 추구하기가 어렵다는 비판이 있다. 그 예로 영국의 경우를 들기도 한다. 그러나 영국의 민영상업방송은 어디까지나 공영방송체계 안에서의 공익적 민영방송이다. 또한 그 같은 제도 도입의 1차적 필요성은 방송의 다양성 보장에 앞선 광고방송에 대한 요구 압력이었다는 것을 간과해서는 안 될 것이다. 그뿐만 아니라 공영방송체계가 단일방송체계이기 때문에 다양성 확보가 어렵다는 주장은 다음과 같은 이유로 설득력이 없다. ① 채널의 특성화로 편성의 다양성을 확보할 수 있다. ② 송출방식과 제작방송의 분리를 통해 프로그램 제작 경쟁이 치열해질 수 있기 때문에 방송의 다양성 추구가 가능하다. ③ 시청률 경쟁을 하지 않아도 되기 때문에 소수자의 취향을 보호하는 편성이 가능하다. ④ 제도적 장치의 도입에 따라서는 공공집단이 연합하여 방송국을 운영할 수도 있고, 공공집단이 프로그램의 편성에 참여하는 방식으로 다양한 정치적 의견의 반영이 가능할 수 있다.

셋째, 공영방송체계는 근본적으로 정치권력과 자본으로부터 독립성을 확보할 수 있기 때문에 공정성 유지가 제도적으로 보장된다. 그럼에도 만약 공정성이 보장되지 않는다면, 공영방송을 운영하는 공공이 참여한 최고정책결정기구가 마땅히 그것을 시정하게 될 것이다.

넷째, 방송에 대한 공공의 참여보장이야말로 공영방송체계만이 누릴 수 있는 최대의 미덕이라 할 수 있다. 여기에 공영방송체계의 정당성이 근거하며, 전파의 소유자인 공공으로부터 수탁받은 방송의 본령이 자리 잡는 것이다.

이와 같은 이유로 공영방송체계가 상업방송체계보다 방송이 지녀야만 할 전제조건들을 더 잘 충족한다고 주장할 수 있다. 더욱이 우리가 처해 있는 사회구조적 조건들과 그것에서 비롯되는 국가적·민족적 요청들을 구현하려면 우리 방송은 더더욱 공영을 지향하지 않을 수 없다. 방송매체가 제공하는 프로그램은 단순한 소비상품, 곧 이윤을 창출하려는 물질적 제품이 아니라, 국가와 민족의 필요에 부응하고 국민적 합의를 도출하며, 문화의 유형을 결정하는 정신적 메시지이다. 그러므로 사익(私益)이 개입할 수 있는 여지는 과감하게 배제되어야 한다.

5. 결 론

앞에서 논의한 공영방송체계의 필요성은 다시 말하자면 방송매체의 존립근거를 자유민주주의 기본질서보다 사회민주적 기본질서에서 찾아야 한다는 것을 뜻하는 것이다. 곧, 신자유주의의 관점에서 볼 때, 자유의 개념 속에는 사회복지의 관념이 내재되어 있다는 데서 방송체계가 공영이어야 할 이념적 근거가 비롯되는 것이다. 따라서 문제는 공영방송체계나 상업방송체계의 선택이 아니라, 공영방송체계를 근간으로 하는 우리 나름의 최선의 방송제도를 창출해 내는 데 있다. 이를 위해 다음과 같은 제안을 하고자 한다.

첫째, 공영방송체계 안에 방송의 독립성·다양성·공정성·공공의 참여를 보장하는 제도적 장치를 마련해야 한다. 만약 민영방송의 도입이 필요하다면, 공영체계 안에서 그것의 존재양식을 규정해야 할 것이다. 단일한 공영방송체계의 정립과 공영과 민영의 이원체제 도입이 상충되는 발상이 아니라는 점을 인식한다면, 라디오 채널과 MBC의 민영화를 과감하게 허용할 수도 있을 것이다. 이것은 민영방송국의 운영주체를 누구로 설정할 것인가에 대해 연구·검토한 뒤 결정할 문제이나, 되도록 공공이어야 바람직할 것으로 보며, 광고공영제 도입이 필요하리라고 생각된다. 만약 방송광고공사가 존속할 필요가 있다면, 방송광고의 공영제 도입과 연관시킬 수 있을 것이다.

둘째, 우리의 정치·경제·사회·문화적 조건에 적합하고, 국가와 민족의 필요에 부응할 공영방송체계를 바탕으로 한 우리 나름의 방송제도를 창출하고 정립하기 위한 가칭 '국가방송제도개선위원회'를 설립하여 운영하는 것이 좋을 것이라 생각된다. 독립성을 보장받는 이 기구는 방송인, 관계 학자, 각계 인사 등 공공으로 구성하여 짧게는 1년, 필요하다면 2~3년 동안 시한부로 존속하면서 우리의 방송제도를 본질부터 검토하여 최선의 제도를 고안해내는 과업을 수행하게 될 것이다. 우리의 교육제도 개선을 위해 교육개혁심의회를 설치했던 것과 같은 성격이라 할 수 있다. 방송은 교육 못지않게 국가에게 중요한 제도이다. 이렇게 본다면 현행 제도의 개선은 그때까지 유보될 수 있을 것이며, 방송의 독립성이나 공정성의 보장을 위해 필요하다면 시행령이나 공사법에 대한 부분적 개정에 그치고, 현행 제도는 과도기적 성격으로 인정해야 할 것이다.

셋째, 방송제도의 개선은 몇 번의 세미나 또는 공청회라는 절차로 쉽게 이루어질 수 없는 작업이다. 졸속은 시행착오만을 거듭할 뿐이며, 결국 그 피해는 국가적 손실로 돌아올 것이다. 다른 선진국의 경우, 방송제도의 개선에 대한 필요성이 제기되면 그것을 수렴하여 특별위원회를 구성한다. 그리고 제도에 대해 연구 검토하는 데 충분한 시간과 노력과 예산을 투입한 뒤, 비로소 방안을 마련하여 실천에 옮긴다는 것을 귀감으로 삼아야 한다. 더욱이 우리의 경우처럼 정치집단의 편의에 따라, 또는 여론에 영합하거나 인기를 확보하려는 욕심에서 방송제도를 쉽게 뜯어고칠 대상으로 인식하고 있는 풍토는 마땅히 지양되어야 할 것이다.

방송제도의 정립이야말로 당파성을 떠나 정치적 목적을 배제하고, 어떤 집단이나 세력의 로비에 영향 받는 일이 없이 이루어져야 한다. 또한 깊은 고뇌와 오랜 천착 없는 즉흥적 발상을 경계하며, 치기 어린 아마추어리즘의 구호를 귀담아듣지 말고, 방송이 지향할 이념적 근거를 도외시한 하부구조에 고정된 시각을 벗어나 추구해야 할 국가적 과제라는 점을 강조하고자 한다.

《방송연구》, 방송위원회, 1988

'수용자 복지' 개념의 정립을 위한 연구

1. 서 론

뉴미디어의 실용화에 따른 다매체·다채널 시대의 도래로 방송환경이 크게 변하고 있다. 그러나 방송환경의 변화는 다만 방송기술의 발전과 그에 따른 규범체계의 재구성 및 소프트웨어 산업의 재편과 활성화에만 국한되어 일어나는 것이 아니라는 점에 주목할 필요가 있다. 그러한 현상 가운데 하나가 '수용자(시청자) 주권론'의 대두일 것이다.

수용자 주권론은 방송의 주인이 수용자라는 자각에서 비롯된 것으로, 그 근원은 말할 것도 없이 지상파 방송의 신탁 개념이다. 그러나 다매체·다채널의 실현에 따라 방송의 신탁 개념이 점차 그 뜻을 상실해 가는 추세 속에서, 그것에 뿌리를 둔 수용자 주권이 강조되고 있는 상황은 역설적인 면이 있다.

그렇지만 수용자 주권론이 점차 설득력을 지니고 확산되어 가는 현상은 몇 가지 시대의 조류와 관계가 있다고 생각된다. 첫째는 소비자주권주의의 사회적 수용을 들 수 있을 것이다. 자유시장 경제체제에서 소비자가 자구책을 강구하고자 시작한 소비자운동이 방송 수용자들로 하여금 방송의 신탁 개념에 잠재되어 있던 방송주체가 수용자인 국민임을 다시 자각하도록 자극한 측면을 상정할 수 있다는 뜻이다.

둘째로 억압적·착취적 국가로부터 분리된 저항적·자율적 시민사회라는 민주주의의 발전과 관련된 역사적 변화과정과의 연관성을 지적할 수 있다. 점차 시민이 권력의 주체로서 자율적 역량을 발휘하여 체제관리의 주역을 담당하는 시민사회로의 전환과정에 부응하게 되었고, 방송의 수용자 또한 같은 맥락에서 파악할 수 있는 것이다.

셋째는 정보사회화에 따라 정보소비자가 점차 능동적인 정보 추구 행태를 보이는 경향과 연계되어 있다는 점이다. 이 같은 경향은 CATV나 주문형 비디오와 같은 유료채널의 다양화로 선택의 범위가 넓어진 수용자들이 선택의 자유를 행사하는 데서 능동적인 참여자로 등장하게 되었기 때문이다. 그뿐만 아니라 앞으로 쌍방향 CATV가 실용화된다면, 능동적 선택(참여) 행태는 더욱 강화될 것으로 예견된다는 점에서 이러한 뉴미디어의 발달은 곧 수용자 주권의 강화로 이어질 것이다. 다시 말해 뉴미디어의 실용화가 수용자 주권을 더욱 강화시키는 결과를 초래할 것이란 의견이다.

물론 이와 같은 시대적 상황과 함께 그동안의 매스컴 연구 성과에 따른 수용자관의 변화, 전파의 희소성에 따른 독점방송체계의 일방적 방송 수용의 강요, 방송의 다양성 부재 등에 대한 수용자의 저항, 특히 한국의 경우 방송의 공공성 결여와 불공정 방송의 개선의지 등이 수용자 주권주의를 강조하게 만든 배경들이라 할 수 있다.

한편 수용자 주권론의 대두는 자연스럽게 수용자 복지를 주장하게 만들었다. 그러나 아직 우리의 경우 수용자 복지의 개념이 정립되지 않은 단계이다. 이 글은 수용자 복지의 개념 정립을 위한 시론이며, 따라서 수용자 복지와 연관된 이론적 기초를 탐색하고, 개념 정립을 하고자 이론적 모색을 하려는 것이 목적이다.

2. 수용자 복지 개념의 이론적 기초

1) 공익 개념

공익(公益)을 논의할 때 먼저 제기되는 질문은 '과연 공익이 존재하는가'이다. 공익의 존재를 부정하는 사람들은 전체 사회의 이익은 존재하지 않으며, 만일 이익이 있다면 개별적인 특정 집단의 이익밖에 없다고 주장한다. 누군가가 공익을 부르짖는 것은 자신의 이익을 증진시키고 쟁취하려는 전략적 수단에 지나지 않는다는 것이다.[1] 이와 같은 공익의 부재설(不在說)에도 타당성이 있을 수 있지만, 다수설(多數說)은 아니다. 이에 견주어 공익이 존재한다는 학설에는 '공익은 최고의 윤리기준'이라는 관점부터 '공익은 개인적 이익의 단순한 집적(集積)'이라는 시각에 이르기까지 다양한 스펙트럼이 존재한다.

공익을 최고의 윤리기준으로 보는 학설은 공익의 규범설(規範說)이다. 이 규범설의 기본적 관점은 '공익은 정치생활에 적용될 수 있는 최고의 윤리기준'이란 것이다. 이 관점에 따르면, 사회에는 공공선(公共善 : common good)이 있고, 공공선은 모든 정책을 평가하는 기준이 되어야 한다. 이때 공공선인 공익은 공동체가 가지고 있는 특유의 것으로, 단순한 개인적 이익의 집적과는 질적으로 다른 것이다.[2] 이러한 관점을 방송에 대입한다면, 공익은 방송에 적용될 수 있는 최고의 윤리기준이 되며, 공공선인 공익은 모든 방송정책을 수립하고 평가하는 기준이 되어야 하는 것이다.

윤리적 기준인 공익은 어느 특정인이나 특정 집단에만 해당되는 것이 아니라, 모든 사람들이 동일하게 느끼는 단일한 목표로 해석된다. 단일 목표에는 유기체(有機體)적인 것과 공동체(共同體)적인 것이 있으며, 유기체적인 것은 공동체의 생존권과 같은 것이고, 공동체적인 것은 구성원들에게 공유되는 것이다.[3] "공익이란 인간이 바르게 보고 합리적으로 사고하며 공평하며 자비롭게 행동할 때 선택되는 행위"라는 월터 리프먼(Walter Lippmann)의 관점이나, "공익이란 인간이 근면과 생산적인 작업을 통해서 인간의 위엄에 합치되는 삶을 구축할 수 있는 사회적 조건의 확립"이라는 보덴하이머(Edgar Boden-heimer)의 주장 등은 모두 공익을 최고의 윤리적 기준으로 보는 시각이라 할 수 있다.[4]

한편 공익에 대한 공리주의적 관점은 공익을 개인 이익의 총합이나 집합으로 본다. 곧 개인적 이익들이 정부기관을 거쳐 갈등·조정되면서 공익으로 전환되고 수합(收合)된다는 것이다. 이러한 공리주의적 관점은 방송의 경우 시청자(수용자)가 원하는 것이 곧 공익이라는 논리의 근거가 된다.

이 밖에 공익이란 집단 이익의 상호작용에서 나오는 결과로서, 여러 가지 이익들이 서로 갈등 및 조정되는 과정을 거쳐 어떤 결과를 산출할 때 나온 바로 그것이라고 보는 '과정의 결과설'이 있다. 이때 그 결과가 공동체의 일체감을 반영할 수 있을 때만 공익이라고 한다.[5] 또한 공익은 전체 사회에 이익이 되는 정부의 행위라고

규정하고, 이러한 공익은 민주사회의 작동에 필요한 최소한의 합의
와 직결되어 있다고 주장하는 '합리설'도 있다. 이러한 합의는 정치
활동의 기본 규범이나 기본 원리에 대한 것이라고 한다.6) 이렇게
볼 때 방송의 경우 공익은 방송활동의 기본 규범이나 기본 원리에
대한 것이라고 할 것이다.

그렇다면 공익의 구성요소는 무엇일까? 백완기가 제시한 공익의
구성요소를 요약하여 소개하면 다음과 같다.7)

(1) 보편화된 가치

사회에는 보편적으로 받아들여지는 가치규범이 있는데, 주로 인
간의 자유, 평등을 중심으로 민주적 가치들이 보편화되어 왔다. 이
민주적 가치는 공익의 내용을 찾는 데 크게 도움이 된다. 오늘의 민
주사회에서는 어떠한 공익도 인간적 가치와 배치되는 것을 주장할
수 없다. 이러한 점에서 민주적 가치는 공익의 내용이 될 뿐 아니
라, 나아가 환경적 울타리를 구축하고 있다. 여기서 말하는 보편적
가치는 이념적 가치를 뜻한다. 그러므로 민주적 가치인 자유·평등
뿐만 아니라 그 시대에 보편화된 이념적 가치는 공익의 내용을 결
정하는 울타리 구실을 하게 된다.

(2) 공동체 자체의 권익

국가는 개인에게 생활의 근거를 제공하고, 개인의 권익과 안전을
보장하는 구실을 한다. 그런데 국가가 이러한 역할을 하려면 먼저
스스로의 권익을 보장해야 한다. 국가의 생존권 같은 것이 좋은 본

보기이다. 국가는 하나의 유기체로써 생존권을 비롯한 여러 가지 권익을 가지고 있는데, 이 권익들이 충실히 보장되어야만 개인의 그것도 보장될 수 있다. 즉, 국가의 생존권은 개인적 권익의 전제 조건이 된다. 국가가 존립함으로써 국민들의 권익이 보장된다면, 국가 존립에 관한 권익은 반드시 공익과 직결된다고 볼 수 있다. 이 같은 관점에서 본다면 공동체 자체의 보존과 발전이 공익이요, 공공선(公共善)이 될 것이다.

(3) 재화나 용역의 외연성

같은 재화나 용역이지만 외연성(externality)이 큰 쪽을 생산하는 것이 보다 더 공익성을 띤다고 한다. 여기서 외연성이란 효용가치가 분할될 수 없고, 공동적 사용에서 배제될 수 없는 재화의 성격을 말한다.

(4) 미래의 이익이나 효용성

장래의 이익은 공익으로서 당위성을 갖게 된다. 장래의 효용이나 이익이라는 것은 단순한 상품적 가치나 이윤이라기보다는, 전체 사회의 생존이나 발전에 요구되는 사회적 효용이라고 할 수 있다.

(5) 다수의 이익

흔히 공익은 불특정 다수의 이익이라고 한다. 곧, 소수의 이익보다는 다수의 이익이 공익이라는 것이다. 이렇게 보는 근거는 그 이익이 보다 정당성을 지닐 가능성이 있고, 보다 많은 사람들에게 공유되고 있다는 것을 전제로 하고 있다. 그러나 다수의 이익을 조건 없이 공익으로만 받아들이는 데는 문제가 있을 수 있다. 예컨대 사회적 강자가 다수를 이루고, 사회적 약자가 소수를 이루고 있을 때 다수의 이익이 곧 공익이라고 할 수는 없는 것이다. 다수의 이익이 공익이 될 수 있는 조건은 소수의 이익이 다수의 이익으로 될 수 있는 가능성을 전제로 한다. 곧, 소수의 이익이 소수의 것으로만 남아 있는 상태에서는 공익이 발생할 수 없다.

(6) 사회적 약자의 이익

본래 공익은 그 속성으로 형평성(equity)을 지니고 있기 때문에 사회적 약자의 이익을 흡수하려는 경향이 있다. 사회복지나 사회보장, 또는 소득재분배 등이 모두 공익으로 간주되는 까닭이 여기에 있다. 우리는 여기서 형평성에 대해 주목할 필요가 있다.

형평이란 동등한 자유와 합당한 평등(just equality)을 뜻하며 기본적으로 정의(正義)와 밀접한 관련이 있는 관념이다. 이것이 중요한 이유는 그것이 우리가 소중히 여기는 자유와 평등의 가치관을 종합하는 단일관념이라는 데 있다.[8] 또한 형평이란 인간의 사적, 공적 관계에 적절하고 합당한 질서를 부여하는 원리이며, 개인이든 집단이든 행위 주체가 준수해야 할 규범이다. 이러한 형평을 지키는 원칙으로써 두 가지를 들 수 있다. 제1원칙은 '남을 나 자신과 동등하게 대하고 또는 합당하게 상대하라'는 명제이고, 제2원칙은 '각자의 것은 각자에게 귀속시키라'는 명제이다. 여기서 제2원칙은 곧 '분배'의 정의가 된다. 이 원리에 따라 사회, 정부 또는 국가가 그 성원이나 국민에게 무엇을 어떻게 배분할 수 있는지가 문제된다. 그리고 이 배분의 대상에는 권리와 함께 의무도 포함되어 있다. 다시 말해 국가는 국민 각자에게 공평하게 복지의 혜택을 주어야 하며, 동시에 국민 각자는 그 혜택에 비례하여 자신에게 할당된 의무를 이행해야 한다.[9]

위와 같은 구성요소를 지닌 공익의 기능을 열거해 보면 아래와 같다.[10]

① 공익은 정책이나 프로그램을 평가해 주는 구실을 한다. 이때 공익은 규범을 제시하는 구실을 하게 된다.

② 주관적이고 편협한 가치를 객관적이고 보편적인 가치로 전환시켜 주는 구실을 한다.

③ 공존체제를 구축하는 역할을 한다. 공익은 모든 세력들과 이익들이 공존할 수 있는 계기를 마련해 준다. 곧, 서로 경쟁·대립하는 다원적 세력들을 조정할 수 있고 상호 공존할 수 있는 공통기반을 마련해 주는 것이 공익이다.

④ 공익은 국가가 개인에게 요구하는 행위를 정당화하는 구실을 한다.

공익은 이 밖에도 시민의식을 고취시키고, 구성원들 사이의 협동심을 형성하며, 사회에 헌신하는 사람들을 탄생시키는 동기가 되기도 한다. 한마디로 말해서 어떠한 기준이나 표준도 공익만큼 사회에 더 좋고 바람직한 것을 포함한 개념은 없으며, 막연하지만 보다 나은 사회를 향해서 나가게 하는 길잡이 구실을 하는 것이다.[11]

이와 같은 공익의 개념과 구성요소 및 기능들에 견주어 그것이 방송의 수용자 복지와 어떻게 연관되는 것인지 알아보자. 여기서 우리는 먼저 방송에서 공익이란 무엇인가를 생각해 볼 필요가 있다.

방송제도연구위원회는 그 보고서에서 방송의 공익성을 각 측정 수준에서 다음과 같이 조작적 정의를 시도했다.

첫째, 방송이념 수준에서의 공익성이란 헌법에 명시된 국민주권주의, 방송법에 나타난 공공복지의 증진, 방송 강령에서 방송의 공정성·다양성·균형성 실현을 뜻한다. 둘째, 방송제도의 수준에서 공익성이란 국영방송제도에서는 권위적인 전체 이익을 뜻하며, 공영방송제도에서는 참여적 개별 이익 및 전체 이익을, 상업방송제도에서는 참여적 개별 이익을 뜻한다. 셋째, 프로그램 편성과 제작 수준에서 공익성이란 프로그램 제작과 편성과정에서 성별·연령별·계층별·지역별 이익이 균형 있게 표현되는 것을 말한다. 넷째, 수용자 참여의 기회 차원에서 공익성이란 수용자의 접근권과 정정보도 청구권이 제도적 차원에서 구체화되는 정도를 의미한다. 그리고 4가지 수준 사이의 유기적 연결이 중요하다고 했다. 곧, 방송이념은 방송제도나 프로그램 편성, 시청자 참여의 형태로 구현된다는 것이다.[12]

이 같은 방송의 공익 개념에 대한 정의는 측정을 위한 조작적 정의라고 할 수 없다는 등 논란의 여지가 있으나, 공익이 방송에 적용될 수 있는 최고의 윤리기준이며 방송정책을 수립하고 평가하는 기준이라는 점을 함축하고 있을뿐더러, 명목적이지만 공익의 구성요소까지 제시하고 있다. 또한 방송법 제4조와 제5조 등이 방송의 공익성을 규정하고 있다. 곧, 제4조 방송의 공적 책임 조항은 방송이 공익을 위해 서비스할 의무를 규정하고 있으며, 제5조 방송의 공정성과 공공성 조항은 제4조와 함께 방송이 추구할 공익의 내용을 구체적으로 규정하고 있다.

이렇게 볼 때 앞에서 언급한 공익의 규범설과 공익의 구성요소

등은 방송의 공익성과 직결된다고 볼 수 있을 것이다. 따라서 공익은 방송 서비스의 본질이라는 면에서 수용자 복지와 연관될 뿐만 아니라, 수용자 복지의 실현이 곧 공익이라는 점에서 방송 서비스의 본질이기도 하다. 그러므로 공익의 실현을 위한 방송의 공공성은 전파의 희소성과 신탁 개념에 따라 더욱 강조되어 왔지만, 사실은 그러한 개념들과 상관없는 방송의 내재적 조건이라는 인식이 중요하다.

방송의 공공성은 방송에 대한 규제의 근거가 되어 왔지만, 다매체·다채널시대의 도래라는 방송환경의 변화에 따라 규제의 완화 또는 탈규제의 필요성이 점증하고 있다. 또 그 같은 요청에 부응하여야 할 것이지만 그것이 곧 무규제(無規制)일 수 없는 한 공공성은 계속 강조될 수밖에 없다. 더욱이 수용자 복지의 실현이 곧 공익이므로, 방송의 공공성은 무의미해질 수가 없다.

2) 수용자 복지 개념의 헌법적 기초

헌법 전문(前文)은 "…… 문화의 모든 영역에 있어서 각인(各人)의 기회를 균등히" 할 것을 선언하고 있다. 그뿐만 아니라 헌법 제10조는 "모든 국민은 인간으로서의 존엄과 가치를 가지며, 행복을 추구할 권리를 가진다"고 규정하고 있다. 여기서 인간의 존엄성이란 인간의 본질로 간주되는 인격성(人格性) 또는 인격적 주체성(主體性)을 뜻한다. 또한 이 조항의 적용대상이 되는 인간상은 고립된 개체로서의 개인주의적 인간상이 아니라, 개인 대 사회의 대립관계에서 인간 고유의 가치를 훼손하지 않으면서 그 사회관계성과 사회구속성을 인정하는 인간상을 말한다.13) 그리고 인간의 존엄성 존중조항은 모든 기본권 보장의 궁극적 목적조항이고, 그 밖의 기본권 조항은 인간으로서의 존엄과 가치를 유지하고 실현하기 위한 수단조항이다. 이와 같은 인간의 존엄성 존중 조항에 이어 모든 국민은 "…… 행복을 추구할 권리를 가진다"고 규정하고 있는 데 주목할 필요가 있다.

여기서 말하는 행복추구권이란 무엇인가가 논의되어야 하겠지만, 다음과 같은 해석에 따르고자 한다. "행복추구권이란 생명, 일반적 행동 자유, 생존 등을 포괄적으로 내포하는 개념으로 파악되며, 행복추구권을 협의로 해석하여 인격적 생존에 불가결한 인격상(人格像)으로만 파악하려는 경향이 있으나 여기서는 인격의 형성·유지·표현의 전제가 되는 알 권리, 읽을 권리, 들을 권리, 자기 자신에 대한 정보를 컨트롤할 수 있는 권리, 인간다운 생활을 할 권리 등을 포함하는 것으로 보아야만 한다."14) 이 같은 해석에서 우리는 행복추구권이 알 권리를 포함한다는 데 주목해야 한다. 알 권리란 개인의 자기실현을 가능하게 하는 개인적인 권리로, 인간 존엄권의 전제이며, 일반적으로 접근할 수 있는 정보를 방해받지 않은 채 듣고 보고 읽을 자유와 권리를 뜻하는 것이다.15) 이 점이야말로 방송에서 수용자 복지와 직결되는 권리라 할 수 있다.

이러한 행복추구권은 물론이고, 그 이외에도 인간으로서의 존엄과 가치를 유지하는 데 필요한 것이면, 헌법에 열거되지 아니한 자유와 권리까지도 포괄적으로 이해하는 견해가 타당하다고 한다.16) 또한 행복추구권이라 함은 바로 "고통이 없는 상태, 만족감을 느낄 수 있는 상태를 실현할 수 있는 권리라고 할 수 있다"17)는 것이므로, 복지와 직결되는 권리라 할 것이다.

한편 수용자 복지와 더욱 구체적으로 연관되는 헌법 조항은 제34조 제1항이다. 이 조항은 "모든 국민은 인간다운 생활을 할 권리를 가진다"고 규정하고 있다. 그리고 이 권리를 구체적으로 실현하고자 제2항부터 제6항까지 사회보장·사회복지의 증진을 위해 국가가 노력할 의무를 규정해 놓았다. 이 조항의 '인간다운 생활권'은 제10조의 '인간으로서의 존엄과 가치'에 관한 조항의 구체적인 내용의 일부인 동시에, 제10조와 더불어 한국 헌법에서 최고의 가치를 가진 조항이다.[18)]

여기서 말하는 인간다운 생활이라 함은 인간다운 생존, 곧 인간의 존엄성에 상응하는 건강하고 문화적인 생활을 말한다. 그러나 건강하고 문화적인 생활의 구체적인 수준은 역사적인 단계마다, 그리고 그 사회의 경제·문화적 구조에 따라 다르기 때문에, 어느 정도, 어떤 내용의 생활수준이 이 권리의 내용을 구성하는가는 일률적으로 규정하기가 어렵다. 그렇지만 헌법에 규정된 인간다운 생활의 내용을 불확실한 추상적 개념이라 하여 법적 판단의 테두리 밖에 방치한다면, 그 권리의 내용은 지극히 불안정한 것이 되고 말 것이다. 그러므로 건강하고 문화적인 생활수준은 이론적으로 특정 시점과 특정 국가에서 일단 객관적으로 결정하여야 하며, 또 결정할 수 있는 것이다.[19)] 우리는 여기서 이 같은 성격의 인간다운 생활을 할 권리가 인간의 존엄과 가치, 행복추구권에 귀속되기 때문에 이 생활의 기준은 물질적 최저한도의 생활이 아닌 문화적 최저한도의 생활이 되어야 할 것이라는 관점에 유의할 필요가 있다.[20)]

생각건대 문화적 최소한도의 생활기준이 무엇인가는 시대와 사회의 경제적·문화적 상황에 따라 규정될 성질의 것이다. 그러나 이 시대 우리 사회의 지배적인 문화형태는 대중문화이며, 국민들이 보편적으로, 비교적 경제적 부담 없이 접할 수 있는 대중문화의 생산과 공급이 방송매체로 이루어지고 있는 점을 고려하면, 국민들이 일정 수준의 방송 서비스를 균등하게 받는 것이 최소한도의 문화적 생활을 뜻하는 것이라 할 수 있을 것이다. 이런 뜻에서 인간다운 생활을 할 권리가 수용자 복지 개념의 바탕 또는 근거가 된다고 할 수 있다.

3) 수용자의 법적 지위와 권리

방송 수용자의 법적 지위는 다음과 같은 근거에서 규명해 볼 수 있다. 첫째, 우리 헌법의 최고 지도 원리인 국민주권주의에서 찾을 수 있다. 국민주권주의는 현대 민주국가의 지도 원리로서, 국가권력의 정당성과 그 행사의 근거를 지도한다. 그러나 그 내용이 지니는 뜻으로 보아서는 비단 국가의 영역에서뿐만 아니라, 사회의 모든 영역에서도 관철되어야 할 원리로 생각할 수 있다. 그리고 이러한 입장에서 국가와 국민의 관계를 방송과 수용자의 관계로 환치시켜 볼 수 있다.

곧 국민은 국가의 필수적 구성요소이며, 국가권력의 원천이요, 궁극적인 주체이고, 국가권력의 행사는 국민을 위한 것일 때만 그 정당성이 인정된다. 한편 수용자는 방송의 필수적 구성 부분이다. 또한 방송은 수용자의 공유재산(공공재)인 전파를 사용하며, 이러한 전파의 독립적 사용권은 궁극적으로는 국민(수용자)의 위임을 받은 국가권력의 허가를 받아서만 부여된다. 이런 점에서 수용자는 방송의 존립 근거이자 그 실현 대상이다. 이러한 현상적 유사성은 방송에도 국민주권주의라는 최고의 지도 원리가 관철될 것을 요구한다. 따라서 수용자의 지위는 방송의 주권자라 할 수 있다.[21]

둘째, 수용자는 방송으로 다양한 정보를 취득(소비)하고 문화상품

을 소비하는 소비자이므로 일반 상품의 소비자와 같은 지위를 가진
다. 곧, 방송의 수용자 또한 현행 소비자보호법상의 지위를 가지는
것이다. 그러나 수용자의 지위를 일반 상품의 소비자와 동일한 정도
로 한정할 수는 없다. 그것은 방송이 제공하는 정보라는 상품이 일
반 사유재와는 다른 특성을 지니고 있기 때문이다. 정보는 그 자체
가 일정한 가치판단을 내포하고 있는 경우가 많기 때문에, 수용자는
정보를 소비함으로써 일정한 가치를 형성하게 되며, 이는 매우 지속
적인 것이 될 수도 있다. 더욱이 정보로 입게 되는 피해는 생명, 신
체, 재산에 대한 것이 아니라 사상이나 의견의 형성이라는 정신적인
것이라는 점에서 더욱 그러하다.[22]

또한 우리는 정보라는 상품 자체가 지니는 공익적 성격에 주목할
필요가 있다. 방송이 제공하는 정보는 여론의 형성이라는 공익의 실
현에서 핵심 요소가 된다. 그리고 수용자는 여론형성의 궁극적 주체
이다. 따라서 수용자가 정보를 소비하는 행위 자체가 공익을 실현하
는 행위로 파악되므로, 수용자에게는 일반 상품소비자와 다른 '공공
행위의 담당자'라는 독특한 지위가 인정되는 것이다.[23] 이러한 지위
로 말미암아 수용자는 여론형성이라는 공익을 실현하기 위해 그 요
소인 정보를 차별 없이 수용할 수 있어야 한다는 정보복지의 실현
이 요청되는 것이다.

셋째, 공영방송의 경우 수용자는 수신료 납부의무자의 지위에 있
다. 일반적으로 일정한 의무에는 반드시 일정한 권리가 상응한다고
볼 때, 수용자가 납부하는 수신료로 운영되는 공영방송에서 수용자
는 운영주체의 지위를 가진다고 할 수 있다.[24]

한편 방송의 수용자는 위와 같은 지위에 상응하는 어떤 권리를
가지는 것인지 생각해 볼 필요가 있다. 수용자의 권리를 헌법에 국

한시켜 그 근거를 지적해 보면 다음과 같다.

첫째, 헌법 제19조가 규정하고 있는 양심의 자유를 들 수 있다. 양심의 자유에는 양심의 형성과 결정의 자유 및 양심을 지킬 자유가 포함되며, 학자에 따라서는 양심 실현의 자유까지 포함시키기도 한다. 한편 헌법에선 양심의 자유에 사상의 자유가 포함되는 것으로 해석하고 있다.25)

이러한 양심의 자유를 누리려면 사상의 자유시장 원리에 바탕을 둔 다양한 정보와 의견의 표현 및 수용을 거친 상호작용이 필요하다. 그런데 현대사회에서 어떤 매체보다도 수용자의 의존도가 높은 방송이 다양한 정보와 의견을 제공하지 않는다면, 수용자의 양심과 사상의 형성에 중대한 왜곡이 발생하게 되고 궁극적으로 그 자유를 침해하게 된다. 따라서 방송은 수용자가 양심의 자유를 누릴 수 있도록 다양한 정보와 의견을 공정하게 제공할 의무가 있다. 이것은 앞에서 본 방송의 주권자인 수용자의 지위에 견주어 그러한 방송을 제공받을 수용자의 권리가 된다.

둘째, 헌법 제21조는 표현의 자유를 보장하고 있다. 현대사회에서 표현의 자유가 공적으로 실현되는 것은 주로 공공매체를 통해서이다. 그러므로 개인의 표현의 자유는 공공매체를 이용할 수 있는 접근의 권리로 보장된다. 따라서 방송매체의 경우 수용자는 표현의 자유를 보장받을 수 있도록 방송의 주체로서 방송에 접근할 권리를 지니고 있다고 보아야 할 것이다. 이와 같은 접근의 권리는 물론 법률로써 규정될 것이다.

셋째, 현대적 의미의 언론출판의 자유에는 일반적으로 접근할 수 있는 정보원으로부터 정보를 수집할 권리, 곧 알 권리가 포함되어 있다고 본다. 알 권리는 주로 민주주의 과정에서 국정참여, 인격의 자유로운 발전, 그리고 인간다운 생활을 확보하기 위해 필요한 정보수집의 자유와 권리를 뜻하는 것이기 때문에, 그 헌법적 근거는 헌법의 어느 한 조항만이 아니라 제21조 제1항을 비롯해 제10조, 제34조 제1항 등에서 찾을 수 있다고 한다.[26] 따라서 방송의 수용자는 여론형성과 인격형성을 위한 정보를 방송에서 얻을 권리, 곧 알 권리를 가진다고 할 수 있다.

넷째, 수용자의 권리는 헌법 제10조 '인간의 존엄성 존중과 행복을 추구할 권리' 및 제37조 제1항에서 규정하고 있는 '헌법에 열거되지 아니한 자유와 권리'에서도 찾을 수 있다.[27] 곧 헌법 제37조 제1항에서 말하는 헌법에 열거되지 아니한 것으로써 경시되어서는 안 될 자유와 권리는 제10조의 인간의 존엄과 가치를 누리기 위하여 필요한 것이면 모두가 경시되어서는 안 될 자유와 권리를 말한다고 할 수 있을 것이다.[28] 그러므로 수용자가 방송으로써 올바른 정보를 얻고, 이러한 정보는 인간의 존엄과 가치를 실현하는 전제가 된다는 점에서 수용자 권리의 근거가 된다.[29] 뿐만 아니라 현대사회에서 방송은 이 시대의 지배적인 문화 형태인 대중문화의 주된 생산자이자 공급자이므로, 이를 수용자가 향유하는 것은 곧 헌법 제10조가 규정한 행복추구권의 실현이 된다는 뜻에서도 그러하다.

다섯째, 앞에서 논의한 수용자의 정보소비자적 지위와 관련하여 소비자의 권리로서 수용자의 권리를 주장할 수 있다. 현행 헌법 제124조는 소비자권리문제를 다만 소비자보호운동의 차원에서만 규정하고 있어서 소비자권리에 대한 헌법적 근거를 어디서 찾을 것인지가 관심의 초점이 된다. 헌법학자에 따라 해석의 차이를 보이지만, 소비자의 권리는 새로운 유형의 기본권으로서, 다면성을 가진 총합적 기본권으로 보는 견해에 주목할 필요가 있다.[30]

소비자의 권리를 총합적 기본권의 하나로 보는 것은 다음과 같은 이유에서이다. 첫째, 상품 또는 용역을 자유로이 선택할 수 있고, 그러한 선택과 자유로운 집단행동에 관하여 방해를 받지 아니하는 권리라는 측면에서는 자유권의 일종이라고 할 수 있다. 둘째, 양질의 상품 또는 용역을 공정한 가격으로 구입·사용함으로써 경제적 손실을 피할 수 있는 권리라는 측면에서는 경제적 기본권의 일종이라 할 수 있다. 셋째, 소비자가 그 피해의 예방 또는 보상을 청구할 수 있는 권리라는 측면에서는 청구권적 기본권의 일종이라 할 수 있다. 넷째, 양질의 상품 또는 용역을 공정한 가격으로 적절한 유통구조를 거쳐 구입·사용함으로써 인간다운 생활을 영위할 수 있을 뿐 아니라, 건강을 침해당하지 않을 권리라는 측면에는 사회적 기본권의 일종이라고 할 수 있다.[31]

이러한 총합적 기본권인 소비자권리의 구체적 내용이 무엇인가에 대한 견해는 엇갈리고 있으나, 현행 소비자보호법 제3조가 규정하고 있는 "소비자가 스스로의 안전과 권익을 위하여 향유하는 기본적 권리"에 열거한 내용을 따를 수 있을 것이다. 이 내용을 방송 소비자인 수용자의 권리로 번안한다면 정보수용자인 방송소비자권리의 내용은 다음과 같다. ① 방송의 피해로부터 보호받을 권리, ② 방송에 대한 지식 및 정보를 제공받을 권리, ③ 방송을 자유로이 선택할 권리, ④ 방송 운용과 정책에 의견을 반영시킬 권리, ⑤ 방송에 의해 입는 피해를 신속·공정하게 보상받을 권리, ⑥ 합리적인 방송의 수용을 위해 교육을 받을 권리, ⑦ 수용자 권익을 옹호하기 위한 단결과 단체 활동의 권리 등이다.

요컨대 소비자의 권리가 보장되는 헌법의 근거조항에 따른다면, 방송 소비자로서 수용자가 지니는 권리의 법적 성격은 자유권적·

청구권적 · 사회경제적 · 기본권적 성격을 동시에 가지고 있다고 할 수 있겠다.

4) 복지국가와 수용자 복지개념

복지국가에 대한 개념 정의는 학자에 따라 다양하다. 복지의 내용과 수준에 대한 관점의 차이 때문이다. 이러한 차이를 포괄한다면 복지국가란 "모든 국민에게 생활의 기본적 수요를 충족시켜 줌으로써 건강하고 문화적인 생활을 할 수 있도록 하는 것이 정부의 책임인 동시에 그것이 국민의 권리로써 인정되고 있는 국가"[32]라는 법률적 정의를 수용하는 것이 타당하리라고 생각된다. 여기서 국가가 제공하는 복지혜택은 '국가의 시혜'가 아니라 '국가에 대한 국민의 권리'라고 하는 점이 중요하다. 다시 말해 복지국가는 국민들로부터 각종 자원을 추출하고 그들에게 여러 가지 의무를 부과하는 대신, 그에 상응하여 국민의 권리이자 국가의 의무로서 국민들의 복지를 보장한다는 것이다. 이렇게 보면 복지국가에서는 국가존립의 정당화 공식이 과거와는 달리 국가와 국민 사이의 쌍방교환방식에 따라 이루어진다는 것을 알 수 있다. 따라서 복지국가의 경우 민주적 절차에 따라 국가권력을 구성하고 행사하는 것 이외에, 국민들의 삶의 안전을 보장하고자 그들에게 구체적 복지 혜택을 광범위하게 제공함으로써 비로소 정당성을 확보하게 되는 것이라 할 수 있다.[33]

우리나라 헌법은 기본 원리 가운데 하나로 복지국가원리를 채택하여 헌법 전문에서 사회정의의 실현, 기회균등, 국민생활의 균등한 향상을 선언하였다. 제10조에서는 모든 국민이 인격의 주체로서 존중되고 행복을 누릴 권리를 갖는다고 규정하고 있으며, 복지국가적 요청에 호응하여 국가의 적극적 목적으로 공공복리를 규정하고 있다. 그뿐만 아니라 그 구체적 실현으로 제31조에서 제36조까지 일련의 사회적 기본권을 보장하고 있다. 제9장 경제의 장에서는 개인과 기업의 경제상의 자유와 창의를 존중하되, 균형 있는 국민경제의 성장, 적정한 소득의 분배, 경제력 남용의 방지 등으로 경제민주화를 달성할 수 있도록 경제에 관한 규제와 조정이 가능한 사회적 시장경제질서를 규정하고 있는 것이다.[34]

복지국가에 대한 개념을 보다 잘 이해하기 위해 여러 학자들의 개념 정의 가운데서 다음과 같은 관점들을 음미할 필요가 있다고 생각된다. 첫째, 학자들은 대체로 복지국가의 개념 정의에서 '최소한의 전국적 수준'을 강조하고 있다는 점이다. 이러한 관점은 과거 특정의 빈민층만을 대상으로 실시되던 극소한의 '잔여적 국가복지'에서 모든 국민을 대상으로 한 최대한의 '제도적·보편적 국가복지'로 개념이 변화했다는 것을 뜻한다.

둘째, 평등의 문제에 대한 관점의 차이가 크다는 점을 지적할 수 있다. 곧 '최소한의 전국적 수준'만을 강조할 뿐 평등문제를 전혀 고려하지 않는 관점으로부터, 오직 '기회의 평등'을 추진하는 데 초점을 두거나, 더 나아가 '결과의 평등'까지 주장하는 관점도 보인다. 다시 말해 평등의 문제에 관한 한 그 문제를 전혀 고려하지 않는 관점을 하나의 극으로 하고, 탈상품화가 높은 수준으로 달성되는 '결과의 평등'을 다른 하나의 극으로 하는 연속선상에 다양한 관점들이 위치한다고 하는 것이다. 이 연결선 위에서 '결과의 평등'을 높은 정도로 주장하는 관점은 복지사회주의라고 부를 수 있을 것이다.[35]

셋째, 복지 수준의 문제에 대해서도 관점의 차이를 보인다. 이에 대한 관점으로 주목할 만한 것은 "지위나 계급의 차이에 관계없이 모든 국민들에게 일정 범위의 사회적 서비스를 가능한 한 최고의 수준(the best standards)으로 제공한다"는 것이다. 여기서 과연 무엇이 '가능한 최고의 수준'인가가 논란이 될 것이다.

복지국가는 이러한 개념 정의에서 보듯이, 국가 구성원들의 경제적 안전과 사회적 조건의 충족을 평등하게 증진하는 것을 최우선적으로 추구한다고 할 수 있다. 복지국가로부터 제공되는 각종의 복지 혜택은 시장경제와 이윤에 대한 의존성을 감소시킴으로써, 국민 개개인의 생존능력을 증가시키고, 궁극적으로는 개개인의 행복을 향상시키는 데 기여하게 된다.

그렇다면 개인의 행복을 위해 '왜 국가가 개입해야 하는가'라는 물음이 제기된다. 그 까닭은 개개인의 삶이 사회구성원 사이에 상호의존적으로 연결되어 있기 때문에, 그들의 삶을 사회적으로 보장하는 책임은 국가가 지게 된다는 데 있다. 개개인이 경험하게 되는 행·불행의 가장 중요한 부분은 사회적 원천으로부터 비롯된다고 할 수 있다.36) 따라서 개개인이 공통적으로 직면하게 되는 불안과 위험을 공동의 노력으로 해결하려면 국가를 중심으로 하여 각자가 지닌 위험뿐 아니라 자원까지도 집산화 또는 사회화할 수밖에 없다.

이와 관련하여 국가는 점차 사회를 위한 각종 '공공재'를 생산하는 것은 물론, 시민권, 특히 사회권을 부여받은 국가 구성원들에게 자격재(merit goods)37)로서의 복지혜택을 제공함으로써 자신을 정당화하게 되었다는 점에 유의할 필요가 있다. 곧 국가는 '사회에 대항적인 국가'(the state against society) 또는 '사회 위에 군림하는 국가'(the state above society)로부터 이제 '사회를 위한 국가'(the state for society)로 전환됐다 말할 수 있다. 그러므로 이런 상황에서 국가로부터 제공되

는 복지혜택은 '상호의존 형태의 복지'(welfare as mutual dependence)라
는 뜻을 지니게 되었고,[38] 여기서 국가는 사회적 상호의존관계의
조정자 위치에 서게 되었다.[39]

　위와 같은 복지국가의 개념을 대신하여 1960년대 초부터 복지사
회라는 개념이 출현하게 되었다. 복지국가의 2대 정책인 사회보장
과 완전고용정책의 한계, 곧 사회보장을 위한 재원조달의 문제와 완
전고용을 어렵게 만든 인플레이션 해결의 한계로 말미암아 복지국
가에 대한 비판이 등장했으며, 이를 극복하고 보다 진전된 복지를
실현하고자 나타난 것이 복지사회의 개념이다.

　곧 복지사회의 개념은 최저소득의 보장뿐 아니라 사회성원 개개
인의 성장의 극대화를 바라며, 기회의 균등만이 아니라 인간의 존
엄성과 인간적인 지역사회의 구현 등이 중심가치가 된다. 이러한
의미에서의 복지는 여러 사회제도 가운데 하나라기보다 전체 사회
의 협의된 목적 개념이 되는 것이다. 요컨대 복지사회란 정부가 최
저수준을 보장하는 복지국가와는 달리, 개개인의 잠재력과 창의성
을 최대한으로 발휘할 수 있는 사회이며, 사회의 구성요소가 모두
시민의 자기구현과 자기성취에 공헌하는 정도에 따라 평가되는 사
회를 말한다. 이러한 복지사회의 이념은 복지의 실천주체를 정부로
집중시키는 대신 협동적인 시민참여로써 정부를 포함하는 전 사회
로 분산시킨다. 또한 복지의 증진을 특별한 기관만의 목표가 아닌
모든 사회제도의 목표로 삼도록 하며, 사회적 서비스의 범위, 적절
성 및 질에서 계속적인 개선에 주력하고, 개개인의 창의력 개발과
자기구현을 꾀한다.[40] 곧 복지사회는 '사회의 인간화' 실현이라 할
수 있다.

　이와 같은 복지사회의 개념은 국가가 특정의 빈곤층만을 대상으

로 '열등수급'(less eligibility)의 원칙에 따라 빈민구제 등을 행한 '잔여적 국가복지'에서 벗어나, 모든 국민을 대상으로 한 최대한의 '제도적·보편적 복지국가'로 변신했음을 뜻한다. 또한 국가로부터 제공되는 복지혜택은 사회와 '상호의존으로서의 복지'라는 뜻을 지니게 되어, 국가는 사회적 상호의존관계의 조정자의 위치에 서게 되었다. 이 점에서 복지국가의 개념과 대립된다기보다 상호 보완적 개념이라 생각된다.

그렇다면 복지국가 또는 복지사회의 구현에서 왜 국가의 개입이나 협동적인 시민참여가 필요한 것인가의 문제가 제기된다. 일반적으로 자유시장의 경제원리에 따라 자원은 효율적으로 배분된다. 그러나 특정 조건 아래에서는 어떤 재화들이 자유경쟁의 기제로는 효율적으로 배분되지 못한다는 한계를 지니고 있는 데 문제가 있다. 곧 '시장실패'가 초래되는 것이다.

시장에서 재화들이 효율적으로 배분되려면 다음의 조건을 갖추어야 한다. 첫째, 그 재화가 공공재(public goods)가 아닌 사유재(private goods)라야 한다. 둘째, 그 재화의 거래에서 외부효과가 발생되지 말아야 하며, 셋째로는 그 재화에 대해 수요자와 공급자가 충분한 정보를 가지고 있어야 한다. 넷째, 규모의 경제 효과가 적어야 한다. 다시 말해 이러한 조건들이 충족되지 않는 경우, 시장에서 재화 배분이 비효율적으로 일어나 사회구성원들이 원하는 배분을 이룰 수가 없다.

따라서 이 같은 '시장실패'를 해결하고자 국가개입 또는 시민참여가 요구되는 것이다. 곧 사회복지의 재화나 서비스는 공공재적 성격을 많이 지니고 있고, 또한 그것을 제공하는 데서 발생하는 외부효과가 크며, 이러한 재화에 대해서 수용자나 공급자가 충분한 정보를 갖지 못하고, 재화를 제공할 때 '규모의 경제' 효과가 크게 나타날 수 있다는 데서 그러한 요구가 말미암는다.[41]

일반적으로 순수한 뜻에서 공공재는 사유재와 달리 그 재화를 소비하는 데서 비경쟁적이고 배타적인 성격을 지닌다. 사유재를 사용하려면 개인은 비용을 지불해야 하고, 또한 비용을 지불하지 않는 사람에 대해서는 그 사용을 막을 수 있다. 이와 달리 공공재는 일단 그 재화가 제공되면 다른 사람들이 그 재화를 소비하는 데 드는 추가비용이 없고, 또한 다른 사람들이 그 재화를 사용하는 것을 막기도 어렵다. 곧 무임승차현상(free-rider phenomenon)이 발생하는 것이다. 따라서 사회적으로 모두 바람직하다고 생각하는 재화에 대한 욕구는 누구에게나 있으나, 그 재화에 대한 지불을 하지 않게 된다. 결과적으로 시장기제에만 맡겨두면 그 재화는 제공되지 않거나, 제공되어도 사회적 욕구에 견주어 불충분하게 제공될 수밖에 없다.

따라서 공공재가 사회적으로 바람직할 정도로 제공되려면 그 재화에 대한 비용을 지불케 하거나, 모두가 그 재화를 사용할 수 있도록 만드는 기제 또는 제도적 장치가 필요하다. 이러한 필요는 공공재인 재화나 서비스가 제공되었을 때 국민 모두가 혜택을 받을 수 있으며, 그러한 혜택이 공익일 때 강조될 수밖에 없다. 이러한 재화나 서비스는 시장기제에 따라서만 제공되기에는 사회 전체에 주는 이득이 매우 크고, 이러한 이득에 비추어 볼 때 민간시장에서 그러한 재화나 서비스의 공급은 바람직한 수준으로 이루어지지 않는다는 데 문제가 있는 것이다.[42]

또 사회복지의 재화나 서비스는 외부효과가 크기 때문에 국가나 시민의 참여가 필요하다. 외부효과란 어떤 사람의 행동이 다른 사람의 복지에 시장 밖에서 영향을 주는 것을 뜻한다. 어떤 사람이 이용하면 다른 사람들이 어떤 대가를 지불하지 않고도 이득을 보는 긍정적인 외부효과가 큰 재화나 서비스를 시장을 거쳐 제공하게 되면, 사회적으로 바람직한 수준의 공급이 이루어지지 않는다.43) 그리고 어떤 재화나 서비스는 그 외부효과가 매우 커 국민 공공재라 할 수 있다. 곧 공공재와 외부효과라는 두 개념의 차이는 그것이 시장 안에서 해결이 안 되는 점과 외부에 주는 영향 정도의 차이라 할 수 있다.44)

한편 시장에서 어떤 재화나 서비스가 효율적으로 배분되려면 어떤 경제주체도 시장력(market power)을 갖고 시장가격에 영향을 주지 않으며, 많은 수의 공급자나 수용자의 거래에 따라서 그 재화의 가격이 형성되어야 한다. 그러나 만일 '규모의 경제'가 실현된다면 특정한 경제주체(들)가 시장을 지배하여 다양한 공급과 수요가 배제되고, 결과적으로 자원의 비효율적인 배분이 이루어지게 된다. 이러한 '규모의 경제'에 따른 독과점적 시장지배는 사유재의 효율적 배분에서도 문제가 된다. 하물며 전체 국민의 복지에 관련된 공공재인 경우에는 더 말할 필요조차 없다. 따라서 이러한 결과를 방지하고자 국가의 개입이나 시민 참여의 기제가 요구되는 것이다.

위와 같은 복지국가의 개념과 사회복지의 실현에 관련하여 방송의 수용자 복지를 생각하지 않을 수 없다. 앞에서 이미 지적한 방송의 공익 개념과 수용자 복지의 헌법적 기초 및 수용자의 법적 지위와 권리에 비추어 볼 때, 방송의 수용자 복지는 복지국가 실현의 중요한 부분이 된다. 그뿐만 아니라 방송 프로그램은 그것이 지상파 채널로 제공될 때는 물론이고, 비용을 지불하고 이용하는 CATV나 위성채널로 제공되는 경우에도 공공재적 성격을 강하게 지니며, 외부효과도 매우 크다. 그뿐만 아니라 방송산업의 속성으로 '규모의

경제'가 발생할 여지가 더욱 크다는 점 등으로 수용자 복지개념의
정립이 필요한 것이다.

5) 보편적 서비스와 수용자 복지

앞에서 본 바와 같이, 복지국가의 개념 속에는 이미 보편적 서비
스의 개념이 내포되어 있다. 곧 국민들의 삶과 관련된 '최소한의 전
국적 기준'을 유지하도록 국민의 기본 욕구를 충족시킬 수 있는 보
편적 서비스의 제공을 강조하고 있는 것이다.

본래 '보편적 서비스'(universal service)는 전화사업 고유의 개념이
다. 이는 모든 사람이 어디에 살고 있건 합리적인(또는 저렴한) 요금
으로 전화의 기본 서비스를 받을 수 있게 하는 정책을 말한다. 이러
한 개념의 '보편적 서비스'와 관련하여 한 가지 유의할 점은, 인프라
시설을 전제로 사업이 전개되는 산업, 예컨대 전화사업에는 네트워
크형의 그룹조직이라는 특질이 있다는 점이다. 이것은 일반적으로
'공익사업'이라 총칭되며, 다른 산업과 다른 취급을 받게 되는 이유
이기도 하다. 이것은 다른 대체수단이 적은 '필수 서비스'이므로 국
민 모두가 그 편익을 향유하는 것이 이상적인 것으로 생각되었고,
그것을 확실히 하는 시스템(방식)이 사회제도로서 짜여 있었다. 그
가운데 가장 큰 것이 바로 "누구나 어디에 살고 있건 경제적으로(싼
대가로) 받을 수 있다"라는 뜻인 '보편적 서비스' 개념이다.[45]

더 구체적으로 '보편적 서비스'는 ① 원하는 모든 곳까지 공중전
화망을 연결해 주고, ② 기본 음성서비스에 대하여 이용구간·이용
량 등에 따른 가격차별을 배제하되, 특히 시내 통화료를 값싸게 유
지하며, ③ 저소득층에 대해 전화기 및 전화 서비스의 가격을 보조

해 주는 것이다. 이를 위해서는 전형적으로 '규제하의 독점'에 바탕을 둔 '내부 상호 보조(cross-subsidization) 체제(방식)'가 필요하게 되었다.[46]

그런데 지금 이 시스템이 두 가지 이유로 변화하게 되었다. 그 하나는 새로운 기술, 예컨대 ISDN(종합정보통신망)과 광케이블 등의 도입이다.[47] 이 같은 변화의 동인이 내포하고 있는 의미는 중요하다. 곧, 정보통신기술의 급격한 발달에 따라 다양한 단말기기(전화기·이동전화기·PC·TV·FAX·Kiosk 등)와 디지털 정보통신망(전화선·ISDN·유선방송망·무선통신망·인터넷·광섬유망·위성통신망 등)을 기반으로 하여, 복합적이고 다양한 정보 및 통신서비스(음성·문자·화상·영상정보로 구성된 쌍방향의 의사소통·정보검색·직접연계 서비스)가 가능하게 된 것이다. 다가오는 고도정보사회에서는 사회적 삶에서 정보통신에 대한 접근이 의사소통의 수단일 뿐 아니라 정보획득의 수단이며, 나아가 직접적 행위(전자거래·원격진료·원격교육·원격근무 등)의 매개체이기도 하다. 그런 만큼 정보통신에의 접근에서 배제되었을 때 초래되는 결과는 단순히 전화이용에서 소외되는 것에 견주어 훨씬 더 심각해진다. 정보통신에서 배제된다는 것은 사회적 참여 자체가 불가능해지는 것이며, 따라서 통상적인 생활 자체가 난관에 처하게 된다는 것을 뜻하기 때문이다.

그러므로 고도정보사회에서 정보격차를 해소하려면 변화된 정보통신환경에 걸맞는 '보편적 서비스' 시스템(방식)의 구축이 필요하다. 이를 위해 첫째 전화기 이외의 다양한 단말기, 둘째 기본적 음성 서비스뿐만 아니라 다양한 디지털 정보통신 서비스, 셋째 정보통신기기 및 서비스의 '보편적 설계'라는 기술정책적 수단, 넷째 지역과 소득에 따른 격차는 물론 이용능력에 따른 접근기회의 격차 등이 고려되어야 할 것이다. 새로운 정보통신 환경에 적합한 시스템을 '확장된 보편적 서비스'라고 한다면, 이는 기본적으로 '보편적 접근'의 보장을 그 목표로 해야 할 것이다. 또 지역·소득·이용능력에 따른 접근기회의 격차를 해소하려면 기기 및 서비스의 가격보조제도와 '보편적 설계'를 그 수단으로 해야 할 것이다. 이 가운데서 '보편적 설계'는 신체적·정신적 능력이나 특성과 관계없이 누구나 쉽게 정보통신에 접근할 수 있도록 기기와 서비스를 설계하는 것을 말한다. 바로 이 점에서 보편적 서비스 이념의 확장은 정보통신 복지화의 뜻을 갖게 되는 것이다.[48]

그렇다면 정보통신기술 선진국의 경우 이와 같은 변화에 대한 대응은 어떻게 하고 있는지 미국과 일본의 경우를 사례로 들어 살펴보면 다음과 같다.

미국의 국가정보화정책은 NII(National Information Infrastructure)의 구축으로 통합되어 있다. 1993년 9월에 미국 정부가 발표한 '국가정보하부구조 : 실행을 위한 의제'(The National Information Infrastructure : Agenda for Action)는 '보편적 서비스'와 관련하여 다음과 같이 언급하고 있다.[49]

NII 구축에서 주요 원칙 가운데 하나는 '보편적 서비스' 개념을 확장하여 국민들의 정보 욕구에 근본적으로 공평하게 대응하며, 국민이 정보나 통신에서 '가진 자'와 '못 가진 자'로 양분되는 것을 방지하는 것이다. 미 행정부의 '폭넓고 현대적인 개념의 보편적 서비스'(broad, modern concept of universal service) 내용은 모든 미국 국민들이 소득과 장애와 지역에 상관없이 고도의 정보통신 서비스에 쉽고 적절한 비용으로 접근할 수 있도록 보장해 주는 것이다.[50]

이처럼 고도의 정보통신기술이 가져올 수도 있는 장벽을 제거하여 전 국민의 전면적 참여를 보장하는 것이 현대의 확장된 '보편적 서비스'이며, 미국 사회는 이를 중요한 사회적 진보로 받아들인다. 미국의 NII 구축 계획에서는 장애인의 정보이용욕구에 대한 적절한 대응을 근본 원칙들 가운데 하나로 설정하고 있다.

한편 장애에 대한 장벽제거의 핵심은 '보편적 접근'과 이를 위한 '보편적 설계'의 문제이다. '보편적 설계'의 관심 영역은 각종 장애와 고령화 현상, 문맹문제 등이며, 이용의 편리성 및 사용자 선택성(consumer choice)을 향상시키고 평등한 기회를 제공하고자 다양한 기술응용방안이 채택되고 있다.[51]

한편 일본의 경우, 1995년 1월의 통신정책위원회의 중간보고서에서 모든 국민의 정보접근권이 보장되어야 한다는 것을 명시하고 있다. 또한 정보통신망에 대한 평등한 접근이 정보사회의 '새로운 기본인권'(new basic human right)으로 규정되고 있다. 이러한 권리를 보장하고자 정보 서비스는 모든 국민에게 적절한 가격으로 제공되어야 하며, 지역적 차별의 제거와 사용자들의 공평한 부담을 원칙으로 고려해야 된다는 것을 주장하고 있다.[52]

또한 일본에서는 통신환경의 변화에 따라 '새로운 보편적 서비스'가 요구된다는 것을 인식하고 있다. 우선 통신시장의 규제 완화에 따라 '새로운 보편적 서비스'가 요구된다는 것이다. 즉 통신시장의 규제 완화에 따른 자유경쟁체제 아래서 어떻게 '새로운 보편적 서비스'를 확보할 것인가 하는 문제가 제기되고 있는 것이다. 곧, 비용부담의 주체, 이익배분방식, '보편적 서비스' 제공의 책임 소재, 요금체계 그리고 이와 관련된 산업조직 등의 쟁점이 부각되고 있다.

한편 일본의 장애인에 대한 배려는 신체장애인의 편리 증진에 도움이 되는 통신·방송 서비스를 충분히 이용할 수 없는 사람이 해

당 서비스를 원활히 이용할 수 있도록 할 필요가 있다는 인식에서 제정된 것이다. 이 법률의 조항 대부분이 방송에 할애되어 있다는 점에 주목할 필요가 있다. 이 조항은 시청각 장애인용 해설 및 자막 프로그램 등의 방송시간 확대와 방송지역 확대, 그리고 보조금 지급에 대한 내용이 주를 이루고 있다.[53]

위와 같은 '보편적 서비스'의 이념과 그 실현 대상에 견주어 볼 때, 방송도 주요한 '보편적 서비스'의 분야가 됨은 물론이며, 그러므로 방송의 '보편적 서비스'가 곧 방송의 수용자 복지임이 자명해진다. 이와 관련하여 공적 서비스로서 방송은 보편성의 이념과 문화적 책임이라는 두 가지 특징을 분명하게 지니고 있다는 점을 강조하고자 한다. 방송의 보편성은 지역적 의미에서는 제작되는 프로그램이 전국에서 이용 가능해야 할 뿐 아니라, 수용자의 측면에서는 모든 취향과 이익을 충족시켜야 한다는 것이다.[54] 또한 전국에서 시청할 수 있는 여러 채널에서 방송되는 광범위하고 다양한 공통의 정보, 오락 및 문화 프로그램에 모든 사람이 동등하게 접근하는 것이야말로 대중 민주주의 사회에서 주요한 시민의 권리로써 인식되어야 할 것이다. 그것은 공통의 문화, 공통의 지식, 그리고 공유된 공적 생활을 전 국민이 평등하게 이용할 수 있는 사회적 재화로서 유지될 수 있게 하는 중요하고도 아마 유일한 수단이라는 주장을 음미할 필요가 있다고 생각된다.[55]

이 같은 방송의 '보편적 서비스'는 지상파 방송은 물론, CATV나 위성방송도 포함하는 개념이다. 더욱이 정보통신의 '보편적 서비스'와 관련하여 CATV와 위성방송도 포함되어 있다는 점에서도 그러하다. 이와 함께 방송의 '보편적 서비스'를 위해 '보편적 접근'을 보장하기 위한 '보편적 설계'가 중요하다는 점을 강조하고자 한다. 그와 같이 방송의 '보편적 서비스'가 이루어지는 것이야말로 진정한 수용자 복지의 구현일 것이기 때문이다.

3. 결 론

수용자 복지는 "인간다운 삶을 영위할 권리를 충족하고자 어떠한 차별도 없이 모든 수용자들이 일정 범위의 방송 서비스를 가능한 한 최고의 수준으로 제공받는 상태"라고 잠정적으로 정의할 수 있을 것이다. 이 같은 개념의 수용자 복지가 주장될 수 있는 논거는 앞에서 논의한 바와 같다. 이를 실현하기 위한 방식의 마련은 연구 과제로 남지만, 다음과 같은 점들을 고려할 필요가 있을 것이다.

첫째, 1980년대부터 논의되는 신고전경제학과 결합된 규제 완화의 동향, 다매체·다채널화의 진전과 관련하여 방송에 대한 정부 규제가 목적하고 있는 가치, 예컨대 '보편적 서비스' 또는 방송의 공적 책임 등을 방송 분야에 시장주도론적 사고를 도입하는 것으로 확보할 수 있는가 하는 문제이다. 이 문제는 경제이론이 전제로 하는 인간상(人間像)과 관련되어 있다. 곧 수용자 선택의 자유에 결정적인 비중을 부여하려는 생각에는 자신의 선호와 이익을 냉정하게 판단해서 선택의 경제적 가치를 합리적으로 평가하는 호모 에코노미쿠스(homo economicus)적인 인간상이 깔려 있는 것으로 생각된다.

그러나 이러한 전제에는 적어도 두 가지 문제점이 있다. 우선 현대사회에서 인간상은 다양한 양상을 보이고 있기 때문에 호모 에코노미쿠스라는 인간상만으로 정책론의 기초를 구성하는 것은 적절하다고 보기 어렵다는 점이다. 인간은 경제적 동물뿐만 아니라 유희인

(遊戱人)이나 공작인(工作人) 등의 측면도 가지고 있기 때문이다. '경제주의'를 일면적으로 강조하는 것은 인간을 경제적인 자기 이해로만 그리려는 한 더욱 경계해야 하는 것이다.

나머지 하나로 경제적인 영역에서는 합리주의적인 인간상을 전제로 하는 경제제도론을 구성하는 것은 타당하리라고 생각되나, 방송은 경제현상과 문화현상이 복합된 영역이므로 일원적인 인간상만을 바탕으로 정책을 수립하는 것은 적절하지 못하다. 인간은 적어도 방송이라는 정신적 생산물의 유통과정에서 항상 호모 에코노미쿠스로서, 곧 경제적·합리적으로만 행동하는 것은 아니다. 이러한 측면은 공급자와 수요자 모두에 해당된다.

물론 시장원리를 강조하는 견해에는 설득력이 있다. 방송 서비스에서 가격기구가 작동할 수 있는 영역을 확대하는 것은 분명히 소비자인 수용자와 공급자인 방송 사업자 사이에 직접적인 거래관계를 발생시켜, 시장원리로써 수용자의 이익을 더 폭넓게 확보해 나갈 새로운 가능성을 가져올 수 있을 것이다. 그러나 그 전면적인 타당성을 주장하는 것은 '이론과 현실의 거리'를 무시한 신념의 영역에 속하는 문제가 될 것으로 생각된다.[56) 우리는 여기서 1991년에 간행된 OECD(경제협력개발기구)의 보고서인 〈유니버설 서비스와 전기통신요금의 재검토〉에서 유럽 각국의 '보편적 서비스'에 대한 논의 가운데, 국가독점으로 운영되어 온 각국에 경쟁이 도입되는 것은 암묵적으로 합의(담보)되어 왔던 보편적 서비스가 위기에 처하는 것을 뜻한다고 지적한 점에 주목할 필요가 있다.[57)

둘째, '보편적 서비스'로 실현될 수용자 복지를 위한 기금 문제를 생각하지 않을 수 없다. 미국 연방통신위원회(FCC)는 ① 유니버설 서비스 기금(USF), ② 라이프라인 원조, ③ 링크업 아메리카와 같은

3가지 정책을 중심으로 '보편적 서비스'의 유지를 도모했다.[58] 이와 관련하여 공영방송발전연구위원회의 보고서가 제안한 '방송발전기금'의 조달과 관리방안이 시사하는 바가 있다고 생각된다.[59]

여기서 수용자 복지를 실현할 재원조달의 한 방식으로 방송채널 소유권의 부당한 사적 전유를 해결하고자, 소유권과 사용권의 분리에 따라 발생한 채널의 사유화된 가치의 사적 전유를 직접적으로 방지하는 장치의 도입을 고려해야 한다. 곧 채널의 사용권에 따라 발생한 독점지대를 사회적으로 환수하는 것이다.[60] 이 독점지대의 환수분을 수용자 복지를 실현할 '보편적 서비스' 비용으로 사용할 수 있을 것이며, 그렇게 하는 데 국민의 합의를 얻는 것은 용이할 것으로 생각된다.

《'95 방송편성정책연구위원회 종합보고서》, 방송위원회, 1996

주(註)

1) 백완기, 〈정책결정에 있어서 공익의 문제〉, 《한국정치학회보》 제15집, 1981, 140~141쪽.
2) 앞의 글, 141쪽.
3) Banfield, Edward C., "Notes on Conceptual Scheme" in E. C. Banfield & Martin Meyerson, *Politics, Planning & the Public Interest*, Free Press, 1955, pp.322~324; 백완기, 같은 글에서 재인용.
4) Lippmann, Walter, *Essays in the Public Philosophy and the Public Interest*, Boston : Little, 1955; Bodenhèimer, Edgar, *Prolegomena to a Theory of Public Interest*, David L. Sills(ed.), International Encyclopedia of the Social Sciences, Vol. 13, Free Press, 1968, pp.170~174에서 재인용.
5) Smith, Howard R., *Democracy and the Public Interest*, Univeristy of Georgia Press, 1960, pp.57~94; 백완기, 같은 글에서 재인용.
6) Downs, Anthony, "Public Interest : Its Meaning in a Democracy", *Social Research 29*, Spring, 1962, pp.1~30
7) 백완기, 같은 글, 145~148쪽.
8) 차하순, 《형평의 연구》, 서울 : 일조각, 1983, 1쪽.
9) 앞의 책, 7~16쪽.
10) 백완기, 같은 글, 152쪽.
11) Sorauf, Frank J. "Conceptual Model", *in International Encyclopedia of the Social Sciences*, Vol. 13, p.172에서 재인용.
12) 방송제도연구위원회, 〈방송제도연구보고서 : 2000년대를 향한 한국방송의 좌표〉, 1990, 55~56쪽.
13) 김철수, 《신문법학개론》, 서울 : 박영사, 1980, 285쪽; 권영성, 《헌법학원론》, 서울 : 법문사, 1988, 293~294쪽.
14) 김철수, 위의 책, 285쪽.
15) 같은 책, 291쪽.

16) 권영성, 위의 책, 303쪽.

17) 같은 책, 301쪽.

18) 같은 책, 530쪽.

19) 같은 책, 531쪽.

20) 김철수, 위의 책, 441쪽.

21) 김종서, 〈시청자의 방송통제에 관한 연구〉, 서울대학교 박사학위논문, 1994, 43쪽.

22) 같은 글, 47쪽.

23) 같은 글, 49쪽.

24) 같은 글, 51~52쪽.

25) 권영성, 《헌법학원론》, 389쪽; 김철수, 《헌법학개론》, 1992, 423쪽.

26) 권영성, 같은 책, 412쪽.

27) 김종서, 같은 글, 66쪽.

28) 권영성, 같은 책, 252쪽.

29) 김종서, 같은 글, 67쪽.

30) 이러한 견해를 뒷받침하는 헌법적 근거는 권영성, 같은 책, 473쪽을 참조할 것.

31) 권영성, 같은 책, 473~474쪽.

32) 권영성, 같은 책, 112쪽.

33) 김태성·성경륭, 《복지국가론》, 서울 : 나남, 1995, 42쪽.

34) 권영성, 같은 책, 113~114쪽. 이 점에 대해서는 대부분의 헌법학자들의 견해가 일
치한다.

35) 이러한 관점들에 관해서는 김태성·성경륭, 같은 책, 49~51쪽을 참조할 것.

36) Jones C., *Patterns of Social Policy : An Introduction to Comparative Analysis*,
London : Tavistock, 1985, p.13; 김태성·성경륭, 같은 책, 57쪽에서 재인용.

37) 무스그레이브(R. A. Musgrave)가 개념화한 '자격재'는 특정의 자격을 갖춘 개인들
(예컨대 일정한 소득수준 이하의 사람들, 또는 시민권을 가진 모든 국민)에게 주
어지는 재화 또는 서비스를 일컫는다. 자격재는 수혜자를 식별할 수 있고, 특정의
수혜자에게만 재화의 소비를 한정시킬 수 있다는 점에서 공공재와 구별된다. 또
현재의 소비에 대해 현재의 기여를 직접 연결시킬 수 없다는 점에서는 공공재와
공통점을 지닌다. See Wilson, T., and D. J. Wilson, *The Political Economy of the
Welfare State*, London : George Allen & Unwin, 1982, p.5; 김태성·성경륭, 같은
책, 58~59쪽에서 재인용.

38) Heclo, H. "General Welfare and two American Political Tradition", *Political Science
Quarterly*, 101, 1986, p.183; 김태성·성경륭, 같은 책, 58쪽에서 재인용.

39) 김태성·성경륭, 같은 책, 56~8쪽.

40) 장인협, 《사회복지학개론》, 서울 : 서울대출판부, 1993, 57쪽.

41) 김태성 · 성경륭, 같은 책, 198~199쪽.

42) Rosen, H. S., *Public Finance*, Homewood : Irwin, 1988; 김태성 · 성경륭, 같은 책에서 재인용.

43) 김태성 · 성경륭, 같은 책. 203~204쪽.

44) Rosen, H. S., op. cit.; 김태성 · 성경륭, 같은 책, 205쪽에서 재인용.

45) Koichiro Hayashi and Yoshihiro Tagawa, *Universal Service*, Tokyo : Chuo Koronsha, Inc., 1994; 한국전자통신연구소, 《유니버설 서비스》 1995, 7~10쪽.

46) 김기훈 외, 〈복지정보통신의 현황과 발전 방향에 관한 연구〉, 정보문화센터 연구보고 95-02, 1995, 6쪽.

47) 한국전자연구소, 같은 책, 11쪽.

48) 김기훈 외, 같은 책, 6~7쪽.

49) 김기훈 외, 같은 책, 20쪽.

50) "People with Disabilities and NII : Breaking Down Barriers, Building Choice, Draft for Public Comment", 1994; 김기훈 외, 같은 책, 20쪽에서 재인용.

51) 김기훈 외, 같은 책, 23쪽.

52) Communications Policy Committee & Telecommunications Co..

53) 김기훈 외 같은 책, 36~37쪽.

54) Gibbons, T., *Regulating the Media*, London : Sweet and Maxwell, 1991, p.32

55) Scannel, P., "Public Serviece Broadcasting : The History of Concept", Goodwin A., and Whannel, G.(ed.), *Understanding Television*, London and New York : Routledge, 1990, p.26

56) 濱田純一, 〈방송제도론에 있어서 규범의 안과 밖〉, 동경대학 사회정보연구소 엮음, 《방송제도론의 패러다임》, 한국방송개발원 역, 한국방송개발원, 1996, 46~49쪽.

57) 한국전자통신연구소, 같은 책, 24~25쪽.

58) 한국전자통신연구소, 같은 책, 124쪽.

59) 공영방송발전연구위원회, 《공영방송발전방안 연구보고서》, 방송위원회, 1994, 113~114쪽.

60) 장용호, 〈한국방송이념에 대한 경제적 접근〉, 《언론문화연구》 제7집, 1989, 서강대 언론문화연구소, 3~6쪽.